i

为了人与书的相遇

［美］詹姆斯·道斯——著
梁永安——译

恶人

EVIL MEN

JAMES
DAWES

普通人
为何
变成恶魔

上海三联书店

EVIL MEN
by James Dawes
Copyright © 2013 by the President and Fellows of Harvard College
Published by arrangement with Harvard University Press
through Bardon-Chinese Media Agency
All rights reserved
本书译文由立绪文化事业有限公司授权

著作权合同登记图字：09-2020-944 号

图书在版编目（CIP）数据

恶人：普通人为何变成恶魔 / （美）詹姆斯·道斯 著；梁永安译.
—上海：上海三联书店，2020.10
 ISBN 978-7-5426-7216-2

Ⅰ．①恶… Ⅱ．①詹… ②梁… Ⅲ．①人性—研究
Ⅳ．① C91-06

中国版本图书馆 CIP 数据核字 (2020) 第 185626 号

恶人：普通人为何变成恶魔

[美] 詹姆斯·道斯 著　梁永安 译

责任编辑 / 徐建新
特约编辑 / 张璇硕
装帧设计 / 高 熹
内文制作 / 李丹华
责任校对 / 张大伟
责任印制 / 姚 军

出版发行 / 上海三联书店
（200030）上海市漕溪北路331号A座6楼
邮购电话 / 021-22895540
印　　刷 / 山东临沂新华印刷物流集团有限责任公司

版　次 / 2020 年 10 月第 1 版
印　次 / 2020 年 10 月第 1 次印刷
开　本 / 635mm × 960mm　1/16
字　数 / 209千字
印　张 / 17
书　号 / ISBN 978-7-5426-7216-2/C · 605
定　价 / 52.00元

如发现印装质量问题，影响阅读，请与印刷厂联系：0539-2925659

献给我的家人

目录

序言 / i

恶人 / 1

致谢 / 223

注释 / 225

索引 / 253

中学的历史老师教导我们说"历史"是"生命的老师"（magistra vitae）。但当历史伴随着它残酷的光辉向我们倒下时，就在我家乡城市上空无比真实的火焰之下，我明白了，她是一位奇怪的老师。她给那些有意让她幸存下来的人、那些追随着她的人更多的材料去思考，比所有古老的编年史摞起来还要高。而这些密密麻麻的昏暗材料，它们需要许多人的良知一并运作，才能被解释和阐明。

——齐别根纽·赫伯特（Zbigniew Herbert）

序言

本书要谈的是凶残（atrocity）：它长什么样子，它给人什么样的感觉，它缘何产生，怎样做或许可以阻止它。整件事情起于我和摄影师亚当·纳德到日本采访一群侵华战争的战犯。他们年老衰弱，很多都年过八旬，年轻时曾犯下最令人发指的恶行，最终全被俘虏，在战犯营里关了十年。他们给我看战争岁月时的照片：褪色的黑白照片里，年轻人们穿着军服，表情或自豪或害怕，或凶狠或稚嫩。看着年轻时的自己，他们告诉我自己看见的是虚空，是恶魔。

我参与人权工作多年，但之前从未访谈过加害者。事前我完全没料到这些访谈会让我晕头转向，更让我大吃一惊的是，经过一段时间之后，我发现自己竟然开始透过他们的眼睛看世界。本书的风格和结构都是为了和你们分享这种奇特经验而设计的。这本书不只讲述了这些战争罪犯做过什么，还讲述了跟他们成为朋友是什么感觉。

在这篇序言里，我提出了一组问题，关于这些已发生的恶行对当今的人们来说意味着什么，而更重要的或许是：它们仍在不断发生。

这些问题同时也是本书的概念地图。本书接下来的行文方式模仿了摄像师手中细心探究的镜头的视觉语言：先是大致定格在某个画面；然后慢慢推进到一组视觉细节上；再缩小画面以更全面地重新审视其所处的环境，此时细节虽然被扩大的焦点隐没，却仍然鲜明，如同凝视太阳太久在视网膜留下的印迹；之后再一次调整焦距并对准另外一个关切位置。

在推进这组问题时，我会强调它们内在的一些悖论。诗人约翰·济慈（John Keats）在一个不同的语境中讨论过"自我否定力"（negative capability）* 这个概念：那是一种在面对不确定、神秘和疑惑时仍能保持敞开，并抵抗一种诱惑：把一切简化为熟悉的术语和范畴这些可以掌控的东西。"自我否定力"允许我们体验悖论——以及它在文体领域的表亲并置（juxtaposition）†——并将其视为一种开启问题、有时甚至是意义的方式，而这些无法经由语言表达出来。

1. 从一开始：书写或阅读一本这样的书存在哪些道德和伦理上的风险？我们如何才能抱着尊重和关怀，而非哗众取宠的好奇心来观看这些具有强烈侵略性和创伤性的事件？要怎样做才能让极度私人的创伤见容于毫无怜悯之心的公共空间？这些问题的答案中心是一个最重要的结构化悖论：精神创伤的悖论。**我们在道义上有责任去再现（represent）精神创伤，但我们同样有责任不这样做。**

---

* 济慈于1817年在信中提到并定义了这个概念："Nagative capability, 即一个人能够在不安、迷惘、困惑中生存，而不是烦躁地务求事实和原因"。见 Rollins, H. E.（ed.）. 1958. *The Letters of John Keats 1814—1821*（Two Volumes），Volume I. [M]. Cambridge, Massachusetts: Harvard University Press, p. 191.——编者注

† "并置"是把极不协调的题材放在一起以形成对比或表明其新关系的艺术手法，也是本书采取的书写风格。（本书脚注如未特别标示皆为译者注）

2. 如果我们打算一同经历这些骇人的故事，我们可以用它们来做什么？这些故事能帮我们回答以下这类问题吗：社会是怎样把正常人变成怪物的？进一步来说：个体的心路历程是什么样的？逐渐成为怪物的感觉体验（felt experience）是什么样的？更进一步来说：鉴于这些怪物往往是男人，性别在种族清洗中扮演着什么角色？再一次，这些问题的答案都环绕着关键悖论旋转，包括"邪恶的悖论"（**邪恶既是恶魔和他者，又是平庸和寻常的**）和"责任的悖论"（**我们是自由和具备自主能力的，同时又是环境的产物**）。

3. 拉回镜头：我们所目睹的这些骇人的苦难会怎样影响我们对于存在于世的整体想象、我们的"大局"信念——对人类未来所寄予的希望；影响我们最后的乐观主义或悲观主义；影响我们对利他主义、超越（transcendence）甚至是"神"（the divine）*的看法？其中包括了一些我们熟悉的悖论："利他主义的悖论"（**利他主义要求我们为他人的利益而牺牲自己的利益，但帮助他人也能满足我们自己的利益**）、"虚无主义的悖论"（**为了找到自己存在的意义，我们必须面对自己的无意义性**），以及基督教版特有的"恶的悖论"†（**全能和全善的上帝如何能准许恶行的存在？**）

4. 经历过这样的残忍——不仅震撼我们的良知，甚至动摇我们对世界的看法的残忍——宽恕是可能的吗？个人或国家在犯下滔天大罪之后还能指望得到宽恕吗？既然人的记忆力总是不牢靠、自我保护和自利的，而历史本身充满谎言，加害者要如何才能做到忠实自

---

* 严格来说，the divine 是比"神"抽象的概念，人格化的味道要稀薄得多。

† 作者加上"基督教版"几个字以资区别，因为这里的"恶的悖论"和前文提到的"邪恶的悖论"原文都是 the paradox of evil。"恶的悖论"的"恶"字同时兼指各种罪恶和人间疾苦。

白？事实上，在战争、酷刑和自白之间，真相的位置又在哪里呢？思考这一系列互相关联的问题会驱使我们不断回到"自白的悖论"：**自白是人们所需要的具备疗愈性的文化形式，但又具有潜在的破坏性。**

5. 最后，让我们以开始的地方作结。诸如此类的自白都是一些故事，有其自成一格的伦理。然而更普遍的讲故事的伦理又是什么呢？对我来说，这里牵涉的正是于我个人而言最为困难的悖论：书写的悖论。**要书写别人的隐私生活，你必须和别人建立互相尊重而亲密的关系；然而，要书写别人的隐私生活，你又必须冷漠无情地对待他们，如同小说中的人物一般予以建构、摆布和展示。**很多人会从事书写或阅读创伤故事这种艰难的工作，是因为相信这样做可以提升人类的尊严。讲故事不只是倡导人权时最基本的工作，并且是人类同理心最基本的运作方式。但我们讲述的故事真的能改变什么吗？如果可以，带来的又是哪一类的改变？当面对这些具有强烈侵略性和创伤性的事件时，我们真的有可能做到抱有尊重与关怀，而非哗众取宠的好奇心吗？当你阅读这本书时，又会发生些什么呢？

悪人

你怀念你的老战友吗——那些跟你一起直到战争结束的人？

啊，会，我怀念他们。他们大部分人，你知道的，就像兄弟一样。真的。他们真的就像是你的家人。

我可以想象……

对，我们一起出生入死。你知道吗？我们一起经历过的事情比亲兄弟还多。对，我怀念他们。当然怀念。

*

每一次，我都会递给受访者一小包产自明尼苏达州的天然稻米。每一次，我都以笨拙地不停半鞠躬开场，拿同样的事情开玩笑：我连"很高兴见到你"乃至"谢谢"之类的简单日语都说不好。他们听后会面露微笑，我能看出他们为自己在微笑而感到惊讶，我想每次都从自暴己短开始是件好事。

早上，我和摄影师会到旅馆外面喝咖啡和吃糕点。晚上，翻译会带我们出去找乐子：看歌舞伎，看武术表演，吃最美味的平价寿司，去她最喜欢的老酒馆喝两杯。我们三个人天南地北无所不谈——唯独不谈那些我们采访过的人。

*

为什么我会干得出那样的事？连我自己都不明白……我只是个农家子弟——一个在农民家庭长大的人。这是我后来会思考的问题。你知道，到头来你的感受就是这样的。唉，我不是个会干出那种事的人。

*

直到今晚为止我没有看过一场职业格斗。日本有些武术表演很文雅，像是液体舞，但今晚的表演却是货真价实的打斗。其中一方眼看就要胜出。他把另一个男人压倒在草席上，用拳头狠狠揍对方的头，一下又一下。每发出一声闷响，观众就会集体发出呻吟。那一定会疼，非常疼，但挨揍的那个男人脸上看不见任何表情。那个揍他的男人脸上的表情倒是非常丰富，五官扭在一起，像是愤怒或害怕，但我分辨不出是哪个。

我一直在跟摄影师和翻译交谈，在那里待了很久，久到离开的时候和两位正要回家的格斗者同乘一台电梯。这时我才看出来他们都还算不上男人，只是大男孩而已。我惊讶地发现自己其实比他们要高。事实上，站在他们身边，看见他们待在一起有说有笑，那种感受近乎震撼。从这个距离，我可以看见刚才的输家脸颊上的破皮：想必是被草席擦伤的。基于一些原因，这让我对他生起了慈爱之心。我很想侧身靠近他，问他：你是怎样恢复原状的——在经历方才的事后——回到这副正常的样子的？

*

"你们这些小王八蛋！混账东西！"——我们会骂这一类的话。但我们没有整垮他们。我们是在试着让他们振奋起来。因为如果发生了什么事——如果我们搞砸了——他们一上战场就会死掉。我们得推他们一把，逼他们快速行动起来。所以我们就呵斥他们。他们接受训练就是为了能采取正确的行动，不是吗？如果他们能变成那样，就能避开朝他们射过来的子弹。这就是我们那样做的原因。

*

我对每晚一起出门消遣感到不自在。这一切令人觉得如此不协调。我一会儿是神社里的游客，一会儿让一个离死不远的老人告诉我他是怎样学会用酷刑折磨人的，一会儿跟一个得过奖的摄影师边喝酒边探讨美学。我不知道怎样才能让这些事挨在一起。就好像有人拿着一根铁棒撬开了日常生活的缝隙，而那些被我们遮挡、掩盖住的恶魔突然出现在那里，不依不饶地待在我们身边，待在所有事情的旁边。

事实上，"在旁边"（next to）就是我对我们三个一起度过的时光的看法，那些白天和夜晚。它们都是一些"在旁边"的时刻：发生在访谈的"旁边"。这让它们听起来毫无分量，我起初也是这样认为的，但是随着时间的流逝，我渐渐改变了看法。"在旁边"的存在至关重要，不管那是什么东西。

我不停地思考在某件事的"旁边"意味着什么，而"拼合在一起"（fits together）又意味着什么。有一天，在开车上班时，我的车子在积雪上打滑，差点撞死别人。最后什么都没有发生，只是很吓人罢了。但在这之后立刻去上班实在是件奇怪的事。

似乎我总把自己的生活安排得毫无空隙，现在依然如此。

*

那些做不到的人会感到羞愧吗？

没有"做不到"这回事……我们会逼他们干，逼他们捅刀子。

*

就着明尼苏达州冬天一杯热腾腾的咖啡，朋友安妮问我：他们为什么没自杀呢？她是一名勇敢而坚定的女性，同时也是一名惯于提出难题的内科医生。她把红铜色的头发从眼前拨开，定睛望着我。你为什么不问他们这个问题？

我不曾有过跟加害者打交道的经验。和这些人待在一起，有时我会觉得自己正在参加一场带导游的地狱旅行团。亲密感和眩晕感同时涌现，觉得自己被指引方向的同时又感到迷失。所以我采取了大部分教授用来处理新事物的方法：试着通过把这一切学术化来控制它。我从很多领域寻求帮助。而我获得的大部分帮助来自艺术与人文学科的传统。伟大的文学作品都是怎样理解历史上的大屠杀的？

不同的宗教和哲学传统是怎样处理凶残这个问题的？是怎样把这个世界持续不断的残暴行为同对更高目标、人类存在的意义及"神"的信念调和起来的？社科领域中的一些重要构想也给了我很多帮助。种族清洗的普遍政治与文化特征是什么？把人变成怪物需要哪些组织上与心理上的流程？要怎样才有可能彻底转变这些流程？

这些都是重要的问题，而我即将和各位分享我找到的答案。但是，如果有一个问题居于本书的核心位置，那却是一个完全不同的问题：告诉你们这些故事对我来说意味着什么，而听我讲述这些对你们来说又意味着什么？这仍然是最让我困扰的问题。正是这个问题决定了本书的展开方式，决定了记述的事情如何发生在彼此的"旁边"。随着我们一同推进下去，我会多次用不同的方式提出并回答这个问题。

接下来是第一个故事。

*

阪仓君

突然间，从村子里冲出一群十五六岁的人。当时我甚至都没见过八路军，不知道敌人长什么样子。我不知道眼前这批人是什么人，所以马上趴下。因为有更多的人冲了出来。然后我听到指挥官下令："开火！"他说，"统统打死！"然后我……我也开了火。我射出的子弹打中了人。"真的击中了。"我想。而大多数人，他们就像苍蝇一样纷纷倒下，你明白吗？

等他们都倒下之后，然后……那里有一片高粱地，当时正好是六月中旬，所以那片地看来非常大。(他用手比画)所有人都倒在里面，或是跑了进去。我追在他们后面。然后在高粱地里面，我去的那块有一个倒在地上的人。我看了看，是个农妇。她已经倒在地上死了。我心："好吧，是个农妇。我对此什么都做不了。"我准备继续往前走，然后发现就在那女人的手臂下面，有一个小婴儿，懂吗。一个小婴儿把头探了出来。然后它的手——（沉默）正在摸那个女人的乳房，明白吗，在找乳房，用手碰乳房，明白吗？然后它抬起头看着我，向我微笑。我太震惊了。然后我发现自己不能走路了，你知道吗？然后，唔，我感到的不仅是害怕，而是……我感到一阵寒意从脊椎升起。然后我想往前走，却走不动。一些老兵从我身后跑进来；敌人正在追击我们——"快跑！"他们说。然后我便跑了起来。我们跑掉了，就这样，这之后我想到它，那个婴儿，周围一个人都没有，会就那样死掉，我想。而这是最……在这场战争中……我的行为，第一次……第一次对我来说有点，类似让人反胃的感觉——那种感觉真的击中了我，你知道吗？这就是发生过的事之一。

*

上述是阪仓君故事的中段。当一切开始时他还是个平民，等到一切结束时他已是个加害者。

阪仓君向我讲起那个婴儿时，已经离死不远了，他正试着理清自己的人生。他在战俘营待了很多年——又经历了更多年的社会放逐——期间不断审视他做过的事以及这些事对他的影响。他犯下凶残的暴行，造成了无法估算的痛苦，但他也经历了精神上的创伤。事实上，犯下的罪行成了他的创伤。他感到死亡正在靠近，他说，如同某种"压力"一般。"我已经没有未来了……如果我不抓紧时间，趁现在说出来——如果我死了，就没人来讲这些事了。"

阪仓君和其他我访谈过的老兵组成了一个独特的团体。他们都是"中国归还者联络会"（Chukiren）的成员，这群反战的退伍军人已经为之工作了四十五年，旨在引发人们对日本战争罪行的关注和促进中日两国的友谊。他们代表一群日本军人，大约有一千一百人，这些人曾经在战后被苏联俘虏，若干年后被引渡到中国的抚顺监狱。西伯利亚的战俘营以非人般的残忍对待他们。但抚顺监狱却令人迷惑地用几乎完全相反的方式对待他们。那里的工作人员被告知要待这些犯人如客人：尊重他们，让他们吃饱饭，满足他们的医疗需求，为他们组织体育和文化活动。这些战犯也接受了思想改造：经过一段时间后，他们经历了一种如同转变宗教信仰般的体验。他们批判自己过去的价值观——事实上还批判过去的自我——并承诺把自己的生命献给反战主义的布道。这批日本老兵把他们的转化形容为"抚顺奇迹"。1956年，中国终于为这些人召开了特别军事法庭，起诉了其中的四十五个人，这些人最终全部获释。

　　1957年1月，这批"中国归还者"建立了一个正式组织，决计要相互扶持，致力打破日本对战争罪行的沉默。虽然大多数时候受到大众和主流媒体的轻蔑或冷落，但他们仍然继续活动，直到2002年，因大部分成员年迈多病而难以为继。不久后，新一代活动人士在埼玉县建立了"归还者和平纪念馆"。馆里收藏了超过二万本图书，以及相关的录像带及照片，里面挤满了书架和研讨桌，比起纪念馆，更像是资源中心和图书馆。就是在这里，我们被第一次介绍给那些老兵。

　　从一开始，我便觉得这些人视自己为历史的产物。他们欣然接受人们的指责，但又把这当作是超出自己控制的历史语境的一部分。第一次世界大战之后，日本一跃成为亚洲的军事霸权。这个越发军事化的国家由神圣的天皇统治，汲汲于展示实力和抵抗西方帝国主义的压力。但要确保区域性霸权，日本还需要掌控中国的资源。结果就是一场灾难性的竞赛："中国的重新统一与日本在中国的扩张"的竞赛。[1] 1931年，日本入侵东北，成立傀儡政权伪"满洲国"。中日战争在六年后全面爆发，导火线是发生在卢沟桥的一场军事冲突。日本把后续的冲突和所有因此犯下的战争罪行说成攸关民族荣耀和使命。一份于1943年撰写的日本政府报告把日本的领土野心粉饰为一种准人道主义的介入："我们大和民族，正挥洒着'血'以达成我们在世界历史中的使命：建立大东亚共荣圈。为实现亚洲十亿人民的解放，更为了永远保持我们在大东亚共荣圈的领导地位，我们必须把大和民族的'血'植入到这些'土壤'中去。"[2]

宗教上的正当理由响应了帝国的正当理由。甚至连禅宗学者都参与进来，在报刊上发表论证：中国已经成了一个不明佛理因此亟待拯救的国家，透过日本高一等的精神了悟，中国的"不合理性将会获得纠正"。"透过一场慈悲的战争，交战的国家可以提升自己，而战争可以消灭战争本身。"[3]

这是那些"中国归还者"想向我这个美国人强调的历史背景，我们交谈时，一支美国的军队正在占领伊拉克。凡事总有它发生的背景。

*

凶残既有赖于再现（representation）又抗拒再现。我们必须为凶残作见证，我们必须把这些故事讲出来，这些观点是人权运动教义的核心所在。我们搜集证言，我们调查并厘清战争罪行的细节，是因为我们在道德上有义务这样做。我们所履行的义务在法律起诉有现实可能性时最为迫切，但它在要求审判的呼声在历史中消退很久之后也依然有力——尤其是在那些矢口否认罪行和历史修正主义盛行的地方，就像日本。我们是在为后人创建一个我们时代共有的道德档案库。我们在缔造一种可以让那些幸存者能够看懂的公共历史，而他们每天都在目睹内心最深处的私人真相遭到否认。而有时，正如我访谈过的老兵所认为的，我们是在利用一个可以安全想象的过去，来让我们当下在做的事情显现出来。

近几十年来，日本的政府官员、学者和各级前军官一再否认和淡化日本帝国犯下的暴行。1994年，法务大臣永野茂门把南京大屠杀——估计有三十万平民被杀害——说成是"捏造"。在随后措辞谨慎的道歉中，永野仍然只愿称南京大屠杀为"南京事件"。[4] 2007年，首相安倍晋三否认曾有韩国妇女被强迫充当慰安妇。[5] 2001年，文部省大臣支持使用修正版本的历史课本，课本试图把日本战争罪行掩饰过去，其中包括南京大屠杀、大规模强征慰安妇、用中国平民进行活体细菌实验等。[6] 2005年，一位日本学者的著作被翻译成了英文（出版方还专门寄给了我一本），里面猛烈抨击了已故作家张纯如，因为她让"南京发生过大屠杀的荒诞说法"延续了下来*。[7] 这样的例子还有很多。埃利·威塞尔（Elie Wiesel）说过，遗忘就是把一个人杀两次。如果威塞尔是对的，那中日战争从来没有终止过。只是将战场转到了记忆的领域。

所以，我们三人——摄影师、翻译和我——一开始是抱着相同的信念开启了这个项目：不论是在这个个案还是其他个案，为凶残

---

* 这番话是针对张纯如的英文著作《南京大屠杀》（*The Rape of Nanking: The Forgotten Holocaust of World War II*）而发。

留下见证本身就是一种善行——不论是在罪行发生当时揭发罪行，还是像我们当时在做的事那样，事隔多年后搜集和分享证言。不论是争取人权的斗争还是发生在记忆领域的战争，都需要一个黑白分明的道德立场：说出来或者保持沉默，抵抗它或者成为同谋。

但我不再那样确信了。

这里面包含着一个再现苦难的悖论。想要阻止人们继续受到伤害，我们必须说出发生过什么事；但在讲述故事的过程中，我们有可能会以始料不及的方式伤害到他人。我们想要通过羞辱加害者来让他们遵守道德，但有时却刺激得他们更为暴力；我们想要引发旁观者的恻隐之心，但有时却让他们变得更加麻木，甚至引发反感；我们想要给幸存者带来疗愈的声音，但有时却让他们再次受到创伤；我们想要把遥远的陌生人变成生动的、可以被亲切感知到的人，但有时却把他们困在了抽象的、二维的"受害者"的身份中。

现在我明白这些迟来的证言，这些不仅从空间上还是时间上都十分久远的再现的苦痛，它们面临某种必然的结果。搜集证言是一种尊重幸存者和死者的举动，也是一座小却真实的言语上的堡垒，以对抗反复上演的集体凶残。所以我们才会一次又一次地说"再也没有下一次了"。但收集和分享证据触发了一个我们无法控制的连锁反应。它同样造成了伤害。在开展这个项目的过程中，我开始相信收集加害者证言这项工作需要道德上的短视，也许甚至是自大。对我来说，我看不出来还有别的路径可以解决这工作所引发的错综复杂的问题：在受害者无法说出他们故事的情况下，讲述加害者的故事会有什么风险？从什么时候开始，聆听和记录下加害者对于宽恕的恳求逐渐变成一种默许的宽恕，一种你根本无权给予或拒绝给予的宽恕？还有，你做这些的动机是什么：是出于对他人的责任感的召唤，是出于自恋的道德正义感，还是出于一个作家对于耸人素材的渴望？呈现最邪恶和残忍的细节是否只是在操练一种关于邪恶的情色作品？而没这样做是否就是一种道德上的懦弱？如果你进行了自我审查，你是否就使创伤免于再现——但同时也免于被侵入性地凝视、简化和剖析？又或者你无视了创伤对再现的呼求，并重演了旁观者当初的回避，而正是这种回避让凶残从一开始得以发生？[8]

埃马纽埃尔·东轧拉（Emmanuel Dongala）是《疯狗强尼》（*Johnny Mad Dog*）的作者，这部小说讲述刚果内战时期一个童兵的故事。作者东轧拉本人就是这场战争的难民，在濒死之际得到了一群人道工作者救援。东轧拉明白人道工作者能够接触到他的唯一原因，是因为他们靠揭露刚果的悲惨故事而募得经费并取得了进入许可。在获救那一刻，东轧拉意识到他的命是以他的故事换来的。但当我们聊到这件事时，他告诉我，他还痛苦地意识到这一类讲述故事的行为具有去人性（dehumanizing）的特质，意识到每次拯救的代价是遭受苦难的非洲人的形象被强化了。而这种形象不只助长了种族歧视逻辑，例如法国前总统密特朗那段恶名昭彰的发言："在卢旺达这类国家，发生一场种族清洗没有什么大不了的"。[9]这样讲述故事的行为还会牵涉到一种跟趁火打劫无大不同的偷窃行为。就像在《疯狗强尼》里，一个年轻非洲女子坚持拒绝让一名西方记者拍摄她快死的母亲："苟延残喘的妈妈是**我们**的苦、**我们**的痛……我们有权把它保持为私有。"[10]

苏珊·桑塔格（Susan Sontag）曾大篇幅地谈论过凶残照片的伦理问题，关于我们拍摄死伤者的欲望，以及在之后凝视这些影像的欲望。她这样总结道：

> 我们会感到有义务去看记录重大暴行和罪行的照片。我们应当

感到有义务去思考看这些照片意味着什么，思考实际消化照片内容的那种能力。对这些照片的反应，并非都受到理性和良知的支配。大多数有关被折磨、被肢解的身体的描绘，是会引起淫欲兴趣的……所有展示一个有魅力的身体遭侵犯的图像，在一定程度上都是色情的。但是，令人反感的图像也能诱惑人。大家都知道，公路上发生骇人车祸时，经过的车辆放慢速度，并非仅仅出于好奇。对很多人来说，放慢速度也是希望见到令人毛骨悚然的场面。称这种"希望"是"变态"，意味着这是一种罕见的异常心理，但是被这种场面吸引并非罕见，而这是内心斗争的永恒来源。[11]*

我们的快感——或者说，我们对于自己寻找快感的能力的恐惧——确实是一种折磨。那么站在镜头另一端的人的快感呢？如何看待那些不躲避镜头反而对着它表演的加害者呢？那些将"曝光"作为一种介入手段的人权工作者必定要面对这些难题：这种方法是有效的吗？如果我们不能对看见的东西采取行动，那看见的意义何在？如果看见促使了"对故事的厌倦"而非行动，那该怎么办？更令人苦恼的是，他们还需要面对这些问题：将曝光作为干预手段的策略是否有可能对加害者而言是一种服务？正如托马斯·基南（Thomas Keenan）所说的，在一个不知羞耻的世界动员羞耻之心，可能只是一种悖谬的宣传工作罢了。[12]

这类问题也许是无解的。但我们却别无选择，只能活在它们有解的可能性中。

---

* 译文引自苏珊·桑塔格著，黄灿然译，《关于他人的痛苦》（上海：上海译文出版社，2006），87页。

*

　　小说《奇鸟行状录》极具洞察力地描述了中日战争期间的凶残与记忆。透过冈田中尉这个让人心疼的角色，村上春树向读者展示了一个悲惨的样本，关于个人叙事如何成为对抗无意义性的魔咒。冈田见证和承受过战争不可承受的残忍，他的个性因此被掏空。战后他又活了几十年，但内心深处毫无感情，看不出活着有多少意义，不认为活着与死去有多大差别。然而，在人生最后一段日子，他有机会跟一个有同理心的倾听者谈论战争。这时，他感到从记忆中理出意义变成了他的人生目的，而回想起人生仍有目标时的感觉，也让死亡一事对他而言变得更轻易——或者说，更恰当。

　　"中国归还者"说出他们的故事与其说是为了获得一个有意义的人生，不如说是为了获得一个最终来说并非毫无意义的人生。对他们大部分人而言，摆脱无意义性意味着达到一种连贯，也就是说，把自己的人生重构为一则可述说和有主旨的故事，走出不可沟通的记忆的孤立性，走入可分享的叙事的互动性。必须存在一种方法，能从他们不可理解的罪恶中理出可理解的故事。他们的人生必须不能只是一系列毫无缘由的偶然事件的交会，毫无目的可言。如果说把自己的人生过得漫无头绪是一种基本的人类创伤，那创造一段可分享的个人历史便成了一种基本的拯救方式。要做到这一点，必须把自己的人生想象成一则线性叙事，一系列有因果关系的事件，包含着并非出于偶然的欢乐和并非毫无道理可言的苦痛。而要能成为这一类线性叙事的作者，你就得把某些一度失控得吓人的事件纳入控制。

　　我访谈过的日本老兵以很多不同的路径寻求连贯和意义。有些人用的方法是道歉。"我真的错了，这我知道。"阪仓君说："我很抱歉——我没有任何辩解余地，只能说抱歉。通过说出我的故事，我寻求赎罪。"有些人用的方法是悲悼，用叙事为悲痛的伤口赋予闭合的形状，否则它就会变成没有皮肤覆盖的开放性伤口。还有些人用的方法是干预，是警告：**这就是你们正在变成的样子，或许你们已经变成这样了**。对这些老兵来说，我是个美国作家这一点至关重要。他们相信，绝不应该容许美国人继续对自己国家发起的战争的肮脏细节移开目光。不过，对大部分日本老兵来说，通向连贯和意义的方法是通过共产主义、反军国主义和反帝国主义。正如久保寺君所说的，在战俘营接受的再教育帮助他们看清自己已变成了"恶魔"，因此，这再教育也让他们得以"重生"为"人类"。现在，他们的人生有了清晰的使命。他们的弥留之际有了目标。小山君说："我们应该联合起来，要求今日的年轻人不要再重蹈我们的覆辙。我们必须一直呼吁下去，直到死去那天为止。"

但总是有一个余数（remainder）存在，总是有某些不可分享的部分延续着。我的翻译和另一位老兵金子君的对话就是典型的例子：

金子君：务必要让两位教授明白。

翻译：放心，我一定会转述。

金子君：请千万要这样做……我要把这些话说出来，我走到哪里说到哪里。一切都被怪罪到我们士兵头上……在靖国神社供奉的是什么呢——只是一堆写在纸上的名字罢了。你们以为那些遗体在哪里？那些骨骸？在西伯利亚的脏土里。在中国的脏土里。在南方的岛屿。在那里——所有人都仍被埋在大海里。这样对吗？那些死者——那些（喃喃自语），我们见过那些尸体。真是可怜。

翻译：你——

金子君：拜托。我就靠你了。

翻译（对我说）："我就靠你把话传达……"

金子君：你觉得他们懂了吗？

翻译：懂。别担心。

金子君：你觉得他们懂了吗？

翻译：我刚刚……我刚刚清楚地告诉他们了。

凯西·卡鲁思（Cathy Caruth）主张，把创伤化为语言文字，难处不在于如何描述，而在于经验本身。她写道："在创伤中，与现实的强烈冲突可能呈现出的是一种对现实的绝对麻木。"创伤代表着语言的不可能，因为它主要是一种对意义的猛烈冲击，而不是一种意义。不存在最终的理解。不存在超越的意义。有的只是对混乱的暂时阻挡。*

*

低声对她说话时，我试着让自己的语气听起来不要太不耐烦。你可以停下来，不要写了。问问他第一次是什么感觉？我们正在访谈的这个人，金子君，前不久才因为肠道阻塞住院。他八十八岁了。皮肤从他的手臂上垂下来，像挂起来的床单。他越来越疲惫，我知道他在采访完毕之前就会想要中止对谈。我们没多少时间了。

---

* 出自罗伯特·弗罗斯特（Robert Frost,1874-1963），是 20 世纪美国最杰出的诗人之一，他认为诗是一种"暂时阻挡混乱"（momentary stay against confusion）的艺术，可将失序的现实生活重新纳入正轨。——编者注

翻译正在以速记方式概述金子君回答的每一句话。有时，金子君说完话之后她还在继续写，我得等上一两分钟。拜托不要写了，我说，直接进入下一个问题吧。我不需要概述。我们可以之后再翻译它们。她的头抽动了一下，眼睛在我和金子君之间来回看了看，但手没有停下来。等一等，她说，快好了。她不是职业翻译，是无偿做这些的志愿者。我和摄影师得把钱硬塞给她。她是个研究生，对这项目怀有一份关心，觉得它和自己有某些私人的关联。这份工作让她饱受压力。

你第一次强暴别人是什么样的——有什么感觉？

这个……其实没有什么感觉，懂吗？只是"我想试试"……就是这样。

到了晚上，翻译、摄影师和我三个人会喝几杯，笑声连连。翻译很风趣，摄影师则是有意显得风趣。一天采访下来，我们全都心神不宁、头昏脑涨，但摄影师沉着依旧。他请我们喝清酒，还想办法逗我们笑。在一个那么奇怪的环境一起待了那么久，我们有时会向彼此透露一些平常不愿意告诉别人的事情。这些小秘密会在谈笑之间溜出口，而我们之所以愿意分享，是因为知道大家不久之后便会分道扬镳——哪怕现在我们对彼此而言几乎意味着一切——分享这些不会引起什么不愉快的后果。翻译每次有什么小秘密要说，你都可以事先看出来：她会身体紧绷，向后一缩，像是要把什么东西递给你。在某个瞬间，非常突然地，我发现她很美。

白天，口干舌燥地搭着地铁时，我们会谈论她在翻译时遇到的挫折，与此同时，她会不耐烦地用手势要我调整姿势，不要占据那么多空间，显得不那么没规矩。根本没有对应的词，她说，又瞪着我，挥挥手示意我把手臂贴在身侧，双脚并拢。不知道用了多久我们才对"嘲弄"这个词的理解达成一致。（摄影师不论在哪儿都能轻易融入四周的环境，从不会引起侧目。但有一次，他走出地铁车厢时用手肘撞到了一个职业女性的额头，结果所有人都在看他，这让我心情好多了。翻译连忙道歉："他是外国人。"）

但我们要面对的复杂性并不只是关于字词或如何控制自己的身体。我想起自己读过的研究，说翻译有时会更专注于讨好雇用他们的人，而不是为他们帮忙传达声音的人服务。而在扮演文化中介者的角色时，他们总是会用一些小手段为自己或别人保留面子。虽然这一点和它们作为"语言转换者"的工作同等重要，并且能彻底地改变你在最后接收到的信息，但它甚至不是出于明智而特意安排好的。[14] 后来在看录音翻译稿的时候，我才明白翻译并不总是会照问我或摄影师要她问的问题。有时我会把问题问得简短直接，希望能够营造出一种明快的对谈效果，但她转述起来却无比冗长。我和摄影师面面相觑，皱起眉头，满脸疑惑。随后在读翻译好的录音稿时，我才明白她有时是在为我的问题向受访者道歉，或是把问题修整得不那么锐利。（我在这里轻声地对她说一声：谢谢。）

翻译对语义的折损问题延续到访谈录音的翻译。我雇用了第二位译者，负责核查第一位的翻译。他们两人的看法并不总是一致。其中一位认为另一位的翻译太过正式，有点过度正经了。比如说，她想把"我感到愤怒"改成"我气疯了"；把"不，NHK的笨蛋没有播我"改成"不，该死的NHK没有播我"；把"没有这样的说法，当然，只有像是'来吧，跟上来，你这个懒汉！'"改成"当然他妈的不!- 他妈的不可能……我们会说这样的话'快点，跟上来，你这个混账！'"而那位译者则坚称那些老兵的用语本来就过于老式，不管从录音或书面上都很难理解。另外，我雇佣的两位译者都退出了。两个都是，他们顺利地通过了面试，然后我给了他们需要翻译的材料。他们开始工作，但接下来很长时间再没有消息，不管我怎样试图联系都联系不上。最后他们承认自己打了退堂鼓，暗示自己出现了抑郁的症状。其中一位在他的家人发现了这份工作是什么之后，因为这工作跟家人闹得不愉快。在这种情况下，我犯了一个只有大学教授才会犯的错误：预付了他几个月的工资。我拉不下脸把钱要回来。而摄影师当初策划我们的行程时，专门找了个日本"调停人"来处理一切职业和机构性的合作。摄影师们知道怎么把事办成。

去慰安所是要花钱的，对不对？但强奸却不花半毛钱，对不对？……我们没钱，所以没去过慰安所。又因为强奸免费，所以只要我们上前线，就一定会强奸。"你干了几次？"我们会问这样的话。然后回答"我干了两次"或是"我干了三次"。这样，一种竞争心态便迅速冒了出来。

但是，有件我可以说的事是，有一次，我听到……虽然它是段令人作呕的故事……怀孕的女人强奸起来感觉好不好——我会听到类似这样的对话。然后我们，你知道的，我们实际上会去专门找那些看起来像是怀了孕的女人。这种事是会发生的。然后，在做完这些事后，我们会杀了她。对，有时我们会杀了她——如果她反抗，我们就杀了她。三五六个士兵会一起拖出一个女人，把她手脚压着，然后反复施暴，最后用一根棒子插进里面。插一根棒子进去，然后再杀了她。对，这种事是会发生的，你知道吗？

然后那些人——那些女人，她们都知道日本士兵会强奸她们，明白吧？每户人家厨房里都有一口灶台，灶台里面有煤灰。她们会把煤灰涂在脸上，像这样……她们以为这样做日本士兵便不会强奸她们，所以就把煤灰涂在脸上，像这样。但我们心想："这些白痴……就这种东西，我们还是会做的。"因为这其实没什么分别，不是吗？然后，这些女人想出一个不同的法子。你们猜是什么法子？

怎么了，他说什么了？（翻译的笑声令我感到困惑）

　　涂粪！……他们给自己涂粪，明白吗？涂在这里。这么一来，我们肯定不会靠近。也许是小孩的粪，涂满全身。那真是臭得要命，我们无法接近。我们心想："这个贱人竟敢嘲笑我们。"我们会揍她。我们会另外找一个女人——干干净净的。

　　我的翻译在我和老兵之间起到了缓冲作用，我想，她让他们觉得安全，较少受到直接的挑战，更愿意敞开心胸。有时，翻译不会把老兵正在说的话翻译出来，所以我就坐在那里听着，带着一种开放但消极的态度，如同自己在听音乐。有时我会心不在焉。我听到隔壁房间一个和尚的念经声。我思考自己打算怎样利用这些材料。我想自己为什么出现在这里：是出于责任感还是好奇心？我感到恐怖，因为我在某些瞬间根本做不到保持专注，当我在想怎么书写这一切时，我实际上彻底把这些人当成了素材。摄影师在工作时则如同一股自然的力量，他完全地在场，无比专注。翻译跪坐在每位受访者前面，身体在专注中紧绷得像钢丝，但同时圆睁的眼睛又显现出尊重和温柔。她知道自己来此的目的何在。每次访谈开始之后，受访者回答问题时并不会看着她，而是一律看着我和摄影师。他们认为我们能做些什么。不止一个人说过他们指望着我们。他们早就在日本讲过他们的故事，但愿意倾听者寥寥无几。他们相信我们可以把他们的信息更有效地传递给世界上其他的人。

我们第一次到东京的时候，当地和平纪念馆的工作人员在闭馆时间带领我们参观了一遍。结束时，他们请求我们运用自己在媒体上的影响力，来帮助他们抵挡来自地方政府和民族主义者的审查压力。我一方面不好意思诚实相告，坦诚说出认为我能帮得上忙的想法是荒谬的，另一方面又不愿干脆完全撒谎，说我会帮忙的。所以，我只是把他们的要求复述一遍，承认他们真的很有这个需要。这是懦弱的举动，因为我明知他们一定会误解我的回应，把它理解为一种含蓄的承诺：我会为此做些什么。不然我又是为了什么才出现在这里呢？

> 这是道斯博士提出的问题*。你已经对我……嗯……诚实地讲述了很多事情。他想知道，当你向像我这样的、年轻一代的女性谈当年强奸的事情时，心里是什么感觉……
>
> 我起初讨厌谈这些……谈话变得肮脏了……但如果我不说出来，人们就不会知道女性的处境有多么悲惨，对不对？如果我光说"慰安妇"三个字，是不会有人明白的，对不对？他们会认为你只是为了男人和钱——会觉得那些女人跟男人做这些事全是为了钱。这样他们就无法了解真相，对不对？如果他们不知道背后的故事，就不会知道慰安所里面是什么样子。这就是我谈它的理由。我起初讨厌

---

* 道斯博士便是本书作者。这里是翻译向被访谈者转述他的问题。

谈这个。对，当然的。就连我的老战友，当他们被问到："你去过慰安所吗？"都会支支吾吾："这个……"当他们被问到："你强奸过人吗？"然后我们会说："这……强奸……嗯……我听说他们确实做了这样的事。"他们会躲避问题。每个人起初都是这个态度。直到最近，人们才开始愿意谈论它。事情开始一点点地改变起来。起初，就连我也讨厌谈……但因为那是我非做不可的，所以我谈它……

每逢有战争，那些哭最多的——是女人。她们的丈夫……孩子的父亲会被拉到军队去。如果她们的丈夫死了，你觉得会发生什么？她们会用手捂着嘴痛哭，会失去经济支柱，最后沦为慰安妇……不然你以为她们能凭什么养活孩子？这和（声音不清楚）是一样的。你只能有什么卖什么。当你把一切都卖掉，最后便只剩下身体。所以，最后她们只得出卖身体，赚钱，度过这一切。女人承受了最严重的苦难。所以，不管去到哪里，我总是指出：女人是最应该反战的……

对，我们有责任说些话。我们不想再把这些事带给年轻人。这是我们的坚信的东西……这就是我为什么会对你讲这个故事——就当着你的面。起初我讨厌这样做。我妻子也不喜欢，每个人都不喜欢。我的孩子也不喜欢。他们说："爸……别胡扯了……"每个人都是这样，明白吗？人人都不喜欢慰安妇的话题，妻子们尤其不喜欢。她们甚至会说："我们离婚吧！"她们真的会这样说，你懂吗。这就是他们不愿意谈这个的原因，但我觉得我有责任……对，每个人……（喃喃自语）……Y先生他有谈到这个吗？有吗？

*

如果说今天存在一个重要的形象或样本能够帮助我们思考战犯的问题，我们大概可以在纳粹官僚阿道夫·艾希曼（Adolf

Eichmann）身上找到它，他在驱逐欧洲犹太人到集中营的过程中发挥了主要的组织性作用。作为一个案例，艾希曼提供了一种理解战犯的路径。他是个典型，可以说，他让我们有所准备，得以了解其他同类型的人物，否则我们既不能也不会想理解这些人。例如在伊拉克战争中，艾希曼就是在巴格达阿布格莱布（Abu Ghraib）监狱虐待折磨囚犯的美国军人琳迪·英格兰（Lynddie England）*身后的阴影。邪恶在这类人身上的表现是**不思考**（thoughtless）：他们不仅不考虑其他人，其本身在思考上也是无能的。汉娜·阿伦特（Hannah Arendt）解释道，艾希曼最引人注意的不是无比邪恶的恶行，而是"和现实的脱离"。这种脱离可以从他语言的症候中辨认出来：他以陈腔滥调为言语，用陈腐的词句，几乎不改变他的用词。阿伦特写道："你听他说话越久，这一点就越明显：他在说话上的无能紧密联结着他**思考**上的无能，也就是，有能力站在别人的立场上思考的无能。想跟他沟通是不可能的，不是因为他撒谎，而是因为他在四周筑起最可靠的防护墙，把语言和他人阻隔在外，也因此把现实阻隔在外。"阿伦特坚决主张，艾希曼不过是**"从来没意识到自己正在做什么"**罢了。[15] 这就是"邪恶"的样子。它缺乏想象力而平庸（banal）。这就是我们在媒体构建出的琳迪·英格兰。这就是在汤普森（Judith Thompson）的文献纪录片《末日之宫》（*Palace of the End*）中的琳迪·英格兰，她发表着由早已用烂的语言构成的独白：陈腔滥调，歌词片段，广告金句，电影对白——全是提前包装好的语言，构成了一面抵御思想的防护墙。

---

* 前美国空军士兵，因与其他十一名士兵一起卷入虐囚事件而被军事法庭起诉，获刑三年且被军队开除。2005—2007年服刑。——编者注

在访谈日本老兵的过程中,有那么几个瞬间,我会感觉到他们正在撤退到预先包装好的叙事的保护之下。多年以来,他们已经找到一种来向自己描述曾经干过些什么的方法:那些他们讲过无数遍的故事,有着开始和结尾以及无意中背下来的词句的故事。我一度为此大感沮丧。这些故事都是诚实的,但它们却像一道阻碍,让人无法真诚地投入此时此刻。有一次在访谈中,在金子君就要这样做的时候,我问了一个自己觉得会令他猝不及防的问题,逼着他跳出保护性的、陈腐的叙事框架进行思考。他是个非常传统的老人。想吓他一跳一点都不难。他不习惯被人问到他的感觉:别人一向只想知道他干过哪些罪行。

你有把这些事告诉过你母亲吗?

我这么一问之后,交谈立刻变得时断时续。他对我的问题完全没有准备,变得焦虑起来。翻译不得不把问题重问一遍,并解释为何要这样突兀地转换话题。金子君解释说,他妈妈在他回家不久后便去世。事实上他相信,她一直是硬撑着等到他回家后才安心辞世。

我回到家之后,母亲给我做了晚餐。你们知道我最喜欢吃什么吗?是红豆汤。(说着咂了咂舌头)一种……一种家乡的红豆汤,她做了这个给我吃。我说:"妈,我回来了!"那时她正病着,她的一只眼睛已经瞎了,眼珠没有了,她用剩下的一只眼睛牢牢地盯着我的脸。用一只眼睛牢牢地盯着我的脸,然后……她摸了摸我的腿。

说到这里,金子君哭了起来。我的翻译转身低声对我说:在日本,我们相信鬼是没有腿的。如果你担心某人是鬼,你就会摸他的腿。

(金子君多年来都和妻子共同生活,直到2009年才盖了一栋复合式房子,跟长女一家同住。他在一年后的11月25日过世。金子君1920年生于浦安市,之后上了寻常小学。被征召入伍前,他在东京的一家铁屑公司工作。)

*

1960年冬天,斯坦利·米尔格拉姆(Stanley Milgram)展开了一项关于"服从"的前导实验。实验对象是一批成年男性,年龄介于二十至五十岁之间。他们都住在康涅狄格州的纽黑文或桥港区域,从事的职业形形色色。这些研究对象在这个设计好的"老师—学生"实验中担任"老师"的角色。一个穿白色实验室工作服的假医生告诉他们,学生每答错一道问题,他们就要对"学生"施行电击。答错的问题越多,电力的强度便会增加——最高强度是四百五十伏特(上面标识着"危险:严重电击")。随着实验的推进,假冒的学生会越发痛苦地哀求停止电击,而假冒的实验主持人则会坚持要求那些老师继续电击。

事前,米尔格拉姆商请四十位精神科医师对实验结果进行预测,而他们预测,大部分实验对象都不会施行超过一百五十伏特的电击,百分之九十六的人不会施行超过三百伏特的电击,而只有百分之一的实验对象会把命令贯彻到最后(四百五十伏特)。然而,出人意料的是,竟有百分之六十的实验对象按命令一路执行到最高电压。

老师施行电击时会明显的痛苦、结巴、颤抖、紧张地发笑和流汗。当实验主持人不在场时,有些老师会施放低于要求的电压。当能够看见学生时,实验对象施放电击时会把眼睛偏向别处。以下是一个

把命令贯彻至四百五十伏特的老师与实验主持人的对话:

（施放过一百五十伏特电击之后。）你想我继续下去吗？

（施放过一百六十五伏特电击之后。）那家伙不断叫喊。这儿还有很多（指还剩下许多问题没有问）。他很可能会得心脏病的。你想要我继续下去吗？

（施放过一百八十伏特电击之后。）他会受不了的！我不打算在这儿把他杀了。你听到他的叫喊声了吗？他在哀号。他受不了的。万一出事怎么办？……我会让他奄奄一息的。他正在喊叫。你知道我的意思吗？我是说我拒绝负责任。他会受伤的。剩下的问题太多了。老天，如果他答错就惨了。剩得实在太多了。我想说万一他出了事情谁来负责？

（实验主持人表示承担责任。）好吧。

（施放过一百九十五伏特电击之后。）你看，他正在喊叫。听听看。天，我不明白。（主持人表示：实验要求你继续。）我知道，先生。可是我觉得——啊——他不知道电压有多高。已经是一百九十五伏特了。

（施放过二百一十伏特电击之后。）

（施放过二百二十五伏特电击之后。）

（施放过二百四十伏特电击之后。）唉，不。你是说我得继续下去？不，先生。我不打算杀了那个人！我不会给他施放四百五十伏特电击的！

（主持人说：实验要求你继续下去。）我知道，先生，但那个人正在嚎叫……[16]

整个过程中，学生出于痛苦而发出的哀号甚至可以穿透实验室的墙壁。"放我走！""你们无权把我留在这里！""我的心脏不舒服！"最后，学生会完全停止反应。在实验录像中，你会看见老师每次施放电击时都会用手盖住脸，大声地问学生："求求你回答我，你还好吗？"他告诉实验主持人他相信那个人一定是出事了，要求对方进去看一下。"他可能会死在那里！"实验主持人拒绝了，而老师继续施放电击，十分沮丧。他问："你承担一切责任？"实验主持人表示会承担。老师就把电击的命令一直执行至四百五十伏特，直到主持人最终停止实验。

在紧接着实验之后的简报中，实验主持人问这位老师，他有可能因为学生说了什么而停止电击吗？实验对象起初有点不知所措，顿了一下，想要把谈话转向别的方向，但是最后经过追问后，他的回答是"不会"。实验主持人问他理由。"他不让我停。我想要停下来。"又说自己好几次几乎要走出实验室。

米尔格拉姆在震惊中指出，单单一个没有真正权力的假实验主持人，就可以强迫一个成年男人对在处于极度痛苦中哀叫的人施加剧烈的疼痛，他写道："这让我们不禁好奇，换成具有极大权力与威望的政府，又可以怎样命令它的实验对象。下面这个问题极端重要：一个带有恶意的政治机制是否将会在美国社会中崛起？"[17]

*

汤浅君

他们到了那里后，站在四个中国人对面，然后看守就当着我们的面朝每个中国人肚子开了两枪。我们十个人一组，每组分配到了一个哀号着的中国人,到不同的房间进行手术。我们要练习把子弹从身体里取出来。我们得到的命令是在取出子弹之前,保证他们活着。但由于我们的技术不是很好,所有人都在手术中途死掉了。我想他们大概是在剧痛中昏过去,死得很痛苦。

之后,我走向那个农夫。我们的(声音不清楚)把农夫推向手术台,但他不肯就范,反而退后一步。那是个让人不舒服的处境。他在我面前挣扎着。通常情况下,我会散发出军官的气势,会试着展现威严来让他屈服。但是,很遗憾,我没有成功。为了向在场每个人显示我有多行,我推他,把他推了过去。那农夫终于屈服,低着头,往手术台走去,把手放在手术台上面。我记得自己做了件让每个人刮目相看的事——展现了我优秀的一面——我记得自己感到骄傲……当那个农夫往手术台走的时候……你知道,那真的是一件令我自豪的事。但那农夫并不打算躺上手术台,轮到护士来让他躺在那里了。护士说:"我要给你用药,用针打进去——不会痛的,你躺下就好。"那农夫低着头,没有太多选择,便躺在手术台上。然后年轻护士对着年轻而初来的我吐吐舌头,好像在说:"做得不错吧?"

农夫躺下之后——当时我是那个军医训练课程的(声音不清楚),我们给他打麻醉剂,让他睡着。然后(咳嗽),在场的十个军医五人一组——那是一场手术练习。我们先做盲肠手术,然后是肠缝合——是在肠子上做的手术——然后是截肢——这些东西我们都练了。我看着这一切,然后我(咳嗽)被这些冲动驱使着。活生生的材料就摆在我们面前。再来还有些机器。为了打开农夫的(咳嗽)喉咙,我们用了一部切开(器官)的机器。但当我们把它放、放到农夫的喉咙之后,血——**哗的一下**,这些红色(强调)的血就喷了出来——和空气一起喷出来。我还记得这一幕。不久,一个半小时之后,手术结束了,军医们回到部队去。稍后,那位体格健壮的农夫还在那里喘最后几口气:呵,呵(模仿喘息声)——就在那间屋子里。把这个东西(指那农夫)就那样埋到洞里会让我感到不自在,所以我用了全身麻醉药,把它放到注射器里,然后注射进他粗壮的手臂里。他咳得厉害(模仿剧烈的咳声),然后他的呼吸停止了。这证明了,在离开父母两个月之后,我已经成为一个发育完全的成年军国主义者了。

　　这类手术我们进行过四五(咳嗽)次。第一次我感到恶心,感到怯场。第二次我……第二次我就觉得还好。大概在第三次,我就主动起来,负责安排一切。有一次,完全是我自己的主意,我用这种方法训练了二十个人,我还叫了宪兵,叫了一位来向他展示手术练习——我还做了这样的事。我对新兵也做了这样的事,他们都是些刚从日本来的新兵,尚未适应前线的环境,这样做是为了给他们灌输正确的精神,增加他们的胆量。我们有解剖用的图解,还有,你知道的……它们叫什么来着?对,模型,人体模型。我们是可以用人体模型来练习解剖的。但我却选择活体解剖,而且是出于我自己的意愿实施了手术。(咳了几声)这样的事情有过四五次,然后,我记得我们对十个人进行过活体解剖。

　　医生,所以说,你当时为你的技艺得意,感到愉快甚至乐在其中……你当时有这一类感觉吗?

　　唉,是这样,没错。"我做到了!"这就是我当时的感觉。我并未意识到自己正在杀人,是做了错事。

*

人权色情（human rights pornography）的问题——桑塔格论述的骇人车祸现场——并不是我对本书的唯一忧虑。在这一部分，我将会谈谈另外四个忧虑。而它们各自都有着悖论般的结构：创伤的悖论、邪恶的悖论、自恋的悖论和书写的悖论。

首先，创伤的悖论：它不可言传，却又必须被说出来。创伤性事件之所以具有创伤性，部分原因是不可能让它变得令人理解。伊莱恩·斯卡里（Elaine Scarry）写道："不论痛苦达成了什么，它达成的原因部分是通过它的不可分担性，而然后又通过它对语言的抵抗而确保了这种不可分担性。"[18] 描述自己身为纳粹大屠杀幸存者孩子的体验时，伊娃·霍夫曼（Eva Hoffman）解释道，没有什么比父母传递给她的"记忆"更清晰。这记忆"更为有力且没有那么易懂，它是某种东西，近乎对经验的设定，近乎对心理问题——或者说那些素材，它们过于可怕以至于被无法加工和同化到意识流中，或同化到记忆或是有条理的感觉中去——的显现或者有时甚至是躯体化"。[19] 她写道，她双亲情绪的混乱击碎了语言，这混乱"通过一闪而过的想象、意外而碎片化的语句、重复而残破的抱怨喷薄而出"。[20]

针对"创伤后应激障碍"（Post-traumatic stress disorder, PTSD）的医学研究将上述提及的记忆和沟通困难同杏仁核的过度活动，以及海马体和布洛卡区的活跃度降低联系起来（这几个部分涉及情绪控制、认知映射和语言的生产）。凯西·卡鲁思令创伤的难以理解回到了创伤性事件的本质本身。她称创伤的核心为："在认知或看见一个压倒性事件时所表现出来的延迟或不完整，然后在其执着的回溯中，保持对事件的绝对**忠诚**。"[21] 换言之，在事发当时，当事人受到如此深的冲击，以至于不可能用惯用的知觉范畴和解释范畴来加以处理。在这个意义下，它从不是当事人所真正体验过的。事件本身压过了对它的体验。而由于事件永远逃离理解，由于它抗拒被整合进构成我们人格的记忆地图，幸存者必然会不断向之回返。创伤性事件要求永远不断的回放。通过梦魇的回归、闪回（flashback）、幻觉、置换的焦虑（displaced anxiety），心灵循环地设法（或没能）控制创伤，而这些回返见证着充分理解和并终结创伤的不可能性。

从这个角度看，创伤不单单是抗拒认知，并且还不可认知，因此把创伤形诸文字便得付出重大代价。凯西·卡鲁思写道："（用文字表达）除了会失去准确，还有另一个更深重的失却：失却事件本质上的不可理解性，失却它对理解本身的睥睨。"[22] 身为作家和老师的帕特里夏·汉普尔（Patricia Hampl）曾在明尼苏达州圣保罗的犹太社区中心教授创意写作。她回忆说，班上有一位年老的学生，亨勒先生（Mr. Henle）。"他不喜欢纳粹大屠杀（Holocaust）这个词，"她写道，"他不赞成这种包装，以及它用混乱而制成的整洁，用它愤怒的声音把太多东西打包成一小包。"[23] 帕特里夏的朋友人权律师芭芭拉·弗雷（Barbara Frey）告诉我，正是考虑到这种失真性，审判叙事不追求深刻意义的理解，"而是追求把某一特定类别的公道还给特定的受害者"。"说来悖论，"芭芭拉说，"只有虚构的描述可以接近创造出一种对创伤的理解（哪怕仍是不充分的）。"

那么，你要怎样说出那个必须言传又无法言传的故事？伊娃·霍夫曼把个中困难描述如下："为发生过的事建立顺序性叙事会把原来淫秽的非理性变为不雅的理性。那是在透过熟悉的形式去正常化绝对反常的内容。我们不应该用令人憎恶的残忍和尖利而无缘由的伤痛来制造一个好故事。"[24] 把深刻的冲击转化为连贯的生命叙事，从不可理解的凶残中理出可理解的故事，是一种贬低（belittement）。一旦形诸文字，凶残就会变成另一种东西，一种更少的东西。纪录片《浩劫》（*Shoah*）的导演克劳德·朗兹曼（Claude Lanzmann）说得很直接："任何理解方案都包含着绝对的秽亵。"[25]

讨论亚美尼亚大屠杀时，大卫·恩格（David Eng）和大卫·卡赞坚（David Kazanjian）把困难说明如下：世人如今已经有了一种大屠杀的体裁（genre），它有着种种关于什么才算是大屠杀论述的规定，但这些规定面对个人创伤时是一种令人痛苦的组合。他们声称，"大屠杀"的话语要求的是证据、资料与证明。事实上，这种话语把大屠杀**转化成**了数据库，转化为"许许多多证据的片段"。"通过声称透过量化数据可以再现这么一类事件的全貌，"他们力主，"'大屠杀'的话语悖论地复制了奥斯曼当局当时赖以驱逐和杀害亚美尼亚人的量化逻辑。"[26] 马克·尼沙尼安（Marc Nichanian）解释道，大屠杀话语的需求永远都是"将受害者同自己的记忆剥离开来"。[27] "我们藏在内心深处的那个刽子手总是怂恿我们：'说吧，把真相说出来吧——假如你有办法证明的话！'而我们总是不断顺从他的要求。"[28]

肖莎娜·费尔曼（Shoshana Felman）回顾了艾希曼的审判，为我们提供了一个极具说明性的例子。在艾希曼受审期间，其中一个被传唤作证的是奥斯威辛集中营的幸存者卡泽尼克（Ka-Zetnik）。他因为年老体衰，加上紧张焦虑，在证人席上作证时"语无伦次"。当法官警告他，要求他有条理时，他马上崩溃，不省人事。他从未完成证言。费尔曼作结说："法律是一件让历史乖乖听话的紧身衣。"[29]

"司法"体裁听起来也许欠缺怜悯心，但在许多评论家看来，"疗愈"体裁也没有好到哪里去。人权工作的一部分是为创伤创造叙事，而这些叙事有时会遵循一种可预测的模式：从危机和混乱进至清晰，从清晰中产生行动和拯救，拯救又伴随着分享、疗愈和正义。有时候，费尔曼指控道，这种模式会把政治恐怖的受害者转化为"供大众情绪市场消费的人工商品"。也就是说，幸存者的创伤会被公开重叙，用一种足够泛泛而为大众市场的听众接受的方式；然后它会被按照通常的惯例进行加工，帮助人们达成一种具有疗愈效果的如释重负感，一种"和过去的净化式'告别'"，让社群、国家和国际社会可以告别过去，继续前进。但费尔曼发出了警告，"五月广场母亲"(Plaza de Mayo)*的妈妈们"拒绝由国家出资为她们失踪的儿女兴建的纪念馆"，对大众的集体纪念会令人觉得像是对个体的私下遗忘，而兴建纪念场所则像是一种最终删除。[30]

面对各种对"再现创伤"所带来的可怕难题的忧虑，一个回应方式是呼吁沉默。在大灾难之后呼吁沉默可以是一种表示尊重的方式，甚至是一种神圣化（hallowing）的方式。把灾难看成不可言说的，就是把它看成是令人无法想象的，当作是超验的（transcendent），这类叙述所使用的词语往往带有神性的影子。伊娃·霍夫曼指出，对纳粹大屠杀幸存者的子女来说，用以神秘莫测之事和不可言说之事的修辞，"呼应了人在孩提时对不可理解的宇宙、对神圣或邪恶力量的感受"。[31] 这种做法其实是一种"对敬畏的修辞"，一种"并非有意为之的神圣化"。[32] 经历过德国占领法国阴影的莫里斯·布朗肖（Maurice Blanchot）写道："这种于修辞的无意义中体现出来的语言

---

* 1976年至1983年间，阿根廷军政府以秘密手段捕杀了约三万名左派学生、知识分子、记者和工人。从1977年起，大批失踪者的母亲每星期四下午都集结在总统府前的五月广场，拉起抗议布条进行绕圈游行。这个示威运动被称为"五月广场母亲"。

文字的危险性,大概是它们声称可以唤起令一切都沉没的毁灭,却没听见有一个声音对那些对被中断的历史一知半解、离得很远的人说:'安静'。"[33]

但另一些人认为,这种关于神秘的修辞并不只是,或者不总是一种神圣化的方式。它有时还会是一种忽视的方式。耶胡达·鲍尔(Yehuda Bauer)批评这一类处理纳粹大屠杀的进路是"优雅地逃避现实"。[34]多米尼克·拉卡普拉(Dominick LaCapra)亦警告说,朝向"神圣化"的冲动同时也是一种朝向"缄默敬畏"(silent awe)的冲动。[35]艾文·罗森菲尔德(Alvin Rosenfeld)认为:"如果设法书写纳粹大屠杀是一种亵渎和对受害者的不公道,那保持缄默对受害者来说不知要亵渎和不公道多少倍。"[36]谈到卢旺达大屠杀时,菲利普·古雷维奇(Philip Gourevitch)指出:"大众谈论卢旺达事件最常用的字眼是'无法谈论''不可思议'和'难以想象'。(在卢旺达大屠杀中)这些字眼令我震惊的地方在于它们等于叫你不要谈论、不要思考和不要理解。这些字眼基本上能令你摆脱困境,从某种意义上来说,它们许可你去进行两种不同的忽视——字面意义上的忽视,即不了解这件事,以及持续性的忽视。"[37]

那些不理会这类批评而仍旧偏好创伤不可言说的观点的人,他们这样做通常是因为在伦理上模糊地坚守着这样一个信念:幸存者的经验是绝对独一无二的。如果创伤是完全不可翻译的,那它就只能属于个体。它是不可简化的、个人的,无法转化为一种常见的版本。采取这样一种立场就是采取对幸存者怀有关怀的立场。但正如很多批评者指出,在这一类理论模型的较极端版本里,不可言说性或不可翻译性开始像毫无差别与个性的普世之物(universal)一样发挥着作用。创伤越来越不像是发生在个人生命中的独特事件,反而越来越像一种超越个人生活的事件的**概念**。创伤变成了一种常见的关于经历的病态结构体。它是它所是的东西，独立于政治背景、文化史、家庭背景、生活经验、个人心理结构和疗愈劳动（therapeutic labor）之外。创伤是外在于个人，无法为个人所穿透的。它因此并不属于任何人，并且可以跨越个人和时代传递下去。一位对此忧心的评论家写道：这种对创伤的思考方式固然珍视"创伤经验的不可知独特性（unknowable particularity）"，但最终"却会使得'独特性'一词变得毫无意义，也让创伤可为任何人够得着——但不只不必透过痛苦经验去够着，还不必透过任何类似的经验"。[38] 那些原想要保存的东西反而减少了。

这种考虑把我带至写作本书的第二个困难。设法理解创伤性事件非常类似于设法理解创伤性事件中的加害者，换言之，你得把他们理解为有血有肉的人而非神秘难解的妖魔。但这又会牵扯出一个相似的悖论，或许可以称之为邪恶的悖论。把加害者看作我们可理解的人固然是一种道德上的冒犯，但拒绝这样做同样是一种道德上的冒犯。也就是说，我们既必须把他们描述成恶魔，又必须不能把他们描述成恶魔。

我们之所以不能把他们恶魔化，是因为那样做本身就是采取了一种和恶魔行径有共通之处的立场，意即拒绝承认他人的完整人性。这不只是一种修辞学的顾虑。当道德义愤在最极端之时演变成对他者道德上的拒斥，它就会变得难以同憎恨区分开来，就如同对正义的呼唤有时会难以同对报复的呼求区分开来。这不只会带来危险的政治后果，还会产生严重的内在影响。因为当我们描述何为恶魔时，我们不只界定了他人是谁，**还**界定了我们自己是谁。

另外，恶魔化加害者也会助长一种观点：恶的他者性（the

otherness of evil），这种观点不仅会阻绝和解的可能，还会阻绝避免邪恶的可能。倘若我们容许自己在某种程度上把"邪恶"想象成不同寻常的，非人类所能企及的，那我们就永远不能辨识并注意到频繁制造邪恶的极为寻常的环境和组织特征。最后，恶的他者化又会导致他者的邪恶化。诚如查尔斯·马修斯（Charles Mathewes）所说的，当一个文化太过强调这两者的联系，就会促使这两者合为一体："我们害怕他者，将它视为邪恶的，并且只在'他者'身上看见我们害怕的东西。"到头来，"所有外在于我们的东西，所有陌生的东西，对我们来说都是邪恶的"。[39]

此外，倘若我们不维持"恶的他者性"的意识，又会失去做出关键的哲学区分的能力。我们会觉得某些行为不能被理解，和我们的天性相抵触，但那并不仅仅是一种感觉，还是一种区分不同类别的人的标志。如果我们的道德语言无法很好地解释这些震撼我们良知的行为，这些无法用形容普通错误的语言来形容的滔天恶行，它将会变得非常贫乏。我们需要从概念上把这些行为区分开来，既是为了尊重我们情感中所包含的真理价值，也是为了尊重幸存者与死者。

当我们失去"恶的他者性"的意识，我们也会失去我们的恨，而这**是**一种**真正的**损失。克劳迪娅·卡德（Claudia Card）力主，恨是一种"深深的拒斥"，而"拒斥有时是好事"。拒斥有助于厘清和巩固一个人的自我感和道德承诺。当我们称什么为邪恶，我们不只是在否认这东西跟我们有任何共通之处，还承诺了自己在否认它时会做到言行合一。就此而言，邪恶在我们心中唤起的恨，在某种程度上可以"激活"我们的道德目的感。[40]最后，当我们失去"恶的他者性"的意识，当我们把它变为寻常之物，或只寻求理解它诞生的环境和组织上的原因，我们的行为会危险地近似于为邪恶寻找借口并接纳它。让-雅克·卢梭（Jean-Jacques Rousseau）看出这是一个叙事身份/认同（narrative identification）问题*："我怀疑任何事先知道菲德拉（Phaedra）或美狄亚（Medea）†犯过什么罪行的人，恨她们的心都会在看完整出戏之后减少。"[41]

在我们时代，没有什么像围绕着汉娜·阿伦特的观点"恶的平庸性（banality of evil）"的争论那样，如此夸张地描述"将邪恶去神秘化"的风险。阿伦特写道："艾希曼的问题确切来说在于有太多像他一样的人，而这些人既非变态也不是施虐癖，它们曾经正常，现在也依然极其正常，正常得令人害怕。"[42] 她在别处又说："一个令人悲伤的真相是，大多数邪恶罪行都是由那些从未下定决心要当好人还是恶人的人所犯下。"[43] 大部分人在1963年第一次读到阿伦特的观点时，都会觉得它可以帮助我们像理解和我们一样的人那样理解艾希曼，但阿伦特把某样东西从我们身上取走了。随着艾希曼被解谜，某种对我们而言很重要的东西也随之失去，情形类似于当我们设法把创伤形诸文字，设法让创伤变得可理解，或者尝试用大多数人能够了解的方式解释它，创伤便会失去它在认知上的冒犯性。以阿伦特的方式否定艾希曼独特的恶魔性，犹如对幸存者和死者的一种羞辱。所以，诺曼·波德霍雷茨（Norman Podhoretz）才会抗议说："没有任何人的平庸性能把这样滔天的罪行做得如此之好。"[44]

---

* 这个概念由当代著名现象学诠释学家保罗·利科（Paul Ricoeur）于1985年在《时间与叙事》（*Temps et récit*）一书中首次提出。所谓叙事身份/认同，是"人类通过叙事的中介作用所获得的一种身份认同"。——编者注

† 菲黛拉和米蒂亚都是希腊神话人物。米蒂亚因为丈夫移情别恋愤而杀死两人所生的两个孩子。

也许这是对的，哈罗德·罗森堡（Harold Rosenberg）承认，年迈的战犯的确看起来"就像其他人一样"。而在某种程度上，"惩罚总是被施加给顶着罪人姓名的陌生人"。而真正的罪犯"已被历史带走，永不回来。留在那里的只是一群老迈的替身，多病而又畏惧地颤抖着。法庭的判决会被宣布给一群冒牌货，一群从蜡像馆借来的人偶"。但罗森堡又坚称，若是像"同情人类那样"同情这些老人，将是一种"思想上的降格和道德上的退化"。"'但是啊！'一声呼喊从艾希曼在耶路撒冷受审的席间传来，'你们应该让他穿上他的少校军服来接受审判。'是的，这审判是关于另一个人的，是关于那个有大权把数百万人送去摧毁的人，而非现在这个焦虑不安地戴着耳机听审的可怜兮兮的生物。那个传奇般的恶人，就算他已经被永远地锁在自己过去的一个片段里，再也不能被活着的人接触到，我们也绝不能允许他在自己完美的避难所内安歇。"[45]

小说家索尔·贝洛（Saul Bellow）则是透过笔下角色赛姆勒表达出一种代表性的对阿伦特的不齿："让本世纪最恐怖的恶行看起来枯燥无味并不是平庸之举……知识分子不懂这些。"他继续写道："所有人都知道何谓谋杀（某些才女除外）。这是非常古老的人类知识。从开天辟地以来，最优异和最纯真的人类已经懂得生命是神圣的。挑衅这种古老知识的绝不是平庸性。其间存在着一场对抗生命神圣性的阴谋。平庸是一种极其强大的意志力所采取的伪装，目的是骗过良知。像这样的恶行是无足轻重的吗？除非人命本身无足轻重。"[46]在贝洛和很多人看来，努力理解任何对我们道德世界的攻击，本身便等于是对我们道德世界的攻击。

在小说《朗读者》（The Reader）里，伯恩哈德·施林克（Bernhard Schlink）把他称之为"艾希曼问题"的状况视为公共自我和私人自我之间的竞争。书中的主角在发现汉娜是战犯后表示:"我想要同时理解汉娜的罪和谴责它。"汉娜是他心爱的女人,但同时也是纳粹战犯,必须对几百个被关在教堂里活活烧死的犹太妇女负责。"但那太过困难了。每当我设法理解它,我就会无法恰如其分地谴责它;而每当我恰如其分地谴责它,就失去了理解的空间。……我想要同时做到理解和谴责。但那是不可能的。"[47]

对于我对本书的第三个担忧:自恋的悖论来说,像这样难以理清公共与私人界限的困境很关键。我第一次公开分享书中的材料是在韩国一所大学的读书会中。因为听说一个幸存者团体会派代表出席,我感到很是不安。我朋友本当天也在座,事后调侃我,说我几乎把所有时间花在为自己的做的事道歉上,先是为我设法把加害者理解为人类而不是妖魔道歉,为我把凶残和创伤变成文字道歉,为我呈现的东西里可能包含"人权色情"的成分道歉;然后,在整个读书会近乎神经质喜剧之后,我又花时间为不停地道歉而道歉——因为对我来说,道歉是一种把自我及其动机置于舞台中央的做法,而把我个人的小小内心冲突置于跨时代暴行的舞台中央实属不妥。

这之后我又把这次的演讲内容用不同的版本讲了很多次,每次都会想起本说的话。我总是想要消失,但总是做不到。犯下残忍暴行的人是没有自我的,作为对这种情况的回应,自我检视是一种本能的自我保护,一种令人的情绪化反应回归到它们一直居于的首要位置上的方法。这样做同样是一种自恋,同时是一种道德上的奢侈。但回避——拒绝审视自己和看的欲望以及想要让某些东西能被看见的欲望之间的关系——也没有更好,大概反而更糟。你为什么要做这样的工作呢?你在演出的是哪出戏?又有哪些盲点也许是你不自知的?[48]与凶残相关的工作要求人们适当地凝视自我,而凝视自我本身又是不适当的。所以那个"我"继续留在本书里,而他的种种道歉也继续留着——哪怕它们现已伪装成分析。

事后回顾,我意识到有一件事情是我在韩国演讲之时忘了道歉的。那件事也跟施林克所说的公私两难的道德共谋(moral collusion)有关。这种共谋和作者本人尤为密切相关,或者说,是写作的亲密性的结果。这个共谋是我的第四个难题,而它也跟其他难题一样有着悖论的结构:这类书写同时是个人性与非个人性的,连接与疏离的。当你采访某个人的故事时,你并不只是萃取数据,而是进入一段关系。有时,当你被邀至他们家里,被邀进他们最脆弱的回忆时,会出现一些**坦诚相见**的瞬间。那是一种人与人之间所能分享的最脆弱精致而互相信赖的瞬间。经历过这样的事情之后,你在告别时会深信你们一定会再次重逢,你们对彼此这样承诺,你也做了安排。但大部分情况下,你都不会再去见他们了。

然后随着时间过去,那些瞬间会被忘记,而那些人也不再是人。他们成了材料。也只有到了这时候,当你在心灵与情绪上远离他们之后,你才可能书写他们。最优秀的作者可以很快到达这种状态,但我总是得花很长时间,而这一次特别艰难。那些老兵都是**极佳**的材料。他们都是一些个体,真实得可怜的个体,对于我即将讲述的关于他们的故事,每个人都急切地在心里有自己的故事版本。他们对于我最后写出的东西会有什么想法呢?有些人可能会失望于我没有把他们在战俘营接受再教育时得到清晰的道德感放在故事的中心;有些人可能会失望于有的书只把他们当成一些心理模式的案例,没有充分探索他们每个人是如何寻求和解与宽恕;有些人是失望于我没有强调他们的罪行具有独一无二的日本色彩,背负着那些源自历史、罪和责任的独特负担。而大部分人会因为本书没有以反民族主义、反帝国主义和反军国主义的价值观为主题而感到失望。

这些失望都不会是小失望。对于那些尚在人世的老兵来说，传达那些讯息是如今他们人生的根本意义所在。但作家必须不管别人想要什么。诚如一个作家说过：我的首要责任是完成我的项目。

*

X君是七三一部队的一员。七三一部队如今已经恶名昭彰，这个军事部队当年专门负责用人体实验各种生物武器，其秘密基地位于哈尔滨南郊的平房区。第一科的科学家负责用人工手段制造各种疾病，包括（但不仅限于）霍乱、伤寒、痢疾、炭疽热、鼻疽病、破伤风、气性坏疽、蜱传脑炎、猩红热、百日咳、白喉、肺炎、沙门氏菌感染症、性病和流行性脑脊膜炎。假使全速运作，该科每个月可以生产出三百千克的疫症细菌。[49] 超过一万名囚犯曾被用于这一类实验。[50] 就像X君指出的，为了培养出毒性最强的细菌，他们需要活的人体，在人还活着时就对他们进行解剖十分重要。X君还说，他和同事不喜欢在提到囚犯时把他们当人看。他们称这些囚犯为"木头"。

第二科的科学家和技术员负责测试炸弹、保养飞机和培养跳蚤。在七三一部队运作的那些年间，其成员会"实地"测试各种散播细菌的机制，包括投掷炸弹、给谷物喷洒致命病原体、把带菌的老鼠释放到人口稠密地区、往水井里投病毒、在一些地方放置有细菌的糕饼（假装成士兵无意中留下的口粮）供人捡食，还有就是假装好心释放一些战俘，又送他们巧克力，让他们在不虞有诈的情况下分给周围的小孩吃。[51] 据谢尔登·哈里斯（Sheldon Harris）估计，至少有二十五万平民死于生化武器测试。[52] 浙赣会战期间，超过一万名士兵被细菌武器杀死，但全都是日本士兵（细菌武器的不好控制可见一斑）。[53] 据最近估计，战争前后死于生化武器的总人数接近六十万。[54]

伤亡人数在战后继续攀升。疫症年复一年地爆发，夺走数以万计的人命——很多人相信，这是七三一部队在1945年撤走前蓄意放走的带菌动物所致。时至今日，一些老鼠仍被测出带有七三一部队的病原体。[55] 据中国官方统计，直到1992年，仍有近二百万件化学武器被埋在中国土地，总重量接近一百吨。[56]

七三一部队的实验对象包括苏联战俘、被控犯罪的中国和韩国平民（罪名从流浪罪到间谍罪不等），以及智障者。但也有许多人是在街上或自己家里被直接绑架，还有些是被日本当局张贴的假招聘广告所骗。[57]

囚犯会被铐起来，夺去所有私人财物，以编号取代姓名，然后"像神户牛饲养者对待他们的牲畜那样受到精心照料"。[58] 进行实验时，他们被皮带绑住，然后注射病原体、喷洒药物，或强迫他们吃受到污染的食物和液体。其他实验包括把人上下倒吊直至死亡；让他们脱水致死；往他们的肾脏里注射马尿；冻伤身体的不同部分来研究治疗冻伤的方法；通过把犯人关在特制的压力舱来研究高空飞行并拍下他们抽搐而死的画面；逼犯人交媾让他们感染梅毒，然后进行活体解剖，来了解梅毒在发病不同阶段对人体内脏有何影响；用肺结核细菌感染小孩（哈里斯相信，因为肺结核是一种慢性病，用于充当生物武器不符实际，哈里斯认为，日本人研究这个应该是出于"纯粹的学术目的"）。[59] 年纪最小的实验对象是个三天大的婴儿。[60]

超过二万人参与了这项生物战项目。[61] 为什么他们愿意做这种事？七三一部队的成员看起来都是正常人。他们愿意参与其中，首先是因为相信这些先进研究的成果会合理化他们的手段，换言之，他们的首要责任是完成他们的项目。就像石井中将在开幕致辞时承认的那样，这工作也许会"引发医生们的极度痛苦"，但那也是一项对抗疾病的"神授任务"。他继续说："我恳请各位本着科学家的昂扬精神，努力探求自然科学的真理，探索和发现未知的世界。"[62] 他们愿意参与其中，还因为那可以促进他们的个人事业的发展。数以百计的研究人员后来都在日本的大学和医院取得领导性职位，七人成了日本战后国立卫生研究所的所长，五人成了副所长，三人成了日本制药大厂"绿十字"*的创办人。[63] 最后，他们愿意参与其中，是因为实验对象都是些"囚犯"：既然这些囚犯早晚要处决，那么与其平白浪费，不如用来获取有用的信息。[64]

美国军方也是一样的思路。为换取实验中获取的信息，美国军方允予七三一部队的战犯免起诉的待遇，还付给他们钱。[65] 正如美国陆军情报部门的罗伯特·麦奎尔上校（Robert McQuail）所说的："这些实验结果具有最高的情报价值。"[66]

而且不管怎么说，苏联也许已经取得了相关信息。这是一个忧虑。另一个忧虑是尴尬。调查日本生物武器研究的首席科学家爱德华·希尔（Edward Hill）写道："我们希望，个人自愿提供这方面信息可以化解这种尴尬。"[67] 但另一个强烈支持用免起诉来换取情报的美国军官也强调，此举也许会有日后引起美国政府尴尬的风险。[68]

尽管有种种关于尴尬的担忧，七三一部队的实验结果仍然太重要了，错过乃是一大损失。正如希尔解释的："基于对人体实验存有

---

* 绿十字（株式会社ミドリ十字），成立于1950年，曾于20世纪80年代卷入向患者供应受HIV病毒污染的血制品的丑闻，导致至少一千名血友病患者因此感染艾滋病。——编者注

道德上的顾虑，我们不可能从自家实验室取得这一类信息。为了获得这批信息，一共付出了价值今日二十五万日元（六百九十五美元）的费用——这跟研究的实际花费相比只是九牛一毛。"[69]

*

写作本书期间，我跟一位来自哈尔滨的中国调查团成员碰过面。调查团在七三一部队遗弃的闹鬼废墟里工作，但他们需要到美国来才能完整地了解那里发生过些什么。美国仍然握有许多一度被列为机密的文件。

其中一个调查员给我讲了这个故事。有个女人多年来一直在想办法弄清她父亲身上到底发生了什么事。他在战争期间被日本人逮捕了，之后便消失得无影无踪。最后她找上那些调查人员所在的机构，而他们从资料档案中查出她父亲被抓到了七三一部队。那女人立刻明白了这意味着什么：父亲像生化实验里的小白鼠那样死掉了。知道真相后她痛不欲生。

把一切都告诉她，这么做值得吗？我问。但他们相信应该说出真相。幸存的家人们需要一个答案才能继续活下去。

*

人怎么会做得出这等事情？

有些人认为这根本是问错问题。我们应觉得震惊的不是这等事时常发生，而是它们的发生频率没有更高一点。另外，我们也不应该觉得震惊的是，在内心深处我们其实对于血淋淋的细节深感兴趣。没错，目睹痛苦是会让我们惊恐，但我们**想要**拥有那种体验。我们会对这一类时刻产生反感的唯一原因是我们训练自己做出这番反应。

它并不是我们的本能或自然反应。既然痛苦是在所难逃的人类宿命，我们又怎么会**不被吸引**？

但弗洛伊德主张事情不仅止于此。我们本质上是暴力的生物，天性如此。我们的偷窥兴趣实质上是我们侵略性的体现。他说：

> 真相是人不是渴望爱的温文友善生物，不是只会在防卫时才展开攻击。正好相反，人与生俱来怀有强烈侵略欲望。所以，邻人不只是我们可能的帮助者或性爱对象，还是一个诱惑，诱惑着我们用他们来满足自己的侵略性，诱惑着我们去剥削吃苦耐劳的人而不给任何报酬，和对方发生性关系而不经他们同意，抢夺他们财产，羞辱他们，让他们痛苦，折磨并杀死他们。谚语有云："人对人而言是狼（Homo homini lupus）。"面对我们生活和历史中的所有证据，谁又会有勇气对此表示异议？一般来说，这种残忍的侵略性会潜伏着等待挑衅，或者是假装成服务于其他的目的，而这种目标本可以用更加温和的手段达成。当碰到喜爱这种侵略性的环境，和通常抑制着它的那些心理力量停止运作时，它也会自发地表现出来，揭示出人不过是野蛮的野兽，从不会想饶过同类。[70]

尽管我们拥有极易被唤起的残暴倾向，芭芭拉·艾伦瑞克（Barbara Ehrenreich）反驳道，人类实际上不是天生捕食者，反而是太过成功的天生猎物。例如，我们会被格斗士互相砍杀的场面吸引，不是因为我们嗜血，而是因为它会让我们产生"抵抗性团结的兴奋感"——这一进化过程中遗留下的本能至今仍为我们提供着"消解恐惧的力量"。因此，艾伦瑞克写道："我们无法靠在人类灵魂中寻找那些令我们侵扰和杀害同类的内在缺陷，来找到人类迷恋战争的根源。战争中,我们表现得就像我们的唯一敌人只是其他人类,但我要主张,从进化的角度,我们带入战争的情绪源自一场整个人类物种都曾可能轻易输掉的最初战争(primal war)。我们不是地球上的唯一物种,我们的数目曾远不及比我们强壮得多和更凶恶的物种。"[71]

因为我们是会组成共同体和同彼此结成强烈纽带的社会动物,我们也是邪恶的。激烈的仇外心态是强烈的内群体认同(in-group identification)的副产品。我们会恨是因为我们有爱。我们会有侵略性,是因为我们有在乎的东西想要保护。一些人相信,民族国家下的文明化进程和现代社会的国内法及国际法约束了我们的本能的侵略性。而只有在社会准则崩溃的失序环境下,比如在不为文明制造任何空间的战场,我们才会回归至更动物性的自我。但另一些人却认为事情刚好相反。例如,齐格蒙·鲍曼(Zygmunt Bauman)认为:"文明化过程成功地用人造而有弹性的人类行为模式取代了本能欲望,因此令更大规模的不人道行为和破坏成为可能,而只要人类行为还受自然倾向指导,这一切就是不可想象的。"[72] 远古的人类曾进行一些小型实践来制约种族内的暴力行为(例如外婚制,通过与所处社会单元外部的成员结婚来促进群体内的和谐),但这些方法不可能在以强烈的历史叙事和意识形态承诺为特征的民族国家林立的世界内存活。[73] 当这些国家经历到严重经济问题或激烈社会变迁,特别是当这些和被他人伤害的集体记忆结合在一起时(欧文·斯托布[Ervin Staub]称之为"未愈的伤口"),集体的解体感和无助感会导致人们在全民的层次寻找替罪羊。[74]

种族清洗并非现代发明。雅典人入侵米洛斯岛(Melos)之后杀死所有男人,以及罗马人血洗迦太基(Carthage),都被形容为种族清洗行为。[75] 但对这个单词（在 1944 年由拉斐尔·莱姆金 [Raphael Lemkin] 创造）的广泛接受和对这种现象的密集研究都是后纳粹大屠杀时的事了。[76] 在经历了这些骇人的罪行后，学者们焦虑地寻找着种族清洗的"前置特征"[77]，希望可以通过弄清成因来找到防止它的线索。最初，一队队的研究人员试着从加害者的人格中寻找共性，因为如果能够知道邪恶的人有什么残缺之处，或者至少是与众不同之处，都会令人感到安慰——这样我们就可以注意到他们，哪怕是事后才发现。是否存在着一种威权主义人格，这种人格先天就倾向于偏见与仇恨？他们疯了吗？他们有着分裂或"双重"人格吗？他们喜欢寻求感官刺激吗？他们倾向于依靠别人来解决问题吗？他们难以处理压力吗？他们为抑郁症所苦吗？他们喜欢自我谴责，或者用孤注一掷的方式思考吗？他们是低自尊吗？还是高自尊？他们是否有专横的父亲和苛刻的母亲？他们在童年时代是否有些基本需求没有得到满足？他们屈服于权威之下吗？他们缺乏想象力或思考僵化吗？迷信吗？他们满脑子都是男性气质和性吗？但在回顾过几十年来的这一类研究之后，詹姆斯·沃勒（James Waller）得出了如下结论：那些被认为邪恶的人所拥有的特征"在数以万计的其他人身上也很常见，而这些人干过的最罪恶的事无非是没按时缴停车费"。[78] 邪恶，用克里斯托弗·布朗宁（Christopher Browning）的话来说，就是"普通人"。[79]

今日，大部分学者都把种族清洗行为归因于组织认同、社会语境和国家意识形态，而不会归因给个人人格。换言之，你是谁并不比你是哪里人重要。本·基尔南（Ben Kiernan）用一个极具说服力的观点来阐释种族清洗的共通之处："种族主义，宗教偏见，对古代的复兴主义式膜拜，地域扩张主义，对一些社会阶级（例如农民）

的理想化。"[80] 斯托布强调了民族主义、艰难的生活环境、文化的自我概念（self-concepts）——它同暗含着不安全感的权利感结合在一起、单一而非多元的价值体系、对即将成为受害者群体进行贬低的历史、极权主义或阶级化的社会结构。[81] 沃勒把种族清洗归咎于种族中心主义、仇外心态、对社会统治的渴望（这些都是进化出来的人性的一部分），还有理性自利、道德解离（moral disengagement）*和服从权威的倾向（这些都是组织性行为的可预测模式）。[82] 布朗宁列举的原因是"战时的兽化、种族主义、任务的细分化和程序化、视个人事业高过一切、对命令的服从；对权威的遵从、意识形态的灌输、从众"。[83]

很多学者都强调，犯下种族清洗暴行的能力同从青少年起开始的文化训练相关。例如，战前的日本公共教育"系统化地灌输军国主义和天皇崇拜"，其数学课程"以战场的情况为蓝本"，而科学课程教导"有关探照灯、无线电通信、地雷和鱼雷的一般知识"。[84] 一则日本小学教科书上标志性的故事内容是这样的：甲午战争期间，一个军官看见一个水手对着家书流涕。军官以为家书是年轻人的爱人寄来，求他一定要平安归来，而年轻人是因为二者别离才哭泣，所以打算惩罚他这种丢脸的软弱表现。然而却不是这么回事。家书是水手妈妈寄来，内容是怪他没能在战争中有杰出表现或为天皇光荣战死。听到这个，军官又是惊讶又是高兴。[85]

大贯惠美子发现这种"公然的'为天皇而死'的意识形态"弥

---

* 社会心理学概念，即个体令自己确信伦理标准在特定语境下不适用于自己的行为，将自己的道德反应同自己犯下的残暴行为区分开来，并且让自我谴责的机制无法正常运转。——编者注

漫战前的日本社会：从幼儿园唱的数字歌，到小学生唱的火车头歌，再到一件以糖果盒形式送出的奖品（里面是一部军歌集）。[86] 大贯惠美子又注意到，日本文化中的樱花作为一种能够唤起民族感情的象征出现在各个社会领域中，以此把天皇体制和军国主义植入其中。如此，在进行暴力前的准备清单中，我们还应该加上美。毕竟，民族主义的战争总少不了许多壮美的事物（歌曲、阅兵、军服、军旗、光荣战死的动人意象等）。

金子君提到了许多在他义务教育阶段要求看的塑造孩童性格的书。在他还是小男孩的时候，一本书里面有一幕让他印象特别深刻。一个年轻英雄要离家出征之际，妈妈告诉他："孩子，到前线后你务必为天皇陛下、为我们国家奋勇战斗！"后来，轮到金子君要入伍时，他想起了那一幕，便对妈妈说："母亲，我去到前线之后一定要干出一番光荣事业。"

"我原以为妈妈听了一定会称赞我。"金子君说："我说那番话是想要让她高兴。然而，她只是静静听着，然后死死盯着我的脸，说道：'傻瓜，你妈妈不需要什么该死的（声音不清楚，像是'奖赏'之类的词）！你只要活着回来就行！'当时我想：'妈妈是哪里不对劲了？'"

到前线后，金子君梦想着得到荣耀。"你可能会称之为自大。我希望回到村里之后，人们会说：'嗳，看，那是金子，他上过前线，杀了好多敌人。真是了不起。'我巴望听到这样的话。'嗳，那个叫金子的小伙子真不是盖的！'村民会这样夸我，不是吗？那会多有面子啊。"

然而人死的时候事情就不一样了。金子君说："当我们快死的时候，被教导一定要高呼'天皇陛下万岁！'但没有一个士兵死前会这样喊。对,每个人喊的都是'妈妈,妈妈',懂吗?每个人都这样喊。然后一切就到此为止了。"

可悲的是,当心中的幻相被战场的现实粉碎之后,我们没有因此变得没那么凶狠,没那么危险。当轻巧的英雄主义、个人的永垂不朽、上级的绝对正确、牺牲带来的光荣……这些幻相再也无法促使我们拿起武器时,矛盾的是,我们会变得更加疯狂而不计后果地使用手上的武器。

*

江波君

你知道的,通过公共教育,他们把忠君爱国思想这类的意识形态灌输给你。换句话说,你知道这意味着什么吗?表示日本是,呃,天神的国家。它是世界上最好的国家,不容置疑。这种观念深植我们脑海……如果你换个角度想,这意味着要你鄙视其他人种。它就是这么一种意识形态。我们从小就喊中国人肮脏的中国佬,用这方法嘲笑他们。我们喊俄国人露西猪。我们喊西方人长毛蛮子。所以,这意味着当日本人加入军队,去到前线,不管杀了多少中国人,都不会觉得跟杀猫杀狗有什么分别。

正如我说过的,另一个理由是,把命交给首领,也即世界上毫无疑问最伟大的国家的天皇陛下,是神圣责任和最高荣耀。这就是我们接受的那种意识形态,你懂的。当你入伍之后,这种意识形态教育会越来越强化,让你的人格荡然无存……到你要打仗的时候,在那些时候,当上级对你下达命令时,你根本无法抗拒。所以我在大学时学到的人道主义观念并不能战胜"忠君爱国"的意识形态,后者从小便敲进我的脑袋里。在我心里，没有什么比小学和中学教育对人的影响更大。

*

要把人变成恶魔还需要政治运动再做些什么事情？

为了接下来的讨论，让我们先从一个能让这个问题说得通的观点开始。让我们假设人不是天生邪恶的生物，而是需要下**功夫**才能让他做出那些事。这一点并非不重要，事实上它违背了人们对战时行为的通常假设：只要社会约束缺席，人的兽性就会跑出来。事实上，根本连战争都用不着。需要的只是一点点批准。需要的只是一件医生长袍（如米尔格拉姆的实验所示）或一件看守制服（如后文提到的"斯坦福监狱实验"所示），就能让我们无理由地伤害别人。

但我们不必非要接受这种对于何为人类的灰暗观点。西塞罗（Cicero）的名言"法律在战争期间会沉默"[87]常被视为自明之理，这句话道出了战争期间会发生什么（我们抛弃了道德准则）以及战争的内部结构：它是不受规则约束的。但国际红十字会的《战时人类报告》(People on War Report)却强烈显示出事情并非如此。在这份对全球各地的平民与战斗人员所做的问卷调查中，只有百分之四的回复者和受访者相信"战争容许一切"；百分之五十九相信战争是有规范的，违反者应在事后受惩罚；百分之六十四的受访者坚持认为战斗人员有道德责任**"不把平民卷进去"**。[88]

这种信念并没有因为交火而瓦解。第二次世界大战结束后，美国陆军准将马歇尔（S. L. A. Marshall）主持的一项研究显示（至今仍具争议性），在所有战斗行动中，平均每一百人中只有十五至二十人会使用武器。前役军人、教授大卫·格罗斯曼（David

Grossman）中校进而指出，这个比例在不同时期和文化中都大致相对稳定。他认为，人对杀害同类的抗拒心理非常强烈，以致"在很多情况下，战场上的士兵在克服这种心理前就被杀死了"。[89]

威廉·福克纳（William Faulkner）的讽刺小说《寓言》（A Fable）讲述了耶稣基督以第一次世界大战士兵的身份重返人间，并在军中呼吁抵制战争，这部书记录了当时弥漫在军中高级将领中的十分真实的焦虑感。其寓意是：尽管双方的伤亡人数多到无法统计，但是这种令军官们惊恐的非暴力举动仍然不断地在前线出现。历代以来的暴力政权一直明白这个道理：人并不是被拴住的狼，只需放开锁链便会咬人。所以，暴君和战争贩子无不处心积虑，蓄谋已久，面面俱到，下足功夫。他们需要在很长一段时间内做大量的工作，来培养和维持手下的杀手，让他们可以克服阿伦特所说的"动物性的怜悯"——正常人在看见别人痛苦受伤时都会受到它的影响。[90]

所以，政治运动需要做什么来打造他们所需要的恶魔呢？

首先，每个学者都同意的是，你必须把他们放在一个团体里。从法国心理学家古斯塔夫·勒庞（Gustave Le Bon）到美国神学家莱因霍尔德·尼布尔（Reinhold Niebuhr），许多思想家都用理论阐述了群众和群体行为的危险性。在《道德人与不道德社会》（Moral Man and Immoral Society）一书中，尼布尔尖锐地谴责"人类集体的道德迟钝"。他力主："普通人因永远不可能实现自己想象中理想化的权力与荣耀的而产生的挫败感"，会令人甘沦为群体的工具，而群体毫无疑问是受"欲望"和"野心"驱使的，它最终会为这些人提供权力的滋味。[91] 群体认同不只是一层保护壳，可以让人在社会动荡中感到安全，它还是一种放任。尼布尔和许多人都主张，群体行为会把道德公约数砍至最小。

群体行动的匿名性是它的主要道德风险之一。在对匿名性和侵略性的开创性研究中，菲利普·津巴多（Philip Zimbardo）要求一些女性大学生对另一些女性施以她们很清楚会造成痛苦的电击。结果显示，戴上兜帽和穿上宽松大衣的学生所施的电击强度比容貌可辨的学生要大一倍。津巴多从这个实验中总结道，这表示我们在"去个体化"之后会更容易做出不计后果的行为，自我聚焦或自我意识会降低。其他进一步的研究显示，几乎任何能够让人产生去个体化感觉的物品（包括群众、黑夜、脸部彩绘、面具和太阳眼镜等）都会增加反社会行为的出现概率。[92]

群体一员的身份不只可以促进去个体化（这时道德自我会隐没在群体中)，有时还会促进所谓的"个体内分化"(intra-individuation)[93]——这时道德自我会在心理层面被细分开来。在"个体内分化"状态中，你的自我不会膨胀、散开，融入群众的一般面向。相反的，它会萎缩、僵化、隔断为一些自足的单位，隔断为一些狭窄、互不沟通甚至相互抵触的功能。在"去个体化"状态中，自我不再具有特殊性，而在"个体内分化"状态，**他者**不再具有特殊性。换言之，在"去个体化"状态，你与自己的关系是透过你的集体化的身份来进行调节的，而在"个体内分化"状态，你与他者的关系是透过你的特殊社会角色来进行调节的。他者因此成了一种**抽象之物**。"去个体化"会促进冲动性的残忍，反观"个体内分化"则会促进深思熟虑的残忍——更精确地说是它会促进残忍的合理化，让当事人不会觉得其为残忍。

执行纳粹大屠杀的艾希曼是"个体内分化"的好例子，但阿瑟·阿普尔鲍姆（Arthur Applbaum）认为更好的例子是法国大革命时期的巴黎行刑官查尔斯-亨利·桑松（Charles-Henri Sanson）。有些人视桑松为冷血的恶魔，有些人视之为"因于情绪和责任之间的悲剧性人物",但桑松本人(阿普尔鲍姆无不揶揄地表示我们这些人可能也是这么想的)自视为无异于律师或医生的专业人士。如果社会认定有必要设置行刑官,行刑官便会存在,而如果你刚好当上行刑官,便有责任做好分内事。而把分内事做好不正是做一个好人的条件之一?既担负起你对他人的责任(做好自己的事),也担负起你对自己的责任(超越平庸)。当个负责的行刑官固然要求你做一些典型的与美德毫无关系的事,然而,"你不会把一个外科医生的行为称为用刀子捅人,不会把律师的行为称为抢劫,不会把检察官的行为称为绑架,对不对?"阿普尔鲍姆想象桑松这样问他。对,好的行刑官会杀人,好的医生会漠视疼痛*,好的律师会撒谎,但我们做这些事时不是以个人的身份去做,而是以角色扮演者的身份。所以我们不是杀人,不是漠视疼痛,不是撒谎。我们只是处决、治疗和提供另外一种可供选择的理论。所以,即便律师老是"蓄意误导视听",他们并不是在欺骗。

社会授权的专业化要求律师们根据他们的专业身份,我们根据我们形形色色的专业身份(公民、父亲、军人等等),用个体角色针对具体情况的道德来取代完整之人的道德。正如"艾诺拉·盖号"(Enola Gay)的飞行员认为他无须为向广岛投弹一事良心不安。其实我们莫不如此,用这样或是那样的方式,轻易就会拿我们扮演的角色充当挡箭牌。所以我们凭什么指责那些我们需要依赖的行刑官?我们对他们的不舒服不是由货真价实的道德力量驱使的,而是由个人的脆弱神经驱使的。阿普尔鲍姆笔下的行刑官这样说:"我是**为人民**而工作——每个意义下的'人民'。我奉他们的名义工作,为他们

---

* 法国大革命的时代尚未发明麻醉剂,外科手术会引起强烈疼痛。

的福祉工作，遵他们指示而工作。所以，每当我砍下一个头颅，就等于每个公民，至少是每个赞成死刑的公民砍下一个头颅。如果他们无可责备，那我也一样；如果我合该受责，那他们也一样。"[94]

但不同社会角色的存在并不足以成就反社会行为。这一类角色会为自我设下限制。法律提供的是最小限度的授权，而人格提供的是最大限度的抵抗。两者都会说：适可而止。想要造就出战争罪犯，造就出恶魔和邪灵，就像访谈过的日本老兵形容自己的那样，你需要相反的组合：最大限度的授权和最小限度的人格。

你必须侵蚀掉为你执行杀戮命令的人的自我认同，不论是士兵还是施酷刑的人，通过系统化羞辱他们和撕去他们所有的正常的家庭身份。集体化他们的自我意识：给他们理平头，穿一模一样的制服，逼他们一同吃饭、睡觉和出操。把他们隔离于家人朋友和日常世界。把他们置于系统化的生理压力和睡眠剥夺之下，置于一个支配系统之下，这个系统囊括了严厉和武断的惩罚和偶尔的奖赏。几乎每个我访谈过的老兵都指出同侪压力的强大影响，提到霸凌和羞辱，特别是挨揍或被人扇耳光。他们也强调了上级乐意为他们的行动负一切后果的重要性。另外，要造就恶魔，当权者还必须善用人类服从与合群的冲动——同一种天性本也可用于促进群体利他主义和群体道德——并将之导向暴力。一个英国士兵把这过程描述如下："找一个年轻人，亟欲在成人世界建立身份的年轻人，让他相信军事力量是男性气质的典范，教会他绝对服从上级命令，让他相信自己属于精英集团而拥有一种夸张的自我价值感，教会他崇尚侵略性和把不属于团体的人视为非人，准许他行使任何程度的暴力而不用遵守在其他地方必须遵守的道德约束。"[95]

但制造恶魔不仅需要训练，还需要叙事。在那些不知忏悔的战争罪犯身上，你通常都会看到一种不切实际的自怜来帮助他们保持自我感：**做这些事让我吃尽苦头**。罗伯特·J. 利夫顿（Robert Jay Lifton）在奥斯威辛集中营的纳粹医生身上看到这种叙事模板——他们知道自己正在做的事情很可怕，却又认为那是为"不朽日耳曼民族"所做的自我牺牲需要的"严酷考验"。[96] 不管在德国还是别的地方，这种自我绝对化都是靠着魅力超凡的领袖所提出的历史使命和乌托邦愿景而成为可能。它是进入抽象时间甚至是神话性时间的心理入口，模糊了行为的个体性。[97]

所以，思考暴力和社会角色的最佳方式大抵如下。问题不在于把人化约为一些被容许行使暴力的特定角色，而是这些角色还是不够具体明确。在战争中，一切都充满诡异。地貌是陌生的，看起来很不真实；我们和从小赖以进行道德判断的参照群体分隔开来；没有任何事物是熟悉的；没有现实感检验（reality check）来提醒我们不要太想当然。战争使我们迷惘。而在这迷惘中，我们开始创造出新的道德现实。老兵奥布赖恩（Tim O'Brien）写道："至少对一般士兵来说，战争给人的感觉带有一种灵魂般的质感，就像一场阴森森的大雾，浓稠又永不消散。没有什么是清晰的。一切都在旋转。旧规则不再管用，旧真理不再真实。'对'涌进了'错'，'秩序'涌进了'混乱'，'爱'涌进了'恨'，'丑'涌进了'美'，'法律'涌进了'无政府状态'，'文明'涌进了'野蛮'。这雾气将你吸进去。你分辨不出来自己在哪里，何以在此，唯一确定的只有铺天盖地的朦胧。"[98]

在"阿希从众实验"里，实验对象被要求比较一些简单直线的长短。起初，每个实验对象都毫无困难地准确分辨出眼前的直线长度，然而，当志愿者被假扮成实验对象的演员们包围，演员们选择了错误的长度后，其他实验对象便开始向他们看齐，把一些明显一样长的直线说成不一样长。他们起初也会反抗，表现出迷惘和不自在，但经过几次之后便会服从群体的意见，通常会流露出明显泄气的神情。从这些实验中，心理学家区分出两种性质不同的"从众"，一是"认知性从众"（实验对象会怀疑自己的判断力），一是"规范性从众"（实验对象知道群体意见不对，却不想因为提出反对意见而显得异常）。但不管是哪一种情况，这些实验都显示出人有多容易否定自己的基本信念。

这可悲的真理是20世纪极权主义给予世人的一大启示。以阿伦特的研究为基础，一名学者写道："我们也许不顾一切地想要相信，人有一些东西是无法动摇的，一些关于人本身深处的东西：良知或责任感的声音是不可毁灭的。但自从有过极权主义之后，我们便再也无法执持这一类信念。这是迄今仍缠绕着我们的幽灵。"[99]

但也许更吓人的是，极权主义并不是凶残暴行的必要条件。把一群往坏处训练过的年轻人放到一个陌生和可怕的环境，给他们安排不清楚的角色又加以较轻或干脆没有约束，如此，他们在迷惘中所犯下的每个轻微的伤害性行为都必然会让接下来的行为看起来更加正常。给他们时间，他们最终必然会蜕下原有的道德认同。但这不是因为他们是非人（inhuman）。他们会那样做，恰恰因为他们是人。

*

1971年，津巴多招募了一群大学生在斯坦福大学进行一场"监狱实验"。实验对象随机分配到"囚犯"或"看守"的角色，并依此进行角色扮演。津巴多计划让学生们一起在模拟监狱里住几个星期，监狱设在斯坦福心理学大楼的地下室。这样津巴多和他的学生助手就可以观察实验对象的变化。然而，这场实验很快失控，几天后就不得不被中止。

实验开始于一个星期天。津巴多说服当地警方突然到那些假囚犯的家里逮人。很多目睹者，至少包括一位"犯人"的家人都信以为真。等所有人聚集在地下室之后，人们的行为便迅速失序。以下是津巴多对星期二的情况的记述："我们的囚犯筋疲力尽，看不清东西，而我们小小的监狱闻起来也开始像纽约地铁站的男厕所。看来有些看守把上厕所当成了一种不能轻易赐给囚犯的奖赏，关灯后更是绝不准囚犯上厕所。所以，囚犯晚上只能往放在囚室里的桶子拉尿，而有些看守会直到早上才会拿去倒。"[100]

到了这时，就连津巴多都发现自己开始屈服于角色扮演的压力，举止和思考方式都变得奇怪起来。他的行为越来越不像个心理学家，反而越来越像个监狱长，他听说有人打算攻打监狱的传闻后反应近乎抓狂*，又设法向来访家长隐瞒他们子女情绪低落的状态。

星期三，他安排一位牧师探访囚犯。以下是探访的记录：

> 犯人八一九号的样子看来可怕极了：黑眼圈，头发横七竖八。这个早上，八一九号干了件坏事：在一阵盛怒中，他把囚室弄得一团乱，又扯破枕头，把羽毛抖得到处都是。于是他被关了禁闭，只好由室友来清理这一团乱局。自从昨晚他父母来过之后，他就情绪低落……

---

* 部分"犯人"因为对遭受的对待极为不满而先行退出，然后传出他们计划聚众"攻打"监狱。

牧师:"你有没有和家人讨论帮你找一位律师?"

八一九号:"他们知道我是囚犯。我告诉他们我在这里的情况,有多少人、什么规定和争吵的事。"

牧师:"你现在感觉怎么样。"

八一九号:"我头疼得厉害。我想看医生。"

我这时插嘴,想了解他头疼的原因。我问他那是不是典型的偏头痛,还是说也许是其他因素造成,如疲倦、饥饿、热、压力、便秘或视力问题。

八一九号:"我只是有一种耗尽了的感觉。觉得紧张。"

然后他崩溃了,开始大哭,大声叹气。牧师冷静地把手帕递给他擦眼泪。

"好了好了,不会那么糟糕的。你来了这里多久?"

"只有三天!"

"你会慢慢变得不那么情绪化的。"[101]

到了星期四,几个看守刻意羞辱囚犯。

"给我听好。你们三个假扮母骆驼。到那边弯下腰,双手触地。"(因为他们穿的是罩式袍子又没穿内裤,所以弯下腰后会露出屁股)。赫尔曼神色嬉皮笑脸地说:"你们两个当公骆驼。站在母骆驼后面拱(hump)他们。"

伯丹听到"拱"这个双关之后咯咯笑。虽然几个无助的囚犯并没有发生身体碰触,但前后摇晃下半身的样子仍然很像鸡奸。

津巴多在隔天,也就是星期五时终止实验。

事后，他要求学生们思考他们最难忘的体验是什么。一位"看守"回想起自己曾和一个"囚犯"发生过激烈扭打，这样讲道："当时我意识到，我就像他们一样，都是囚犯。我只是按他们的感受去回应。他们的行为还有选择可言，我们却没有。我们和他们都被一个压迫性环境碾压着，但我们看守却有着自由的错觉……事后我才意识到，在那样的环境下，每个人都是奴隶。"[102]

*

江波君

对对对，日本陆军的新兵训练极度严格，换句话说，你甚至可以称之为野蛮。你知道他们都干了些什么？那些老兵——新兵会被安排跟老兵住同一个营房。那些老兵会把这个称之为教育……但他们称之为教育的东西其实就是（声音不清楚）无聊。那些老兵已经在军队里待腻了，所以整天变着法子体罚新兵（笑了一下），你能想象得到吗，体罚？他们会揍你的脸……扇你耳光……

扇耳光？

对，就打在这里。日复一日，一次又一次。如果你在想什么样的情况下会惹来这样的体罚的话，比方说他们喊你你却没好气回答的时候，或者你回答得——你的动作太大的时候。（笑声）正大摇大摆走来走去的时候，军靴没有保养好的时候，又或是枪没有擦干净的时候。就是因为这些事，我们日夜挨耳光。结果就是，简单来说，就是我们作为人所拥有的情感与理性被体罚彻底摧毁。然后当你听到上级或老兵下达命令,你会本能地马上照办——就像个机器人。你大可以说,每个士兵的人格都被,他们杀死了它——摧毁了它。但他们就是有办法把你训练得像个机器人或奴隶,像条件反射一样回应命令……

*

金子君像其他二战老兵一样,谈到了他是如何被训练得尊崇权威。很多人都主张,论训练士兵的严格极端,日本在当时是独一无二的。但事实上,所有政权都会训练人民的服从性(以某种方式、不同程度地),而战争和种族清洗之所以能够发生,则是因为我们内心**渴望**服从。我们渴望将做完决定后所要承担的责任推给别人,渴望摆脱存在主义者西蒙·波伏娃(Simone de Beauvoir)所说的"自由之苦恼"。[103] 我们说服自己一个能力超群的领袖能够替我们的人生创造意义,同时我们也乐于卸下个人主体性(agency)的恐怖重担。参加过第二次世界大战的小说家葛林(John Glenn Gray)指出,当军人的一大"满足感"就是可以"卸下责任":"成为军人就像是摆脱了自己的影子"。他宣称,听着别人发军誓时,他仿佛听见他们这样说:"当我举起右手立此誓时,我摆脱了需要为自己行为承担后果的责任。我只是奉命行事,没人可以责备我。"[104] 人类的大规模暴力行为是复杂又令人不解的,但在大多数个案中,这种大规模暴力都可以回溯至一个简单的瞬间:一个人(往往是男人,但并不总是)准许自己的主体性臣服于另一个人的瞬间。

服从具有一种诱人的简单,上级命令的教条具有一种简明易懂的特质。但我们寻求的是一种比这更全面的简单:不仅是在迷惑时能做出选择的简单,还有世界观的简单。我们拥有一种需求,渴望逃避复杂性和不确定性,把存在本身定义到令人舒适的清晰之中。正如一个著名纳粹党人说过的:"我无比感激党卫队给予我的思想指引。我们全都心怀感激。加入党卫队以前,我们许多人都十分困惑。我们不明白四周正在发生的事情,一切都混在一起。党卫队提供了一系列我们可理解的简单观念,而我们信仰它们。"[105]

狂热可以厘清意义,为自我认知赋予力量及结构,让人可以在一个混沌的世界里信心满满地行动。它为苦难提供了一个意义架构,从而改善了苦难。狂热为我们承诺的目标本身就是我们最需要狂热来达成的,它把哪怕是最艰苦的经历都转换成实现内在深层价值的机遇,把创伤转换成严肃的悲剧。[106] 事实上,狂热是人类自我认同的必要层面,也是社会秩序的先决条件之一——虽然当人们的狂热符合社会规范和我们自己的价值观时,我们不会称之为狂热,而称之为"信念"。(比如说,当"中国归还者"对民族主义和战争的反对被人视为狂热时,我发现自己会突然一惊,但当他们年少时对天皇的忠诚被人视为狂热时,则不会有这种反应,哪怕事实上两者对我来说是同一种情绪结构的产物:竭诚奉献的能力,正是这种能力让他们昔日可以超越战场上粉碎一切信念的骇人场面,今日可以超越国人同胞的讪笑。)

在一个充满各种复杂问题和必然不完美的修补的世界里,狂热提供了一种简单而彻底的解决手段。暴力也是如此。"中国归还者"简单的清晰感部分同对外部团体的鉴别和贬低有关——这也让他们做好了准备去伤害韩国人和中国人。和其他种族屠杀的案例一样,你需要做的只是把受害者变成适合的攻击目标。通过全面的政治宣传,通过媒体和教育,向大众强调那些你希望被攻击的人是与众不同的,他们不属于任何地方;强调他们是异类,强调他们被真正的人类共同体所排斥，不然的话他们本应顺理成章地得到我们的尊重。这部分工作十分关键。想要人们克服那种强烈、可能是与生俱来的对同类相残行为的抑制，我们必须制造出埃里克·埃里克松（Erik Erikson）所谓的"假物种"：一种通过仪式建立起来的具有"人类特征"的内部团体。杀戮因此变得轻而易举：先是把敌对群体集体再阐释为不完整的人类，然后再坚定地认为任何属于那个"有害"团体的个体成员都是应当采取致命暴力手段进行攻击的目标。[107]

在这里，"纯"是一个特别有用的概念。如果一个文化能够成功地培养出非黑即白的极端思考模式，它就可以把世界分为"纯"与"不纯"两部分。"不纯"者之所以合该受到伤害，不仅是因为他们的不纯本身就让人作呕，还因为他们会对"纯"的群体构成威胁，带来污染。在这个真正的恶性循环之中，"纯"同样会肯定暴力，因为他们永远无法满足极端的"纯"的苛刻要求——这意味着他们暗藏的罪疚感和自我厌恶都被投射到"不纯"之上，化作一种强化了的轻蔑。利夫顿指出，这就是"集体仇恨、异端清洗、政治和宗教战争"的实质。[108]

而中日战争时致命的种族主义，和其他暴力或非暴力冲突中的种族主义一样，是不断变幻的历史张力与操纵人心的文化再叙事的产物。迈克尔·韦纳（Michael Weiner）把中日民族间紧张局势溯源至德川幕府时代的国学运动。国学派的学者颠覆了日本几百年来依赖中国儒家思想"作为教化与道德主要源泉"的传统。通过拒斥汉文化中心主义，学者们"尝试建立一种凌驾于中国和其他国家之上的日本文化的内在优越性，而从这个角度来看，这一行为也预示了19世纪的帝国修辞"。根据这种新的文化叙事，这块神圣土地的自古以来的纯洁性"事实上已经受到了外来因素的污染——以儒家和佛教的形式。对异国文化奴隶般地依附让真正的和魂（Wakon）

隐晦不彰，从而令日本无法在世界秩序中享有正确的地位"。[109]

明治时代的日本以神道教和其家国意识形态推进宗教民族主义，并以神圣的天皇把全民团结在一起，从而巩固了日本民族具有高度同构型和日本文化独一无二的思想。[110] 来自西方帝国主义的压力进一步刺激了这种民族主义与种族例外论（racial exceptionalism）。正如报纸《日本》所说的："一个国族若想跻身强权之列和保持国家独立，便必须奋力促进民族主义……如果一个国族缺乏爱国精神，它又怎么可能指望自己能够存活下来？爱国主义的根源在于区分'我们'和'他们'，而这种区分又源自民族主义。民族主义是保存和发展一个独一无二文化的基本要素。"[111]

随着韩国成为日本的殖民附属国和韩国劳动力涌入日本，日本对韩国的种族歧视在20世纪上半叶迅猛发展。[112] 殖民需要并助长了这么一种观点：被殖民者是不开化的，作为劣等种族，需要种族纯净的日本来引导。[113] 正如竹越与三郎写道："韩国人只能慢慢而渐进地被引导至进步的方向，想要让他们骤然开始一种新生活是违背社会学和生物学法则的。"[114] 就像西方的殖民主义一样，日本对殖民地的慈祥"拥抱"包含着对种族混杂和激烈抵抗的恐惧。[115] 例如，在1923年的关东大地震之后，有六千名韩国人被杀害，而理由只是有无稽谣言说他们准备发起暴乱。[116]

这种种族主义今天依然能够派上用场。2005年，有两本日本漫画大卖特卖，一本是《嫌韩流》，一本是《中国导论》。前者告诉读者韩国在世界杯作弊，又说韩国现在的成功是拜日本殖民所赐。《中国导论》则否认日本的所有战争罪行，又把中国形容为热衷于同类相食的"卖淫强国"。历史学者吉田丰认为，这些都是当代日本人不安全感的症候："他们缺乏自信，需要治愈性的故事。"[117]

*

对于那些我访谈过的老兵来说,种族主义、军事训练、绝对顺服的承诺、在高压战争环境下的宣泄,哪怕是这些,依然不足以把他们变成刽子手,不足以令暴行发生。金子君讲述了他第一次杀害手无寸铁的平民的经历:

> 我们的上级认为必须把士兵训练得习惯杀人。所以,当我们进入一个村子,他们就会抓一些村民过来。大约十个人。他们会抓来十至十五个村民,然后把他们全捆在树上。捆在树上后,过一会儿,我们十来个人在树前站成一排。都举着步枪。我们举着步枪,装上刺刀。抽出刺刀,装在这里,然后站在他们前面,你懂的。然后我们收到的命令是:"你们这些人,把这些中国平民全杀了。"于是我们向前冲刺,用刺刀对准身体左边,心脏在的位置。但我们从未料到,第一次杀人的体验会是如此恐怖。每个人都怕得发抖,不停地抖。如果是一对一拼刺刀,你必须杀死对手,不然死的就是你,对不对?这种情况下我们动手时就像在梦里一样。然而,你知道的,我们的对手被捆在树上。所以哪怕要杀死他们很容易,我们实际上还是害怕得发抖。
> 我的对手被捆在树上,只是盯着我的脸看。我对准位置,然后上前,把刺刀刺入他的左胸膛,但刺刀一碰到他,我的手就滑了!我不想这样,但因为这实在是太可怕了,(手)就滑了。所以,刺刀只刺入了一点点。当时有一个专门训练士兵的高级教官在场,他看见我这个样子,便说:"废物,你这样子算是日本军人吗!"说着举起一只手,给了我一耳光。大部分人,所有人都一样,他们没法用

刺刀刺这些人。

因为他们做不到，最后有个老兵说："好吧，一群（窝囊废），看着我怎么做。"说完，他给我们示范。他像这样拿着刺刀，用这半边，看到了吗？他像这样拿着刺刀，直接捅了进去。通常，捅进去之后，你会碰到肋骨，对不对？如果你比一下两根肋骨之间的宽度与刀刃的宽度，你会发现刀刃宽些。所以如果你像这样做，（刀刃）是进不去的。但是，那个老兵先插进一段（刀刃），然后"喝"的一声，随即手一转，整把（刺刀）便插了进去。你把它转过来，用（刀刃）比较薄的那面，就能插进去。我们受的就是这一类训练。

金子君和其他日本老兵都强调，残忍的能力必须耐心培养。需要很长时间才能把一个想到杀人便会发抖的人变成渴望杀人的人，把一个刺刀都拿不稳的人变成一个可以从容和有技巧地转动刺刀，以正确的方式穿过两肋的人。你还必须有条不紊地羞辱受害者，直到他们像是活该受到羞辱一样。换言之，在战争期间羞辱敌人——像是洗劫民宅、殴打和辱骂人——并不是意外、错误或是失控的产物。它们都是训练过程中有意设计的部分。[118] 一个被羞辱、挨饿、受伤、挨打、失去尊严的人会变得可怜巴巴，变得像是活该被这样羞辱、挨饿、受伤、挨打和失去尊严。这样杀他就变得容易多了。

心理学家用"公正世界假定"来解释这个过程。也就是说，因不信任我们所处的环境而引发的压力会随着时间推移而越发令人难以承受。我们日常的心理平衡依赖于一个假设：这世界基本上是安全和公正的。但当我们目睹一些令人发指的暴行和显然毫无意义的苦难时，"公正世界假定"就会受到威胁。为了转移这种因道德上的不稳定而引发的焦虑，我们会说服自己受苦难者必然是做了什么事才遭此报应。不论如何，这世界**都是**公正的。对此，西蒙·波伏娃举过一个可怕的例子："那些做过这些事的人说踏过一具尸体很容易，但踏过一堆尸体比这更容易……我在阿尔及利亚见到的许多殖民者都通过鄙视那些被残忍镇压的阿拉伯人来安抚自己的良知。阿拉伯人越是凄惨，看起来便越卑劣，以至于根本没有懊悔和自责的余地。"[119] 任何生产加害者的机制都必须系统化地移除所有可能引起懊悔的因素。

兽性当然不只是或总是思想灌输、训练或刻意引导的结果。它也可以是情境化的，是压力、愤怒和害怕的结果。是"当下"（the now）的一个结果。对越战造成的"创伤应激障碍"进行过开创性研究的乔纳森·谢伊（Jonathan Shay）指出了都有哪些冲击会让一个士兵坠入"狂暴状态"（berserk state）："上级的出卖、谩骂或羞辱，亲密战友的死亡，受伤，被追击、包围或围困，看见死去的战友被敌人毁损尸体"。[120] 暴力的冲动，哪怕是"狂暴状态"下的暴力，是人类在面对某些特定压力因素时的自然反应。

但凶残同样往往会牵涉体制和计划。谴责受害者，让人变得麻木不仁，再把晋升的诱惑同惩罚和威胁结合起来。凶残是一种剂量递增的阴谋。"中国归还者"描述了这个过程。

　　阪仓君：他们让我们站在一边观看学习。他们会不断戳一具尸体，直至尸体体无完肤，无法辨认。通常会二三十人一起戳，我们只是看着。等回到部队之后，会有大约一半人吃不下饭。你知道吗，我们……包括我在内，一点都不觉得舒服。当你想起那些尸体的样子，根本吃不下饭。这是事实。然后你知道吗，你会慢慢习惯。一次，两次，三次——之后你就习惯了，然后你会想："我以后要多表现，让我的纪录好看些。"

金子君：在日本军队，他们不会打头。他们会打身体。对，这里。就是这里。哪怕肿起一点点，你都不能吃饭。他们永远不会打你的头，因为那样的话你的头会出现瘀伤……

当我们还是新兵的时候，我们被叫去像这样捅人的胸膛。其中一个新兵下不了手，他哭着说："你们这些人，我做不到！"然而，就是同样的一个士兵，一年之后杀起人来眼都不眨一下。不过是一年。当初我们捅人的时候，他光是哭："呜呜，呜呜。"他下不了手。一个老兵扇了他得有十个耳光。即便这样，他还是下不了手。但一年之后，他却下得了手，而且干脆利落。这就是军队的可怕之处，明白吗？

如果你不习惯（砍人头），你当然会颤抖，对不对？这时你顶多只能砍去半个头。那个被砍去半个头的人就会痛苦地蠕动。所以到最后，你只好把他捅死。他们会让你做这样的事，两次，三次。等让你做了两三次后，你就会掌握到诀窍，并狠下心来。只要一刀，砰！人头就会落地。完整地看下来。你不会再拖泥带水。不过我们当士兵的并不佩戴武士刀。你们猜我们是用什么砍的头呢？（翻译回答：完全想不出来。）军官可以用佩刀砍人头，但我们士兵却没有武士刀。我们说："嗳，我们也想砍人头！我们一起来吧！"你们知道割稻草用的那个东西吗？我们用的就是这个。我们都是用它来割草喂马。用来（声音听不清）的东西。我们找来一把，然后把头这样摆着，然后五六个人按住一个中国人，然后，砰！一刀把头砍下。他们就是这样让你狠下心的。

久保寺君：唉，如果你不服从命令，至少是如果你在战场上不服从命令，他们就会说要枪毙你。即便不会真的枪毙你，也会把你送到军事法庭。没有人会愿意看见自己这么丢人,对不对?况且,唉,我巴望可以晋升一等兵。所以这也是动机的一部分……(如果你不服从命令)晋升毫无指望……我想要被提拔……我想,人的心思不是坦率的。在各种事情上都会涌现出复杂的感受。

最后,他们做出了自己都无法相信的事情。

> **久保寺君**:那是一片缓缓起伏的乡村地区。远处有很多山。我们到那里之后,排长用双筒望远镜看了看,说:"啊!前面有人!"于是我们加快步伐。然后,在一个坑里……唉……有一对母子。唉,现在回想起来,当时我们真是极端残忍……因为我听到排长大声命令:"二等兵久保寺,射杀他们!"唉,我没想到会这样。但我又不能违背排长的命令,所以……唉……我向他们开了枪……
>
> 唉,我真的做不到——我没法一边看着那个孩子一边对他开枪,或者其他和他一样的人。我一开完枪便马上转过身,并不知道自己有没有射中。其他人前去查看。这——这真的很残忍。那名母亲——发现了一名母亲和孩子,然后当着母亲的面向那个孩子开枪……这真的非常……因为这实在太常见,也令人难以置信。但排长的命令就是天皇陛下的命令,这是我们一直被教导的观念。所以,唉……我服从了命令,扣了扳机。现在想起来,像这样残忍的事情,我宁愿自己被杀死也不想做那样的事。

在《酷刑》(Torture)一文中,奥斯威辛集中营幸存者让·埃默里(Jean Améry)谈到所谓的"当头一棒"(the first blow):"这当头一棒让囚犯深深意识到自己是**孤立无援**的,所以,它就像萌芽一样包含着后来发生的一切。"如果说"深信一定会有人向你伸出援手"是"人类的基本经验"之一，埃默里继续道："那么我很确定的是，在当头一棒落下来时，他失去了某种我们暂时可称之为'对世界的信赖'的东西。"[121] 我知道这样把二者相提并论从某种程度上来说绝对是错误的，但我还是觉得这些成为加害者的人确实也经历过类似的事情。这当头一棒是他们的世界末日的开始。"因为加入军队，我失去了我的人性。"久保寺君说。

*

当然，反抗运动需要各种各样的人。有一个德国犹太裔女学生曾在柏林就读艺术课程，她没有帮忙我们藏匿孩子们，但却非常擅长伪造文书。有时，什么都不做也相当于在做些什么。当我带着一些一看就是犹太人的男孩或女孩坐火车时，车上的人虽然知道是怎么回事，但没有人会说什么。这同样算在帮助反抗运动。

再来还有像这对夫妻那样的人——当我邀请他们加入组织时，那女的说："你必须站在一个更超然的立场看待这事情。试着想象你住在遥远的星辰上，正从那里向下看地球发生的事情。"我没时间跟她争论，只说了句"你好自为之吧"。便掉头离开。有时人们会这样说："德国人是不可阻挡的，无论你做什么都没有意义。"我答道："对那些被我们救了的孩子来说有意义。"

——赫蒂·武特（Hetty Voûte），
《心具理性》(*The Heart Has Reasons*)

我们，全国人民，为战争和流血
呐喊喝彩，这令人生机勃勃的运动比赛

> 我们为它掏钱如同购买一样谈资
>
> 就像我们只是比赛的观众而不是参战的人!
>
> ——柯勒律治(Samual Taylor Coleridge),
>
> 《孤独中的恐惧》(Fears in Solitude)

我一直在讨论加害者、他的同侪群体和环绕在他周围的威权结构。但要想让暴力在空间上不断延展和在时间上不断延续,同样需要许多同心圆式的支持。没有广大民众的间接参与,大屠杀是不可能发生的。你需要工人和官僚来维持生产暴力的机制,你还需要旁观者——主要是平民群体——这些人除了挥舞着国旗或反战标语之外什么都不做,就像比赛中的球队的球迷一样。

许多研究都围绕着旁观者在目睹骇人的残暴时所表现出的令人惊讶的消极状态展开。研究者强调了这些内容:

责任的分散,这个词语最初被用来解释1964年发生在纽约的一宗见死不救的谋杀案:一名年轻女性吉蒂·吉诺维斯(Kitty Genovese)遭人谋杀,她邻里全都目睹或听到了这一切,但每个人都假定其他人会采取行动而无所作为;迷惑(confusion),当我们不认为自己可以进行有效干预,或是得到的信息无法确定或过于复杂时,我们就会消极对待;专家文化(expert culture),斯托布写道:"每个人都倾向于接受由'专家'、政府或所在的群体的一致观念所提供的关于现实的定义";多数无知(plurlistic ignorance),人们在公共场合会隐藏自己的情绪,通过观察别人来弄清怎样才是恰当的情绪反应,而看见其他同样是在隐藏情绪的人反应不大或毫无反应时,便断定自己没有操心的必要。[122]最后一种心理模式亦见于国家政治的层次,如同萨曼莎·鲍尔

(Samantha Power)指出的那样:"制止种族清洗的战争是在国内政治的层面输掉的:美国的政治领袖把社会的普遍缄默视为大众漠不关心的迹象。"[123]

不过,消极、分心和无知虽然会阻碍人们采取有用的干预手段,通常却不足以生产出直接的攻击性。想要动员你的人民去杀戮,或是通过代表来积极地支持杀戮,你还需要把一些笼统的社会焦虑(例如对经济危机的焦虑)再叙事为具体的恐惧。令人沮丧的是,这一类恐惧极其容易制造。托马斯·霍布斯(Thomas Hobbes)把恐惧视为隐含在社会契约之中基本力量。他写道:"由于人们这样互相疑惧,于是最合理的自保之道便是先发制人,也就是用武力或诡计来控制一切他所能控制的人,直到没有其他势力可以危害到他为止。"[124] 或者像是修昔底德(Thucydides)的《伯罗奔尼撒战争史》(*Peloponnesian War*)中的雅典将军们那样,用这样的话来合理化摧毁米诺斯岛的行为:"你们或任何人,只要拥有和我们一样的权力,都会做一样的事。"[125] 但正如丹尼尔·希罗(Daniel Chirot)和克拉克·麦考利(Clark McCauley)在《为什么不杀光:种族大屠杀的反思》(*Why Not Kill Them All?*)一书指出的,恐惧会表现为许多不同的形式,而最过分的暴力需要两种恐惧结合在一起才能达成:一是"纯粹的恐惧"(simple fear),一是"对污染的恐惧"(fear of pollution)。"纯粹的恐惧"——害怕你所属的群体会受到伤害——会创造出一个任人摆布的公众,而"对污染的恐惧"——"某个特定群体是如此的肮脏,以至于其存在本身都会为别人带来死亡的危险的观点"——会创造出一个有潜在屠杀倾向的公众。[126]

想要长时间维持暴力,我们还需要距离、审查和委婉语。这里所谓的"距离"除了是空间上的,还可以是因果关系链条上的。例如,为暴力行为提供支持的人通常跟实际执行暴力的人隔着几层远。我的父亲生前是国防部的工程师，负责管理保养美国核子潜艇阀门的团队。他是我见过最正派的人之一，不曾伤害过任何人。他工作上做过的每件事情无一有亏道德。如今大家回忆起他时，都会说他是一位了不起的父亲、一位好相处和乐于助人的主管，一位维护了极具威慑力的军事系统、对保障国家安全做出过贡献的人。但如果他的潜艇被用来发射子弹来进行屠杀，那他会得到的评价必定大相径庭。他是个道德上的幸运儿。

审查和委婉语（一种不那么明显的审查）和距离一样重要。如果强迫平民百姓精确地命名战争中的每一桩事件，那他们需要付出的情绪代价很快便会到难以负担的地步。我们根本做不到每天都谈论烧焦的皮肉和垒得高高的尸体。我们会代之以比喻。柯勒律治写道："同类相残那一套高雅言辞／我们说得顺口／如同那抽象之物，而面对这空洞的声音／我们既不带感情，亦不赋予样式！"柯勒律治用诗性的思想实验来披露这些陈腔滥调所拥有的惊人的心理力量："倘若苍天有眼／果报不爽／我们的言辞的含义，是否会逼迫我们／感受到我们凶暴行为／所制造的荒凉悲苦？"[127] 这些悲苦所累积的力量若是突然披露，将足以让人心魂俱裂。

所以在日常生活中我们会用净化后的语言，它能让我们命名伤害而不必想象它们，又或是把它们想象成是需要耐心思考和像工作一样的东西。1946年，在比基尼环礁（Bikini Atoll）进行的原子弹试爆被命名为"十字路行动"（Operation Crossroads）——这是一个从公共关系角度来看相当成功的决定，传递了一种恰到好处的谨慎、关怀和敬畏感。这个名字同时还将公众的视线从那些辐射受害者的悲惨景象上移开，转移到抽象的"人类本身"所创造的巨大进步上去（命名者海军中将布兰迪在参议院作证时指出这正是他的用意）。[128] 类似地，越战期间美军对越南境内近二成森林喷洒数百万加仑落叶剂"橙剂"（Agent Orange）来除去敌人的藏身之处——此举导致数以万计的人罹患癌症、无数流产死产个案、有毒物质的长期残留和大量难民涌入城区——这一行动被赋予了一个耐心而粗犷，仿佛是在悉心照料大地般的名字："牧场助手行动"（Operation Ranch Hand）。

在海湾战争，人类历史上得到最全面和最实时报道的战争中，语言和影像管理都位居战争策略的核心位置。它们提供了大量把战争说成是"工作""好玩"甚至"健康"的样本。"外科手术式打击"的说法不仅让空袭的效果显得干净利落，还显得有疗愈性。当他们称自己"软化"了敌人时，听起来就像在进行温柔的游说。"清理掉几口袋的抵抗"或"将抵抗行为一举清扫"的说法则既有一种把家打扫干净的满足感，又令人把敌人和脏乱联想到一起。"进入红区"*"掷骰子""跳蚤战术行动"和"三杀行动"†之类的赛局比喻让大众感觉战斗是低风险，死伤者寥寥无几，而且会像橄榄球或棒球一样有着明确的结果的比赛。没有逆袭，没有沼泽地。把记者"嵌入"（embedded）战场听上去是那么的民主和具有包容性，似乎向人们允诺了一条通向真相的通道，和我们从那些在其他战争中被"派遣"（assigned）的记者那里得到的信息截然不同。

战役名称都是穿上伪装的游说。它们有时会管用。例如，"沙漠

---

* "红区"原是美式足球术语，指龙门至二十码线之间区域，在伊拉克战争中则是指不安全地区。

† "跳蚤战术"和"三杀"分别是美式足球和棒球的术语。

风暴"(Desert Storm)一词就有助于消除一切可能会阻碍战争努力的残存疑虑。优柔寡断乔治·W.布什总统(George Walker Bush，即小布什)对于如何应付桀骜不驯的萨达姆·侯赛因举棋不定，他需要一种带有自然的天意般力量的语言，能传递一种极其坚定的信念，而不带有任何鲁莽的人类侵略行为的痕迹。"风暴"是个完美的概念。是风暴选择了你，它是无可避免的。但与此同时，如果你安安全全地待在家里，风暴又是一种可以袖手旁观的刺激景观。而"**沙漠**风暴"这个概念甚至更胜一筹，因为它暗示着整件事情是敌人自己的生态系统引起。

不过，有时事情会不如预期。小布什把伊拉克战争命名为"震慑行动"(Shock and Awe)是语言上的败笔。它承诺了一种自己给不出的东西*。在承诺与现实之间的缺口中，它道出了战争的真正震撼：在战争所流的血的旁边，冠冕堂皇的字眼总是廉价的。

入侵伊拉克时，美国政府早期使用的是夸耀战力的语言（就像麦克法兰[Sean MacFareland]准将指出，这是为了给士兵打气），但随着时间过去，这种语言被专门设计来赢取双方民心的更为和平的语言所取代。所以几年后，"震慑行动"突兀地变成了"仁慈喜讯行动"(Operation of Glad Tidings of Benevolence)和"携手前进行动"(Operation Together Forward)。[129] 朝鲜战争时期也出现过类似的修辞降调模式：由于大众对"杀手行动"(Operation Killer)一词的反感，军方被迫改变命名策略。但当初负责为行动命名的马修·李奇微(Matthew Ridgway)中将（他的另一杰作是"开膛手行动"[Operation Ripper])对批评声浪不以为然："我不相信我们

---

* 大概是指"敬畏"。Shock and Awe照字面直译是"震撼与敬畏"。

不应该让国人知道战争意谓杀人。出于天性，我反对把战争说成一件只会让人有些许不快、流一点点血的差事，然后用这种方法把它'推销'给国人。"李奇微的坦白与约翰逊总统在越战时的谨言慎行形成鲜明对比。约翰逊在听说一次大规模清剿行动被命名为"榨汁机行动"（Operation Masher）后非常忧愁，他认为这个名字没有恰当地突出这次行动的"和平性"。像威廉·威斯特摩兰（William Westmoreland）上将回忆的那样，约翰逊担心"榨汁机"三个字的"暴力寓意会让喋喋不休的战争批评者有机可乘"。[130]

回头去读美国南北战争时期谢尔曼（Sherman）和格兰特（Grant）将军的回忆录，你会看到同样的语言消毒策略和歪曲的文字描述。例如，他们会说"我们的侧翼受到破坏"或是"我们发出了一个讯号"（而不是"我们有十个年轻士兵被杀"和"我们炮轰了一个平民住宅区"）。有时需要采取更严厉的语言管制。有时甚至有必要阻止人们聚众谈论。林肯在战争期间对言论自由的限制是出了名的无所顾忌且无处不在。与之类似的，日本在第二次世界大战期间的政治上的改变包括制定《新闻与出版管制法令》和《报纸、出版、集会与结社特别管制法令》和扩大《维护平静法令》的适用范围，以钳制颠覆性思想和行为。在1928年至1941年间因此法遭逮捕的超过七万人。日本首相东条英机在1941年指出："我们对反战和反军队的人加强了控制，这些人包括共产党、叛变的韩国人、某些宗教领袖和其他我们担心会威胁公共秩序的人。"[131]

在讨论阿根廷的"肮脏战争"（Dirty War）*时，玛格丽特·费特

---

* 发生于1976年到1983年间，阿根廷右翼军政府国家恐怖主义时期，针对异议人士与游击队所发动的镇压行动。军政府的非法逮捕、拷打、杀害或强迫导致九千名至三万名的阿根廷人消失。——编者注

洛维兹（Marguerite Feitlowitz）指出军政府对沟通的系统性破坏荼毒至今："我开始相信，即使军政府已经垮台，语言也会是恢复得最慢的系统。"[132] 曾被军政府逮捕和遭到酷刑的记者哈科沃·齐默尔曼（Jacobo Timerman）描述了"巨大的沉默"，它发生在"所有被动地接受了暴力是不可避免的文明国家"。[133] 利夫顿提出的"终结思想的陈词滥调"这一概念，体现了审查制度所造成的社会性破坏：语言为暴力做好了准备，因为它把复杂的问题二元化为简单的"绝对语汇"（神与魔，善与恶，必须培育的东西和必须消灭的东西）。[134] 阿伦特也曾指出，暴力政权必须透过"语言规则"来维系自己。谈到纳粹大屠杀时，她这样说："不管当初这些语言规则是为什么别的理由而设计，它们都被证明在维持各种各样极为不同的公共系统的秩序和清醒运转上起到了巨大作用，而它们之间的配合对于屠杀来说必不可少。"[135] 纳粹的另一标准手段是阿伦特所谓的"去事实化"（defactualization）[136]，典型例子是把"灭绝""清算"和"杀死"分别称为"疏散""变更住所"和"再安置"。[137]

朗兹曼导演的纪录片《浩劫》披露出纳粹暴行背后的逻辑：暴力始于秘密和寂静，而它也将这寂静延续了下去，成为其本质的一部分。电影中和见证人、幸存者和加害者进行的访谈一再回溯至纳粹大屠杀对语言的粉碎，这粉碎既是它发起的先决条件，同时也是它留下的遗产：

> 没有人可以形容它。
> 我们不要谈这个了。
> 任何提到"尸体"或"受害人"字眼的人都会挨揍。
> 我们那时候不可能说什么——我们就像石头一样。

我们不被允许交谈或向彼此表达我们的感想。

我们都称之为再安置计划。没有人会用"杀人"二字。

发誓保密吗?不必,只需要签字,保证我们对看到的事守口如瓶。

我们交换消息都是窃窃私语。没有人会大声说出来。绝不可以!他们会马上过来把你拖走。

从心理学的角度来说,整个行动的成功关键是不去用相符言词去谈论这些行动。什么都不要说,办事就好,不要谈它们。

当你撒谎够多次,就会相信自己的谎话。

我不认为人类的言语可以形容我们在犹太人隔离区(ghetto)的经历有多么恐怖。[138]

要避谈纳粹是很难的,但我确实希望自己可以不必谈论他们。他们的邪恶行为是那样的充满异国色彩,跟我们八竿子打不着。没有人在读完上面的段落之后会说:"对,在海湾战争刚开始的时候,看到反战声音被污名化和边缘化时,我就是这种感觉";或说"对,看着受'棺材禁播令'限制的电视报道时*,我就是这种感觉";或说:"对,看着智能炸弹炸毁空荡荡的桥梁和楼房时,我就是这种感觉";或说:"对,听到被拘留在关塔那摩湾†的人企图自杀却被称为'具有操纵性的自我伤害行为'时,我就是这种感觉"。没有人想这些事,也没有人应该去想它们。

在更深的层次,纳粹令阿尔伯特·班杜拉(Albert Bandura)所

---

* 小布什政府禁止媒体播出美国阵亡将士棺木运送返国的画面。

† 美国政府非法拘禁有恐怖分子嫌疑者的所在地,位于古巴。

谓的"免罪的比较"(exonerating comparison)得以进行。[139]* 但他们或许也禁止了比较。例如,在上面谈到审查时,我原想提美莱村惨案(My Lai massacre)†,但是把它放在纳粹大屠杀的旁边令人感到不适。在这里我想要说的是(接下来我会谈到美莱村惨案):审查不止意味着别人让你得不到恼人的信息。它意味着你根本不准许自己去弄懂你所接收到的这些恼人的信息。一个又一个研究都显示,我们都是些颇为蹩脚的信息用户。我们习惯把我们的负面行动看成是为势所迫,把别人的负面行动看成是出于天性(行动者—观察者偏见)‡;我们喜欢熟悉的事物,而理由只是因为它们熟悉(重复曝光效应);我们可以留意到自己所在社群的多样性,却认定其他社群的成员都是"一个模样"(外群体同质效应)。

我们的思考力在群体思考时尤其不济。比起独自一人,在群体中我们倾向于采取更极端的意见(群体极化);比起独自一人,我们会对其他群体更容易产生竞争心理(不连续性效应);比起独自一人时,我们会做出更加冒险的决定(风险转换效应)。在群体中,我们更倾向于简单的解决方法而非好的解决方法(西蒙满意度模型),会因为大家做什么而做什么(信息瀑布),会聚焦在大多数人已经熟悉的信息而不理会只有少数人提出的新信息(共有信息偏误)。听着彼

---

* 即通过比较来合理化伤害性行为,如何看待一个行为要通过与之进行比较的对象来决定,通过这样的对比,应受谴责的行为反而成为正义之举。如恐怖分子认为自己行为是无私殉难,是因为同他们所认同的群体所遭受的残酷行为相比,他们所采取的举动并非最不人道之举。详见注 139,班杜拉关于道德解离的论述。——编者注

† 指 1968 年一连美国官兵在越南美莱村屠杀平民事件,被杀者在四五百人之间。整件事情被官方掩盖了一年多才曝光。

‡ 这里和后面出现的术语主要是一些社会心理学概念。

此说话时,我们会简化我们所听见的(简化编码)和夸大差异以创造鲜明对比(增强反差),只注意头和尾(中段信息遗失),重新诠释信息使之符合先前的信息(同化至先前输出),以及重新诠释信息使之符合我们期望听到的(同化至预期信息)。[140]

雪上加霜的是,我们会注意负面信息多于正面信息(负面偏差[negativity bias]),聚焦于危险讯号多于安全讯号,记得负面经验远多于正面经验,更重视陌生人的负面信息多于正面信息,对他者坏行为的反感要强于对他们好行为的好感,更容易对他人产生负面的刻板印象,而且比起产生正面的刻板印象需要更少的信息。[141] 在我们焦虑或缺乏安全感时,这种情况会变得更加严重。当我们处于这些情绪状态中时,会更容易把别人刻板印象化,更容易表现出内群体偏私(in-group favoritism),认为内群体的成员比其他群体成员拥有更好的品质,更容易进行向下的社会比较(专找比我们差的人进行比较来安慰自己)——结果就是记得那些"就在眼前的过得不好的人"(handy worse-off others)的缺点多于他们的优点。[142] 最后,我们会专挑符合我们既有信念的信息,过滤掉那些对既有信念构成挑战的信息(确认偏误)。有时,我们甚至会付出高到难以承受的代价来追寻认知的一致性,甚至要去否认那些最易揭示的真相——如果接受它们意味着要痛苦地抛弃那些我们曾经珍视的信念(认知失调)。

当上述一系列认知模式走向极端,我们称之为"否认现实"。乔纳森·格洛韦尔(Jonathan Glover)指出:在美莱村惨案中,美军是先蹲伏下来,摆好防御性射击姿势,再对四处逃跑的孩子们开火,就像是想说服自己面对的是有武装的敌人。一个士兵后来表示:"如果我们真的要屠杀或谋杀,去对一群手无寸铁的人开火,那为什么还要蹲伏下来呢？……因为那时你的判断已经混乱了……他们确实看起来就像是敌人，或说我们认为他们是敌人。"[143]

美莱村的美国士兵有理由害怕敌人，但在当时没有理由害怕那些普通人家。我想美国正处于相似的状态，而且这种状态持续了不止一两天。我们这个国家已经蹲伏下来，摆好防御性射击的姿势了。

*

江波君

但他们最终会成功地让你下意识地执行命令，像个机器人或奴隶似的……你可以说，日本新兵训练就是为了训练出这样的人。除了体罚以外就是（声音不清楚）霸凌。而且它是（声音不清楚），没完没了的。例如，有一种惩罚称为"年轻小姐"。另一种叫"夜莺过山谷"，那是要你爬过床底，一面爬一面学夜莺叫！（模仿夜莺叫声）然后一群老兵会说："老天，今年的夜莺叫得真难听！"然后不停这样做。他们想出无穷无尽的惩罚和折磨新兵的方法。这就是新兵训练，结果就是，你的独立人格会被彻底杀死，**只知道服从上级命令**。这种机器人。这种人到了战场，只要上级一道命令下来，就会冷酷而从容地杀死其他种族的人。

每个人最后都会变成这种上了发条般的样子。变成一个没有想法，没有思想的人，你的身体会在听到命令时立刻照做。你可以说我们就已经变成了那种人。在战场上，只要大队长一道命令，你经过新兵训练过后的身体会越过理性一跃而起——然后你就犯下了罪行。

到最后，就像你问的，杀人会变得充满趣味。（声音不清楚）例如，你会把一群人关在屋子里,点一把火,看着它燃烧。对,你会有一种血腥和残忍到难以置信的快感。

*

老兵威廉·布罗伊尔斯(William Broyles)称战争为一种"可怕的狂喜",指出战争的基本诱惑是"一种见证和观看的激情,《圣经》中'眼目的情欲',越南的美国陆战队口中的打眼炮(eye fucking)"。[144] 早期美国战争中的老兵葛林形容战斗事关美学上的愉悦和宏伟(sublime)的体验。战争,再一次被描述为"眼目的情欲",并涉及"摧毁的快感"。对于一些人来说,它变成了一种会吞噬掉其他快感的"令人着迷的情欲",会从内心深处彻底转变一个人,让他们"无法在相对来说更正常的快感得到满足"。[145]

有些心理学家用"拮抗过程理论"来解释这一类施虐癖的形成。该理论主张,当身体处于超出平常状态的刺激下时,必然会随之出现一个内在流程令身体恢复均衡。罗伊·F. 鲍迈斯特(Roy F. Baumeister)和坎贝尔(Campbell)指出这种循环的反复上演可以产生惊人效果:"起初,背离的过程(A 过程)往往力量强大,而回复的过程(B 过程)则相对欠缺效率,但假以时日(即有过许多次类似的经验之后),B 过程会变得越来越有效率和力量,而 A 过程会越来越弱。最后,B 过程会成为主导。"[146]

这番话听起来晦涩难懂,但它其实是常识,我们都有过这样的体验。鲍迈斯特和坎贝尔指出,这其实是体育锻炼的基本原理———比如"跑者的愉悦感"(runner's high)。当你第一次跑到精疲力竭时会觉得恶心,身体恢复得很慢,从这种不舒服状态逸出的快感微乎其微。但跑过很多次之后,跑步的压力会越来越少(A 过程减弱),

得到的快感会越来越多（B过程主导）。最终你会渴望跑步。

  布朗宁指出，纳粹第一零一后备警察大队在第一次执行过屠杀任务后*，人人都觉得"忧郁、愤怒和颤抖"。"他们吃得很少但喝得很多。他们要了大量的酒，很多警察喝得烂醉。塔普上尉（Major Trapp）一轮轮劝酒，努力安抚大家，再一次强调责任是由级别更高的当局扛起。但不管是酒精或塔普的安慰都无法平伏弥漫于营房的羞愧和惊恐。"[147] 然而，过了一段时间后，"最初的惊恐失措变成了例行公事，杀戮渐渐变得越来越容易。在这个意义下，残忍并不是这些人行为的原因，而是结果"。[148] 把"拮抗过程理论"应用在这一类残暴上，鲍迈斯特和坎贝尔指出，通过伤害他人而产生的"持续片刻的极度愉悦"（euphoria）大概是身体"用来对付严重恶心和忧郁的最有效的解毒剂"。[149]

  对暴力的爱好是一个渐进的过程。谈到在逊尼派三角地带（Sunni triangle）†作战有多么可怕时（常有伏击、路边炸弹和平民死伤），一名美国退伍军人表示："那种感觉很古怪。唯一可以形容这种战斗的方式，是你遭到了强暴却又十足地享受它。它让你受到创伤，感到恐怖，但你与此同时你会开始喜欢上它。"[150] 虽然这个习惯于暴力的过程无比缓慢，但在任何一幕——甚至在第一幕——暴力一旦开始就会急剧加速。那些布朗宁在上文中提到的沮丧而无力的人们在第一夜进行了自我强化。随着夜晚渐近，"射击变得不是那么有组织，而是变得更加狂乱"。[151] 津巴多也指出，暴力一旦在情绪上被唤起，

---

* 集中营和毒气并不是纳粹消灭犹太人的唯一手段，对于住在偏远乡村地区的犹太人会派特别部队前往包围杀害。

† 巴格达一个人口密集地区，居民以逊尼派穆斯林为主。

就会"螺旋式上升"。参与他电击实验的女实验对象的施电量一次比一次高:"因刺激而产生的行为会进行自我强化,每个行动都会激起一个更强和更不受控制的反应。"[152]

但津巴多主张,这种行为还不是施虐癖的来源——不完全是。恰恰相反,他假设它来自"当事人在宰制和控制别人那一刻所体验到的能量充沛感"。20世纪70年代曾被阿根廷军政府囚禁的齐默尔曼回忆说,他曾经在刑讯他的人身上看到一种宰制所满足的病态需求。"这些执行刑讯的人,"他写道,"需要被受刑者需要。"[153]他进一步解释道:"把一个肮脏、幽暗和阴郁的地方变成一个有自发性创新和条理的'美感'的宇宙,是最能引起施刑者快感的事情之一。他们就像感觉自己掌控着某种改变现实所需要拥有的力量。这再一次让他们置身于全能(omnipotence)的世界。这种全能感又反过来让他们拥有一种免疫感——可以对痛苦、罪疚和情绪失衡免疫。"[154]

威廉·舒尔茨(William Schulz)知晓这种对于全能的渴望之情,这种在人类内心深处普遍存在的对被他人需要的需要。作为一个唯一神教(Unitarian Universalist)信徒和前美国"国际特赦组织"执行主任,舒尔茨回忆起自己在儿时虐待一条狗时曾有过这种残忍的快感。"感到那小东西的命运完全在我手中让我觉得美妙极了。"[155]

所以,暴力是可以让人变得有活力和无比美妙的。它让我们可以从千篇一律的无聊生活中释放出来——从这个角度来看,它是恶作剧和刺激娱乐的近亲。[156] 暴力还可以补偿我们人生中的所有弱小无助的可憎时刻。美德固然也可以带给人满足,但它却带有服从的味道。暴力,恰恰相反,是一种自由。它让我们从每天都把我们绑得紧紧的拘束和责任中解放出来。詹姆斯·琼斯(James Jones)的小说《红色警戒》(*The Thin Red Line*) 中的二等兵多尔在第一次杀死日本士兵后感觉刺激悸动，简直就像第一次做爱一样。他觉得自己"极度优越起来。""这种感觉和罪疚有关。多尔感到罪疚。他控制不了自己。他杀死了一个人类，一个男人。他干了一个人能干出的最可怕事情，甚至比强暴还要糟糕。但这该死的世界却没有一个人可以指责他。这就是快感的由来。"[157]

在最极端的情况，暴力带来的道德解离可以是一种超越甚至狂喜的体验。一个苏联士兵在回忆他的阿富汗岁月时表示："不管是走路、做爱或被爱，后来的经验都跟在那里得到的截然不同。每件事情都因为死亡的逼近而更紧迫：死亡盘旋在所有地方和所有时间。生命充满冒险。我学会辨认危险的气味……我们一些人对那段岁月怀有乡愁，这就是所谓的阿富汗症候群。"[158]

心理学家罗洛·梅（Rollo May）指出："暴力常常与狂喜经验关联在一起，这一点反映在我们用同一种词语描述两者。形容一个人盛怒时，我们会说他'失去自持'，说他被一股力量'攫住'。"[159] 这些词语所表现的结合——既"自我逃避"又"深深迷醉"——是神经官能症的表现。对很多人来说，这同时是与性相关的。上述提到过的军人都用与性相关的词语来形容战争的快感。克里斯多弗·赫奇斯（Christopher Hedges）指出："战争中的性是战争迷幻药的另一种变体"。[160] 在南斯拉夫内战的高峰期，贝尔格莱德一共有"七十家三陪服务所、三家成人电影院和二十种色情杂志"。这跟战前严禁色情的南斯拉夫政府是天壤之别。[161] 战争暴力与性暴力总是紧密相连。赫奇斯称强暴是战争的一个"自然结果"。[162]

虽然男人与男孩往往是战争中性暴力的受害者，但女性才是最令人中意的靶子。为什么军人要强暴女性呢？在《兄弟会集体强暴》

（Fraternity Gang Rape）一书中，佩姬·桑迪（Peggy Sanday）描述了针对新人的刁难仪式是如何通过贬损女性来加强成员之间的纽带的。自我在群体中的屈服部分是通过以下两个步骤完成：将女性化展现为"肮脏并属于对方主体性的一部分"；然后净化这个个体"身上所谓的女性特征，并许诺他在纯净的男性社会秩序中终生占有一席之地"。[163] 某个意义下，"中国归还者"战时对女性的残暴并不是暴力会"螺旋式上升"这一性质的结果，而是其原因；不是他们层层加码的暴力规模的顶点，而是使这层层加码成为可能的原初时刻（originary moment）。

如果你把这种厌女性质的刁难、情谊和整个流程同需要信任和依赖他人才能存活下来的十足的需求结合起来，你就会得到一种深到难以想象的同袍之情。倘若这种同袍之情的需求再同一种共同经历过的无法言传的创伤结合在一起，它就会变得比天还大。英国诗人且是一战老兵的西格夫里·萨松（Siegfried Sassoon）*写道："那些忍受过战争最惨烈时刻的人会永远地和其他人区别开来，除了他的同袍战友。"[164] 为了不被斥逐于这种兄弟情谊之外，人会不惜干出任何事。一个在阿尔及利亚法国士兵回忆起当初拒绝跟战友并肩作战时说："被排斥于兄弟情谊之外，被困锁于喃喃自语之中，变得没人理解——这是最让人难受的。"[165]

但军人不只会为了彼此杀人，还会为彼此而死。任何以公道的眼光看待战争的人都必然会承认这一点。战争能够进行是因为我们身上最糟糕的一面——恐惧和脆弱，但同样是因为我们身上最好的

---

* "心有猛虎，细嗅蔷薇"（In me the tiger sniffs the rose）即出自萨松的诗《于我，过去、现在和未来》（In Me, Past, Present, Future Meet）。——编者注

一面——我们爱一些东西胜过爱我们自己的能力。波士顿"退伍军人事务部"门诊医院的精神医师乔纳森·谢伊（Johnthan Shay）指出："在美国今日所有群体中，军人是最有权用'爱'这个字界定他们的为人和所做的事的，而他们也从这个字受惠最深。"[166] 反省自己的战争经验时，葛林写道：

> 难道我们不应该讴歌战士为战友牺牲的冲动吗，哪怕他们常常是在为一场邪恶的战争而战？我认为应该。正是在人服务于摧毁时，某种追求团结和不朽的世界史般的悲情一再达至圆满。我丝毫不怀疑这种追求和这种冲动会让战争致命许多倍。但我不想否定，是它们的存在让人类物种有着不同于其他动物的天命。我们虽然常常堕落得比其他物种更低，但有些时刻也会凌驾于它们之上。[167]

葛林的措辞虽然让我感到不舒服，但我认同他对超越小器自利心态人生的向往。战争生于爱，而透过这种爱，我们可以找到意义。赫奇斯写道："尽管战争充满摧毁与杀戮，但它也可以给予我们在一生中所向往的东西。它可以给予我们目的感、意义和一个活着的理由。"[168]

*

以下三段访谈的第一段涉及性暴力。就像本书其他涉及性暴力的段落那样，我纳入它的时候没有忘记温迪·赫斯福德（Wendy Hesford）和温迪·布朗（Wendy Brown）的锐利分析：在人权著作中生动再现强暴有可能会把读者"置于窥淫者的位置"，批准他们进行"色情的凝视"——通过制造女性受害和无力的壮观景象——

无意中助长了"关于性别身份认同的暴力产品中最强而有力的意象",从而令"在历史上的因这一身份认同而受压制"的客体而再次处于从属地位。[169]

我把这段访谈收入本书是想强调两件事情,而两者都可以同时阐明加害者的心理和"慰安妇"一词的意义(这一历史事实至今仍在世界各地都遭到否认、扭曲、忽视和委婉语化)。其一,一名"慰安妇"要面对一长队男性等着对她进行制度性集体强暴的情形并非不常见。这种事发生的频率之高,以至于她们已经发展出一些可以把撕裂性伤害减到最低的策略。其二,这个故事会令人觉得受到重击,而这重击与卫生有关。这是一个令人作呕的故事。这位老兵讲述的故事里固然有个女人。但如果说它有值得复述之处(这个人在告诉我之前就对其他人讲述了这些故事,而这只是其中之一,他把这仅仅**当作**是一则故事),那理由在于某种意义上它是关于战争对男性做了些什么,而非战争对女性做了些什么。

*

金子君:士兵排得队很长很长。一长队。那些士兵……那个女人是什么模样来着?她的大腿张开。她躺着,我在她下面,像这个样子。然后我脱下裤子,然后她只是摩擦我,然后就完事了。对,全部结束了。抱她亲她爱抚她——这些全都没有。那个女人光是张开大腿。然后另一个男人会进来,然后她会摩擦他,就这么多。所以我们只需要支付一元五十分。光是为了这个士兵就排起了长队。

回部队途中,我心里想:你们这些家伙搞什么鬼!你们做完之后就这么走掉吗?一个接一个,你们甚至不帮她擦干净吗?一般来说,你做完之后会帮她擦干净的,不是吗?"你们甚至没有帮她擦干净！"（声音又尖又急）……我很生气。然后，显然那女人对其他人说过："士兵先生，你知道外头有多少人吗？如果我让每个人都擦干净，那里会肿起来的。会肿的。这就是我不能让你擦的理由！"事情的经过就是这样。

*

翻译：你可曾有过"我为这些女人感到抱歉"之类的想法？

金子君：嗯……我不记得了……没有……

翻译：你认不认为……在慰安所里……你等于是强暴那些女人……

金子君：什么？

翻译：……您认不认为这是对她们进行性攻击？（翻译换成了敬语）

金子君：我不认为是这样。不会。因为我付了钱。这道理是很显然的。

翻译：对……当然。

*

汤浅君：我第一次去那地方时，同行的还有另一位医生，他是我的上级。他叫大家挑一个喜欢的，各自带到房间去……剩下的一个女人看起来比我大，不到三十，也许是二十六七岁。她看来忧愁而孤单。女人年纪大了便会卖不出去（笑），对不对？我觉得她可怜，便拉起她的手，带到一个房间……里面有一张床，一个蒲团，角落有洗手的东西。她大概就是在那里把自己洗干净。进到房间后我问她："你为什么会来这里？是来赚钱的吗……"然后我得知她是韩国人。她说："我哥哥叫我来的。"我说："啊，原来如此。"所以，有很长一段时间,我都以为是她哥哥叫她来的,但事实根本不是这样。她只是不敢对一个日本军官直说她是被日本人骗来的。这也许才是事实。我一直以为她是卖淫,但我开始认为我想错了。

(稍后又回到同一话题)

翻译:你做完之后有没有什么特别的感觉?

汤浅君:这是个意料中的问题——美国人呐,我们每次谈到慰安所之类的,他们总喜欢问你情绪感觉方面的事情,不是吗?

翻译:对,这是意料之中的……所以,当你现在回顾,你会觉得你在慰安所做的事是强暴吗?

汤浅君:她们都很丑。对,很丑。正如你所料,我对她们的唯一感觉是她们十足恶心,是些脏女人。对,脏女人。她们只是性工具。我对她们没任何感觉。

女访客:但她在问你觉得这是强暴吗?

翻译:是的。

女访客:她问你这是不是强暴!

汤浅君:什么?

女访客:去慰安所——你觉得这是强暴吗?这是才是她的问题。这是强暴吗?

汤浅君:呃……我不认为——不认为去慰安所(笑声)是强暴……没有的,像你猜到的那样,我觉得那不是强暴——我不觉得我是强暴她们。

嗯……

作为政府的一种(声音不清楚),也许那里真的是某种"强暴代理"……我现在无从判断……嗯……那也许真的有一点强暴的味道……有一点点"强暴站"的味道(笑了笑)。我不知道那算不算强暴站,嗯。好吧,因为她们接待我们的时候总是面带微笑,所以我真不知道要怎样回答你的问题。但我得说,我真不觉得那是强暴所……(咂了咂舌头)

女访客:医生,你还好吗?你还好吗?你身体还好吗?

汤浅君:啊,没问题,没问题。

(长长的沉默)

(休息时间)

汤浅君:她们只是微笑把我们带进房间,所以……怎么讲,我不认为那是一个"强暴所"……嗯……她们面带微笑,态度亲切……开口闭口都称你为"您"。

翻译:"您"?

汤浅君:那是对熟人的称呼。

翻译:真的?啊,我懂了,是韩文。韩国人是那样说话。

汤浅君:对。也许她们是不得不那样说话,但我仍然(声音不清楚)……我真的不认为那是一个"强暴所"……我不知道……我仍然在思考。

(汤浅君出生于医生世家,毕业于东京慈惠会医科大学,战前、战时和战后都是当医生。他在2010年11月2日身故,身后遗有妻子和一子二女。)

*

金子君宣称他不常去慰安所,也记不得她们当中很多人的脸。但他鲜明记得其中一个女人。他猜她是韩国人——通常都是这样。不过她的日语太流利了。当他恭维她日语说得好时,她承认自己是日本人。金子君又惊又怒。一个日本女人怎么会跑来这种地方?他带着厌恶离开了。

据历史学家吉见义明统计,先后共有五万至二十万妇女被逼或诱骗下海充当慰安妇。有若干证据显示,日本军方设立慰安所是为了减少不受管制的强暴事件发生。在1938年的一份文件中,关东军参谋长道出他对强暴妇女事件频传的忧虑,担心这会激起被占领区的反日敌意。为此,他认为"尽快设立性慰安设施极为必要"。[170] 但同时,田中利幸却主张,军官发现强暴是用来"激起士兵的暴力性"的有效手段——有时甚至会在士兵出发前分发避孕套。一个美国情报官员回忆,他们曾经找到"定期分发"给日本士兵的一箱箱避孕套。避孕套的包装上印有士兵举着刺刀冲锋的图画,下面写着"冲锋"两个字。[171] 一个前韩国慰安妇做出以下证言:"做慰安妇的时候,我有好几次差点死掉。有些士兵喝得大醉,拿着武士刀在我面前挥舞,逼我做变态的性交动作。他们把剑插在榻榻米上,然后逼我性交……所以榻榻米上面都是剑孔……他们的威胁绝不是空话:如果我不配合肯定会给我一刀。"[172]

田中利幸指出,美国占领日本初期,美国大兵一样"会集体强暴日本女性……他当着年轻女孩的父母面前强暴他们女儿,在产房里强暴孕妇,诸如此类"。光是在神奈川县,十天之内便传出一千三百三十六起强暴案。[173]

集体强暴在战争时期是不可避免的吗?"每逢哪里有战争,哪里就有强暴。"凯瑟琳·麦金农(Catherine MacKinnon)写道。但她接着指出,虽然强暴会出现在"所有战争之中,在交战双方及其内部都会发生",把强暴当作是战争的必然结果却会带来悖谬和极具伤害性的后果。在塞尔维亚人对克罗地亚人和波黑(全称为波斯尼亚和黑塞哥维亚共和国）的战争*中，麦金农解释道，强暴被当成一种战争武器，是一种屠杀。但很长一段时间里，由于"强暴乃是战争的天然产物"这一理论令人们噤声不言，整个世界对这一事实视而不见。"如果男人强暴女人是平常事，在战时尤其平常，"麦金农问道，"那这一次为什么要选边站呢？鉴于男人总是在做这种事，不论是战争还是非战争期间，那为什么这一次是特别的呢？"[174] 值得注意的是，日本文部省在 1962 年删去教科书中有关日军强暴妇女的史实时就用了这个理由："侵犯妇女在人类历史每个时期的每一个战场上都会发生。所以，没必要特别针对日本陆军的行为挑起这个议题。"[175]

　　但如果强暴**不是**战争的自然后果呢？伊丽莎白·伍德（Elisabeth Jean Wood）就主张不是，并指出斯里兰卡的"泰米尔之虎"（Tamil Tigers）† 游击队的性暴力行为频率就明显偏低。"泰米尔之虎"的作为固然导致数以千计平民死伤，但他们却能够透过严格的内部纪律和残忍的惩罚制度对性暴力进行约束。她猜测一定还有别的方法可以在战争期间约束性暴力。[176] 但要找到这些方法，我们必须首先相信它们是存在的。换言之，我们必须坚持相信："为什么"是一个有着明确答案的严肃问题，而非一种修辞的姿态。

　　那么，为什么军人会强暴妇女？

　　一个常见的回答是"高压锅"理论：军人强暴妇女是因为他们有性需求。社会"是男性天生兽欲本能的阻碍，而这个障碍常常会在战争的环境中被挪开"。[177] 但大部分学者反对这种看法。如伍德

---

* 指 1992—1995 年间的波斯尼亚战争，原南斯拉夫解体时的内战。——编者注
† 1983—2009 年斯里兰卡内战期间，谋求泰米尔人自治的反政府武装机构。——编者注

便指出强暴是为宣泄性欲的说法在经验上站不住脚,因为它解释不了"为何我们经常观察到强暴总是针对特定群体的女性,和战争时期的强暴为何常常伴随着激烈暴力,为何会出现一些非强暴性的性虐待。如果这个论证真的完备,我们就不会在可以接触到大量妓女的情况下还能看到强暴事件。这一理论显然并不符合情况"。[178]

如今大部分学者都更相信战时强暴是出于暴力心态、竞争心理或不安全感而非欲望。玛利亚·巴斯(Maria Eriksson Baaz)和玛利亚·斯特恩(Maria Stern)访谈过刚果(金)军队的一些强暴犯之后指出:"士兵显然把强暴的根本原因同他们无法保有某种理想的异性恋男性气质的无能感(或者说"挫败")联系了起来。"[179]

玛莎·哈金斯(Martha Huggins)、米卡·法图罗斯(Mika Haritos-Fatouros)和津巴多在研究巴西警察的刑讯现象时,特别注意到男性气质在文化上的建构。他们指出,在父权文化中,男性气质同时是一种表演和竞争,其中有赢家也有输家,而人们的身份认同则处于风险之中。这种男性气质的竞争很快便会转为进攻性,因为"在针对稀有且具有独占性的男性气质资源的一系列无处不在的竞争中,很少有男性能够成功而连续地强调自己身上的男性气质"。[180]一个越战老兵如此解释战时强暴:"他们只会在有很多人在身边的时候做这种事。你知道,这样可以让他们心情畅快。他们向彼此炫耀自己一样干得出来——'你看,我也行。'他们单独一个人时不会做这种事。"[181]

这种表现男性气质的野蛮表演从战场上的暴力行径延伸到了内在自我的构建之中。那是一种当事人不知道自己在表演的表演,是一种给自己看的表演。桑德拉·惠特沃思(Sandra Whitworth)提供了一个例子:

经验到"创伤应激障碍"的男性军人都是因为发现自己无法完全摆脱女性化他者，有沦为"女人"的真正危险。就像莉莎·费滕（Lisa Vetten）指出的，大部分当代军事训练所锻造的男性气质"都是脆弱的，完全无法容忍任何的女性痕迹"。当一个坚忍、粗野、铁石心肠的士兵开始有所感受和反应，当他对自己在战场上的所作所为感到痛苦、害怕、焦虑、罪疚、羞愧和失望时，他就会侵犯到自己的军人身份认同，再也不能达成那个曾经塑造过他的军事化男子汉的神话。[182]

大批对男性气质和性暴力的当代研究都是依赖以下这个基本模型不同版本：男性气质认同（有别于男性[male]认同）是一种需要永久性地监督自己有无女性气质的脆弱建构。20世纪70年代晚期和80年代的女性主义精神分析学对"只有女性参与家庭护理"的研究至今仍然具有启发性。南希·卓德罗（Nancy Chodorow）指出，在父权社会，因为父亲是遥远的，婴儿跟母亲的完全融合成为它们体验自身存在的开始。母亲因此是婴儿的"外在自我"，是婴儿的起源和限制。而对男孩而言，要**抗拒**这种原初的结合才能产生男性气质。逐渐浮现出的社会认同必须通过抗拒最初和塑造性的母子关系才能证明它自己。事实上，女孩发展出性别化的自我同在场的母亲有关，男孩发展出性别化的自我则与缺席的父亲有关。卓德罗认为，男性气质是"排他的""主要是靠负面术语"建构出来的。男性的自我是与"**不**"相关的：不依赖母亲，不受对母亲的认同所限制，不为对母亲的依恋所定义。[183]用弗洛伊德的话说，透过这种二元斗争而想象出的身份认同会产生"对低他一等的性别的轻蔑"，而"这就是我们认为男人轻蔑女性实属正常的由来"。[184]杰茜卡·本杰明（Jessica

Benjamin)则写道:"在女性气质的熔炉中锻造而成的男性气质的脆弱之处,几乎不可能达成的将二者分离开来的'大业',这些都为日后对女性的客体化打下了根基。"[185]

父权社会中的男孩必须做的心理工作是内化一种稳定的"男性气质"并回避自己的"女性气质"。然而,这是一辈子的工作。一个小男孩虽然很快就能学会禁绝"女性化"的言行举止以避免惩罚,但他可能会发现,他不可避免地会去想到或渴望"表现出女性气质"。鉴于对于一个孩子来说,在脑海中维持一种对于渴望与行动、幻想与践行之间的清醒判断是非常困难的事,他会继续对这种性别化的举止模式感到焦虑,哪怕男性化行为模式看似早已内化到他自身。他会继续保守一个秘密,一种不敢说出来的自疑:他在内心深处不比一个"脏女孩"好多少。这就是色情的核心逻辑之一(色情就像毒品和酒精一样,是战争的装备之一)。苏珊·格里芬(Susan Griffin)写道:"在色情中被惩罚的是自我的女性化的一面——被惩罚之后又会被说成咎由自取。制造色情者对自己对性的感受的恐惧,隐藏在每一个男人绑住并让女人失声的镜头之中。当一个制造色情者谋杀一个女人之后,他自己的一部分也会死去。"[186]

色情、男性之间的入会仪式、针对新人的恶意刁难和兄弟情谊的连接都发挥着杀死"内在女孩"的重要功能,而它们也会为杀死"外在女孩"打下根基。皮埃尔·布迪厄(Pierre Bourdieu)写道:

> 因此,所谓的"勇气"常常是根植于某种懦弱。这一点,我们只要想想一种情况便会了然:想要让人去谋杀、刑讯和强暴别人,必须仰仗一种"男性的"恐惧——被排除在没有弱点的"男性"的世界之外的恐惧,那些"男性"有时候会被称为硬汉,因为他们对

自己、特别是对他人的苦痛都有着硬心肠。所有独裁政权中刺客、刑讯者和打手,以及所有"全控机构"(total institution)——包括监狱、营房或寄宿学校这类最平常的设施的管理人——皆属此类。[187]

这些相互关联的论证能够帮助我们理解男性的性暴力。但整体来说,它们必须受到三个重要的限定条件的约束。首先,这类理论无法充分说明父母之爱。[188] 其次,这种普遍地致力于理解病态的男性气质认同的做法有时几近于把这种认同视为常态。正如凯莉·奥利弗(Kelly Oliver)提醒我们的:"我们能够判断出眼下的边缘化和排斥就应用了这些建立在贱斥(abjection,通过排斥来完成的自我创造)之上的身份认同理论,但这种类型的身份认同并不是唯一一种。"一个更好的认同模式会强调我们本质上的主体间性(intersubjectivity)和健康的相互依赖关系(本书在近尾声处会再多谈一下这一点)。用在这里的话就是,关于身份认同的主体间性理论拒绝传统的精神分析学的信念:"婴儿与母亲的关系是反社会的,所以必须破除。"而是将母亲视为"在社会关系中第一个让主体性成为可能的协作伙伴"。[189]

对于这些病态的男性气质身份认同的解释第三个限制,确切来说,在于它们是对身份认同的解释。但要把强暴解释成战争次文化一种行为模式,需要不仅是以个人为基础或以认同为基础的解释。要想成为一种集体实践,强暴还必须具有广泛的组织性功能。它必须被理解或体会成服务于一系列重要的目的的手段——心理目的当然是其中之一,此外还有军事、政治和文化目的。

在某些个案,强暴具有战斗训练和黏合某个群体的仪式功能。例如,透过公开强暴或集体强暴,新兵会被迫永远蜕去他所熟悉的道德世界的关联,也因此跟其他战友越发拥有一种紧密的联系——他们分享同一种疏离感。强暴还可以在政治上摧毁敌国的国格。鲁思·塞弗特(Ruth Seifert)指出,在很多文化中"女性身体都被用于身体政治的象征性的再现",也就是说,在艺术和其他公共话语中,孕育我们国土和其他需要保护的东西通常在性别上呈现为女性。因此,女性身体同时是个生理、心理和文化上的靶子。"对女性施加暴力是意在摧毁一个群体的肉身和人格完整性,而这两者对共同体的建构又格外重要。因此,强暴一个共同体里的女性,可视为是象征地强暴这个共同体的身体。从这个角度看,所有战争中都会出现的集体强暴得到了新意义:它们不是无意义的残忍,而是有着战略合理性的文化摧毁行动。"[190]苏珊·布朗米尔(Susan Brownmiller)补充说:"单凭一个侵略性行为,女性和民族的集体精神便被敲碎了,会在军队离开很久之后仍然留下印记。如果她从攻击中幸存下来,她的国人同胞会如何看待这个战时强暴的受害者?她会被看成是敌人兽性的证据,是其国家失败的象征,是个贱民,是件遭破坏的财物,是不着痕迹的国际宣传战中的一枚卒子。"[191]"人权瞭望机构"这样总结:战时强暴"既非偶发事件亦非私人事件",而是"一种用来达成特定军事目的或政治目的之手段"。[192]

*

完成最后一轮访谈后搭飞机返国的途中,我读了诺拉·凯勒(Nora Okja Keller)的《慰安妇》(Comfort Woman),书中的主角明子是日本"娱乐营"的一名幸存者。在这部催人泪下而又残忍的小说中,凯勒把性暴力带来的创伤部分表现为语言的破碎。性奴隶是不被容许说话的,只能用暗语表达,若把话直接说出便会被杀。幸存者是喑哑的，声音是被指定的，她们是为人所代言的，被人居高临下谈论的。身为人妻和人母，她们必须对自己家人和女儿隐瞒秘密；她们对死人说的话要比对活人清楚。而性奴隶的买卖本身就始于谎言：欺骗那些年轻韩国女孩说海外有些工厂或餐馆可以让她们打工的谎言。

而在这海量的暴力窒息语言的时刻之中，诺拉·凯勒提供了一种强有力的关于声音的意象，关于声音如何被拔高——通常是在歌声之中。在许多关键的方面，歌都是创伤的反面。若说创伤是最能令语言枯竭的人类体验，在翻译它们时最能揭露出语言的贫乏，歌声就是最能剧烈放大语言的人类模态，揭露了语言能够传递超越那些可被翻译的事物的意义的能力。即便重获自由之后，明子仍发现自己的日常生活备受慰安所的噪音入侵。在聆听传教士讲道时，她耳边充满掌掴和子弹的声音，让她无法专心。但当会众一同起立齐唱赞美诗时，她却发现自己的耳朵打开了：

> 耳朵打开后，我听到的是一首歌的歌声，但它的音符是那么丰富多变，仿佛是很多首歌曲融合在一起。在这歌中，我听见了已经几乎被我遗忘的事情：女人在士兵耳边的持续窃窃私语声；哪怕牙齿被士兵打掉后，一名韩国慰安妇仍挑衅地继续咆哮着唱出韩国国歌的声音；万蛙齐鸣的交响曲；我妈妈哄几个女儿入睡时的儿歌声；河流在海洋里获得自由后的歌声。[193]

《慰安妇》想说的似乎是这么一件事，翻译的难题是人在心灵上幸存的关键，即关于如何挖掘出词语最深刻的含义。

金子君

对小孩我从来下不了手……单独一个人的时候,我从不会瞄准小孩开枪。用刺刀刺小孩——我单独一个人的时候从未干过。我就是做不出来。但对女人却没问题。

(稍后再被问到同一个问题时)

没没没(加重声音)。没有小孩!我没杀过。

(静默了一会儿)

不过,有一件事情我可以说说。只有一次。事情发生在我们进入一个村子之后……一票老兵想要强暴女人,所以我们就去村子里。在中国,有一种叫暖炕的东西,你们听过吗?在一个暖炕里,我们找到一个女人。抱着小孩的,像这样抱着。"这里有个女人。金子,把小孩抱出去。我完事之后再轮到你。"于是我照吩咐把小孩抱到外面。

那女人靠在墙角不停发抖。然后我们听到那老兵的声音从背后传来—很愤怒的声音。他说:"照我(声音不清楚)……快(声音不清楚)!"诸如此类。然后等他做完之后,我们听见那个女人的哭声。然后在这之后,又过了一会儿,那老兵抓住女人的头发把她拖出屋外。"金子,跟我来。"他说。"遵命,长官。"我说,跟在后面。那时我忘记了那个小孩还在那里。中国每个村子都有口井,因为那时候他们还没有自来水,所以总有一口井。他把女人拖到井边,把她往井里推,像这样子,懂吗?她的头和头发都没入了井口。"金子,你抓住她的双腿。"我照办了,两人合力把女人扔到井里。(声音变小)

在当时,在当时,我……小孩因为看见妈妈被扔到井里,便围着井边跑来跑去，喊着："妈妈，妈妈。"但他大概只有四岁大，你懂吧，根本够不着井口。然后传来"格格格"的声音——我不知道是从我身体里传出的还是从哪里。然后我看见他拖来一把椅子还是桌子似的东西，当成脚垫。他爬了上去，喊着"妈妈"，然后（停顿）……跳到井里去。你们知道吗，我们全都哆嗦起来。"啊，这真的是够了。"我们心想。你们知道吗，这一幕**没完没了地**敲击着我脑袋。最后，那老兵吩咐："金子，扔一颗手榴弹进去。"（默然）我们都随身带着手榴弹。我拔开手榴弹插销，扔进井里，手榴弹随即爆炸。母子两人都死了。这就是事情的经过（咳嗽）。

这件事直至今日仍萦绕着我，怎样都挥之不去。

（稍后）

我不想杀任何小孩。（默然）当我向小孩开枪时，我会盲目乱射。我会闭起眼睛。我想如果他们被打中，只能说是运气不好……我有意不杀小孩，但因为我用的是机关枪，而小孩就在前面……我闭上眼睛，心里想："如果打中你们的话请原谅我！"就是这样。

*

我女儿没有眨眼。她定睛看着我，眼珠的颜色随着光线变化，或是从蓝变为灰，或是从棕变为绿，没有停过。我在她鼻子前面举起一根手指，她还是没有眨眼。我的手指在她张开的眼前晃来晃去，直至快碰到她的睫毛。她的眼睛仍然张着，流露出倔强的信赖。我心想：她要经历过多少背叛才会失去那信赖，才会想要阖上眼睛，永不张开？

——诺拉·凯勒，《慰安妇》

据历史学家威尔·杜兰特（Will Durant）估算，过去三千五百万年来，人类只有两百六十八年没有打仗。[194] 格洛韦尔指出，从1900年到1989年，共有八千六百万人在战争中被杀害："换言之，在九十年之间，每小时都有超过一百人被杀。"[195] 让人更不安的是，战争的杀伤力看来有增无减。在20世纪之初，接近百分之九十五的战争伤亡者是战斗人员，但到了世纪之末，这个比率几乎倒转过来：有百分之九十的伤员是平民。P. W. 辛格（P. W. Singer）统计，在21世纪最初十年，战争让六百万儿童严重受伤，一百万成为孤儿，二千五百万流离失所，近三十万沦为童兵。他说，在早前几十年，最后一个范畴的数值还"近乎是零"。[196]

回忆录《长路漫漫》(*A Long Way Gone*) 的主人公毕亚（Ishmael Beah）讲到他位于塞拉利昂某个村庄的家园在1993年遭叛军摧毁，那年他十二岁。到了十三岁，他便已是个对速度、"布朗布朗"（brown brown）（一种由火药和可卡因混合而成的毒品）和《第一滴血》成瘾的童兵。他打了两年仗，对平民和战斗人员一视同仁地开火。他弄不清自己杀过多少人。就像其他的男孩们一样，他就是一个高效且用完就会被人丢弃的加害者。就像我一个在国际红十字会工作的朋友所说的："小孩是最危险的人物，因为他们不知道自己会死，所以天不怕地不怕。"一种高效使用童兵的方法是：把一个高个子的小孩派到交火区，让他挥舞枪支，辱骂敌人。当敌人对他开火时，你就会知道他们躲在哪里。

杀害儿童的行为让人难以思量，尤其是对于那些把他们一手带大的人来说。这种困难部分是情感上的。儿童那么脆弱，我们身上所有与动物本能相关的部分都会想要去保护他们。另外，小孩代表的是一个独一无二的人格范畴，在概念上是清晰的，且人人皆知。

例如，不是每个人都明白何谓"士兵""日本人"或"女人"，但每个人都曾经经历过，从内心深处知道"做一个孩子"意味着什么。但思考杀害儿童的行为的难处不只在于情绪上的，还在于存在上的。因为当你杀死一个男孩或女孩，便等于是说：**我不只是想摧毁眼前已存在的人，并且还想摧毁所有未来可能存在的人**。一个儿童之死是一种末世（apocalypse）。

在文学史上对"凶残"做出最为详尽的审视的作品《卡拉马佐夫兄弟》中，陀思妥耶夫斯基（Fyodor Dostoyevsky）坚持要思考儿童。他也坚决认为，思考儿童不只是关乎当前的悲苦，还与终极意义有关；至少对有宗教信仰的人来说，这也是在思考神的问题。陀思妥耶夫斯基笔下的伊凡·卡拉马佐夫向人们展示了"神义论"产生的基本困惑。他告诉当僧人的弟弟，一个小女孩是如何被自己的亲生父母残忍虐待。他们把她残忍地关在屋外冷冰冰的茅厕，逼她吃屎。"你知道这个小生命甚至不明白自己受到什么对待吗？在又黑又冷的肮脏处所，她用拳头捶打自己瘀痛的胸部，流着无恨和温顺的血泪，向'亲爱的上帝'哭泣，求祂保护。我的弟弟，我的朋友，我虔诚而谦卑的见习修士，你明白这等荒谬事情何为何必要，又是为何被创造出来的吗？"[197]什么样的上帝会容许这种事？伊凡问道。你忍受得了吗？什么样的上帝可以忍受这种事？

对于大多数人来说，相信上帝会在这类邪恶罪行发生的事后惩罚犯下邪恶罪行之人，令人在情感上心满意足。这类信念可以修复我们受伤的正义感，修复我们相信世界必有公道可言的情感。但伊凡却不能因此而释怀。他指出，为恶人而设的永恒地狱完全不能减轻那个受虐小女孩的痛苦，而且这种东西只会增加我们这些被创造出来的人的痛苦的总量。试问什么样的上帝会创造出一个充满无意义痛苦和罪恶果报不成比例的世界？为什么这样一个世界应该存在？

　　诗人哈代（Thomas Hardy）提出过同样的疑问。他写道："是否某个广大无边的低能儿，彼有力量建造和混合事物／却无力照顾它们／彼于戏谑中将我们塑成，之后却将我们遗弃在危难中？"[198] 还是说我们不过是某个"复仇之神"的玩物？他从天上发出笑声："尔等受苦受难之人／可知尔等之悲伤乃吾之大乐／可知尔等之丧失所爱，正合消吾之不爽！"哈代认为，情况如果是后者，他还多少能够忍受：

> 那么我甘愿承受一切，咬牙坚持，直到死
> 忍受那我不配拥有的怒火
> 对那在我之上的强者少许的释怀
> 而他曾令我泪水长流

　　但他接着指出，我们的命运比这要糟糕多了。因为我们的苦只是一种"偶然"，一种"无缘无故"，是由"半盲的命运之神"随意"掷出的骰子"。[199] 为什么这样的世界应该存在？没有理由。你我只是一种荒谬的存在，在一个毫无意义的世界里拼命寻找意义。

　　战争常常是因为人需要相信某种超验事物而引发——有时是神，有时是神圣民族的观念。我访谈过的日本老兵都相信，他们是为神圣目的而自愿牺牲，浴血沙场：效忠天神的后嗣天皇。有时，这一类战争让神圣信仰更加活跃——对战胜者或安安全全生活在大后方的人尤其如此。但有时候，战争会让信仰变得极难维持，哪怕是最死心塌地的信仰。我们关于上帝的观念要怎样才能在有那么多

无辜的人平白遇害之后还能继续存在？哈金的小说《南京安魂曲》（*Nanjing Requiem*）的主角这样哭喊："主啊，你要何时才会垂听我们祷告？你要何时才会展现你的愤怒？"[200]

依照盎格鲁—美国人的传统，近年英美学界在从宗教哲学的角度探讨伊凡·卡拉马佐夫所提的"恶的问题"时，常常会以麦凯（J. L. Mackie）富有启发性的论文《恶与全能》（Evil and Omnipotence）作为起点。麦凯坦然主张我们不应该相信上帝，但理由不是（如历来许多论者主张的那样）宗教信仰缺乏理性支持，而是因为恶的存在显示了宗教信仰"十足的非理性"。[201]哲学家苏珊·尼曼（Susan Nieman）把麦凯的论证扼要归纳如下：

当你试图把以下三个互补兼容的命题拼合在一起时，"恶的问题"便会发生：

一、"恶"存在。

二、上帝慈爱。

三、上帝全知全能。

不管你怎样混合、移动它们，它们都不可能并行不悖，其中一个命题必须去掉。[202]

正如休谟（David Hume）质疑的："祂是愿意制止恶却力有不逮吗？那么祂就不是全能的。祂是有此能力却不愿意出手吗？那祂就是恶毒的。那祂是既有能力又有意愿吗？那恶又是从何来？"[203]

"恶的问题"常常被认为只是一种逻辑矛盾，但它的真正力量却来自情绪的面向。因为我们可以想象这个可怕的世界是一位残忍或无能的上帝所创造，但任何可理喻又全能的上帝在预见现在这个样子的世界会导致何种后果之后，都会在开始创造之前便打消主意。一定还有更好的选择。但如果没有更好的选择，让"存有"存在又有何必要？

许多个世纪以来，凡是有信仰的人，认定上帝是盼望、意义或救赎的最终寄托的人，都致力于为人间苦难寻找一个让人满意的解释。18世纪初期，莱布尼茨（Gottfried Leibniz）发明了"神义论"（theodicy）*一词来综括各种为上帝辩护的努力，正如米尔顿（John Milton）大胆所言，这些努力是要"合理化上帝对待人类的方式"。莱布尼茨本人力主，世界的一切都是按着一个神圣的计划展开，而任何看似不可理喻和不可忍受的罪恶疾苦，都只是从我们身为凡人有所局限的观点看来才是如此。依莱布尼茨之见，我们栖息在所有可能的世界之中最好的一个。一切都是它本来应当是的样子。休谟曾提出一系列改善世界的构想，其中包括移除作为人类动力的来源的痛苦，而代之以愉悦。认为上帝在创造之初若是依此而行，世界便会大大改善。[204] 但莱布尼茨相信，鉴于宇宙无比浩瀚，而我们的眼界无比狭窄，人类构想出来的任何针对所谓破损之处的改善都只会把事情弄得更糟，而我们只是单纯没有能力去理解这些破损之处罢了。又或者我们所设想的根本不可能达成。一如上帝无法创造一个比自己身高更高的人，或创造出一个已婚的独身汉，上帝也无法创造出一个逻辑上不可能的世界。例如，祂无法创造出一个人们拥有自由意志而又不会彼此伤害的世界。[205]

与莱布尼茨时代接近的，英国最负盛名的诗人之一亚历山大·蒲柏（Alexander Pope）有相似见解。他写道："所有一切不过单一浩

---

* 这个词的字面意义是"为上帝辩护"。

瀚整体的部分／这整体的身体是大自然，其灵魂是上帝。"蒲柏把莱布尼茨的神义论置于自己于1933年创作的哲学长诗《论人》(An Essay on Man)的核心，主张就算是历史上恶贯满盈的罪人也仍然符合上帝的计划："如果瘟疫或地震不违背上天的设计*，那为什么一个波吉亚（Borgia）或喀提林（Catiline）†会违背？"

> 整个大自然莫非艺术，只是你不知道；
> 一切偶然莫不有定则，只是你没看出；
> 一切不协调莫非和谐，只是你不明白；
> 所有局部之恶皆是全体之善。
> 纵使你骄傲，纵使你因错误的理智而心生怨恨，
> 这都是清楚不过的真理："凡存在者皆为正确"。[206]

蒲柏的神义论受到不少人（以伏尔泰最甚）责骂，指责他是肤浅的乐观主义者。但蒲柏深知苦为何物。他幼时罹患结核性脊椎炎，以致身体在青春期不会长高反而萎缩（他成年后身高只有一米三），令他脊椎无力而弯曲，明显驼背，终生为疼痛折磨。[207] 蒲柏知道"苦"是一个他永远弄不懂的谜——但问题只在人类目光如豆，而非上帝的设计有缺陷。

许多神学家和哲学家，从奥古斯丁（Augustine）到米尔顿再到 C.S. 刘易斯（C.S.Lewis）都主张人间苦痛的根源在于人有自由意志。受苦是我们为拥有自由意志付出的代价，自由意志是上帝

---

* 很多信徒相信瘟疫或地震是上帝对人的惩罚或磨难。

† 两人皆为历史上的知名恶徒。

为了让人活出意义而赐予的礼物,但我们却极尽滥用之能事。我们带着我们的自由坠入了恶和苦的深渊。刘易斯写道:我们让自己蒙罪,把自己变成一种"新的物种"[208],变成"上帝眼前的一种恐怖"。[209] 但我们必不可认为我们的堕落会让上帝惊讶(这是"无能上帝"论的版本之一)。相反地,我们的堕落,以及随此而来的一切悲哀,都是一种别有用意和有益处的悲剧。自由固然把我们带入恶与苦之中,但它同样会深化我们的存在,让我们就像威廉·布莱克(William Blake)形容的那样:走出灵性童年的无知天真(ignorant innocence),进入已发展出成年人良知的"有历练的天真"(organized innocence)。奥古斯丁则写道:"一匹乱跑的马要胜于一颗不会跑的石头,因为后者缺乏自我移动力和感官知觉,所以,能利用自由意志犯罪的造物也比那些只是因为没有自由意志才不去犯罪的造物优异。"[210] 一个充满罪恶的自由人的世界,要比一个充满无罪奴隶的世界完美。

所以,在这些思想家看来,一个慈爱上帝会创造出一个充满苦难和罪恶的世界并不奇怪。看似无理由的苦其实有深意。我们的苦是上帝严峻、残酷而苛刻的爱的自然结果。苦难是上帝的矫治工具,苦难让我们警醒于上帝的不悦,而苦难的试炼可以把我们淬炼得更具灵性,苦难是某些极其珍贵之物存在的必需(如勇敢、慷慨和在悲苦中体验到爱的帮助及团结);苦难甚至有可能是"善"这个概念本身赖以存在的必要条件。事实上,玛丽·亚当斯(Mary McCord Adams)便主张,苦难是上帝的一个侧面,所以,每个人若想体现与造物主灵性合一的无限至福,必得先体验祂在十字架上承受过的剧烈痛苦。[211]

早在公元 2 世纪，教会父老*之一的圣依勒内（St.Irenaeus）便主张过，愁苦和人生的多艰正是可以把我们打造得肖似上帝的物事。[212] 诗人济慈也说过，世界是"缔造灵魂之谷"。[213] 但丁在《神曲·地狱篇》甚至表示，地狱之设不是为了公道，而是出于"原爱"（primal love），换言之，就连最后的刑房都是自由意志这份无限宝贵礼物的一个侧面。而自由意志之所以无限宝贵，则是因为灵魂只能藉之得荣耀。

为苦难（包括最终极的苦难）找依据的论证有很多，但否定这些依据的论证也有很多。例如，我们可以指出，如果人的存在意义要靠自由意志来维系，那人所拥有的自由意志理应事实上要足够自由，而不是像我们现在这种受到遗传基因、文化制约、历史背景、家庭因素、信息多寡、资源匮盈、荷尔蒙和化学物质左右的意志薄弱的生物。我们的自由意志事实上像是相对来说虚弱的概念，颇像玛丽·亚当斯的"瓦斯炉比喻"里的三岁小孩。这个比喻是这样的，一个妈妈把她的三岁孩子留在瓦斯外泄的房间里，在离开前事先警告他不要乱碰那些明显非常诱人、色彩鲜艳的旋钮，一旦扭动旋钮，炉火点燃就会引爆瓦斯。然而，这位母亲绝对无法简单地以这是小孩的"自由"选择来开脱自己对可预料的爆炸和随之而来的苦难的责任。上帝也不能。[214]

这种所谓的"惩罚的神义论"当然还表现出道德上的不一贯。加缪（Albert Camus）的小说《鼠疫》（*The Plague*）里的帕纳卢神父呼吁教众以欢欣的心情面对鼠疫："欢欣吧，对，欢欣吧！……

---

* 教会父老（church father）：基督教会早期把基督教信条神学化和理论化的著作家，涵盖时期为 2 世纪至 6 世纪。

这肆虐你们的瘟疫也是为你们好……它是一根染红的矛头，指向一条狭窄道路：救赎之路。"[215] 很多在宗教上合理化苦难的论证，包括刚刚提到的那些，都暗示着痛苦与罪息息相关，由此推之，则快乐与美德亦息息相关。撇开这种观点在实际情况中令人难以置信——例如有德之人并不是不可能被瘟疫传染。其最大问题在于认为美德可以保护你免于受苦，这想法本身就**败坏**了美德，至少康德（Immanuel Kant）是这样认为的。把美德视为神圣盾牌的观念会令我们不会去追求美德本身，而是追求它的工具价值，这就事关自我保护，甚至一种自利的盘算。当美德变成一项好的策略，它还是美德吗？尼曼写道，对于康德来说，神义论极端亵渎上帝。[216]

最后还有全能的存在（omnipotent being）这一在逻辑上不可能实现的问题。正如麦凯质疑的："全能的存在有能力创造出一些最后不受其控制的造物吗？换一种方式问，一位全能的存在可能创造出一些约束住自己的法则吗？"[217] "是"或者"否"在这里都不能回答这两个问题。所以麦凯认为我们必须否定上帝全能之说，要不然就否定人类拥有自由意志之说。两者不可能同时为真。

我希望自己可以相信上帝。从存在的角度这是荒谬的。但我别无选择：因为我是两个小男孩的父亲。而就像任何家长一样，我明白再也见不到自己的孩子是多么恐怖的事情，也怀着深深的恐惧想象过，我的孩子可能会碰到什么可怕的事、陷入孤独、受伤，但**我却无法在他们身边**。这让我无法忍受。我也无法忍受总有一天我会永远离开他们的事实。同样让人无法忍受还有这个想法：他们小小的生命归根结底毫无意义。有时在晚上，在黑暗中看着他们熟睡时，我会去想这些事情。它们让我的内心猛地一颤，感到一阵恶心反胃。

在讨论上帝和恶的问题时，休谟指出从经验角度，快乐与痛苦并不是对称的。快乐的高峰总是难以达到然而很快就会滑落，而痛苦的深渊却是极容易进入却难以逃脱。[218] 他写道：

> 假如有个陌生人突然降落在世界上，我会指给他看各种可作为人间疾苦的标本：住满各种疾病病人的医院，挤满犯人和欠债人的监狱，尸横遍野的战场，在汹涌波涛里挣扎求存的船只，备受暴政、饥馑、疫疠煎熬的国家。然而，若要转而将人生欢乐的一面指给他看，让他对何谓人间乐事有一概念，那我该往哪里指呢？是舞厅吗？是歌剧院吗？是宫廷吗？都不是。他也许会知道，我指给他看的不过是对不幸和哀愁的一时摆脱罢了。[219]

在《倒不如从未活过：诞生人世的害处》（Better Never to Have Been: The Harm of Coming into Existence）一书中，当代哲学家大卫·贝纳塔（David Benatar）把快乐与痛苦的不对称性（"没有痛苦是好的……没有快乐则不算太糟糕"）来作为反对生儿育女的论据："虽然你的潜在子嗣也许不后悔诞生人世，但他们断然不会后悔自己从没来过。"[220]

看起来，人生来就是为了受苦而被设计出来的。今天的心理学家主张，压力比放松对人有更强烈的生理影响，对负面事件的预期心理比对正面事件的预期心理有更强烈的生理影响，坏的养育过程比好的养育过程有更强烈的效果，而更能够激发我们生理潜力的大概也是负面事件而不是正面事件。[221] 最让人颓丧的是，并没有"创伤的反面"这回事。也就是说，在所有范畴的人类经验之中，没有一桩正面事件可以像创伤那样产生持久、全面和深入的影响。[222]

我的两个儿子米基和托佛害怕在卧室独自入睡。每晚他们都会同睡一张床，让另一张空着。他们总是求我留下来，于是我会坐在地板上，就着床头灯捧着一本书静静翻页，直到他们身体静止下来、呼吸变得深沉才离开。我看着他们入睡，同伊凡·卡拉马佐夫一起渴盼着上帝的仁慈。

*

友人芭芭在本书出版前读了前面的章节，然后批评我太过绝望。你是个大学老师，她这样提醒我。人权课堂上你都教些什么？碰到这种问题，我通常开玩笑说：我试着给那些充满乐观主义、理想主义和自以为可以很快改变世界的学生灌输一点点绝望感。在我看来这是在注射一种对抗失望的疫苗，好让他们对人权工作所面临的艰难事实提前做好准备，更好地适应必然会经历到的无助、失望和挫败。我认为，理想主义者必然崩溃——唯有现实主义者可以负重前行。但芭芭的话却让我重新省思这个问题。差不多在她说那番话的同一时期，我正在读特里·伊格尔顿（Terry Eagleton）的《论邪恶》（*On Evil*），其要论证的是：邪恶是一种希望用摧毁来达成的对不存在（nonbeing）的渴望。依我的解读，伊格尔顿的论证暗含着这样一个观点：绝望作为一种放弃世界的方式，会再生产邪恶的结构。[223]

我们有现在就灰心绝望的理由吗？根据《2005年人类安全报告》（*The Human Security Report 2005*）来看，答案也许会是没有。报告声称大部分证明战争与暴力正在恶化的统计数字，如我前面引用过那些，皆不可信，这些只有少量证据或根本毫无证据的断言之所以在政治事实之中占有稳固地位，只是因为它们被重复提到过太多次。报告表明实际的情形刚好相反，情况变得越来越好：战争和暴力的严重性有越来越减缓的趋势——这并不只是世界历史模式的偶然变换的结果,而是因为人类发展出了持续性的国际性组织来缓和与阻止全球范围内的暴力行径。

报告指出,自1990年以后,武装冲突、政治谋杀、种族清洗的次数和战争导致的死亡人数皆大幅下滑,而这跟次数频繁上升的联合国维和活动、预防性外交折中和经济制裁手段直接相关。[224] 在《人性中的善良天使》(*The Better Angels of Our Nature*)一书中,史蒂芬·平克(Steven Pinker)甚至雄心勃勃地论证,暴力在人类历史中一直在大幅衰退。他把这现象的部分归功于"启蒙人道主义"的发展。玛丽亚·斯蒂芬(Maria Stephan)和埃丽卡·切诺韦思(Erica Chenoweth)在分析过1900年至2006年间三百二十三个暴力性和非暴力性抵抗运动个案之后,发现非暴力运动成功的概率要比暴力性运动高一倍。所以,比起我们最常引用那些数据所显示的,我们也许有理由对人类的集体未来更乐观一点。[225]

另外,我们也许还有理由比上述提过的那些心理学研究更乐观一些。人大概**不是**为了受苦而设计出来的。我们也许对负面回忆的体验会更加强烈,但我们记住的正面事件更多,而且更容易很快地回想起来。人的自我概念通常比较积极(也因此通常较不符事实),而在某些环境中,人们的正面情绪比负面情绪有更强的感染力。我们诚然饱受折磨,但许多研究都表明这些磨难促进了社会活动、人与人之间的联系,甚至是利他主义的增长。实验心理学家同样指出,在实验对象身上唤起负面情绪比正面情绪要更为困难,而令负面情绪维持下去更是难上加难。基于这个理由,谢利·泰勒(Shelley Taylor)认为,这些实验更多是在对照正面和中性情绪,而不是正面情绪与负面情绪。人生来就有弹性,懂得许多用来缩减恶劣事件带来的不好体验的策略,这些策略不仅极为有效,有时甚至会自动发挥作用。而该感谢老天的是，看起来类似的机制不会作用于我们对正面事件的体验。[226]

美国哲学家威廉·詹姆斯（William James）在 19 世纪末时指出，这个世界上的某些事实之所以会成为事实，是因为我们对它们有"原初信仰"（a preliminary faith）。例如，大众对一个运动员能力的信心会令这种力量成为现实。据此，詹姆斯认为，在没有充分证据的情况下相信某件事情（比如相信上帝，或我们自己），并非全然不合理，因为这种相信本身就会令其发生。他用了一个出人意表的例子来解释相信带来的可能性："不多的土匪便可以洗劫整列火车的乘客（他们每个人都是相当勇敢的个体），是因为土匪互相信赖，而乘客们都担心自己若是奋起反抗，会在有人出手相助前就被枪杀。所以，若是我们相信火车里的人都会立刻随着我们起身而一同反抗，人们就会不谋而合地站起来，那样便永远没有人敢尝试抢劫火车。"[227]

换句话来说，选择绝望就是在做出决定，一个有后果的决定。

*

江波君

被关在西伯利亚战俘拘留所期间，有一天从事户外体力劳动时，一个老人走近我，问我："你是劳改集中营的吗？（声音不清楚）？你吃得饱饭吗？"我回答："不能，我常吃不饱饭……"要知道这是在西伯利亚，但他却从袋子里拿出一颗苹果。那个苹果，那是一颗非常珍贵的，产自乌克兰一带的苹果。他把苹果递给我。在西伯利亚的严苛生活中，这件事带给我莫大的感动，莫大的快乐……我对那位老人抱有那样诚挚的情感，以至于……唔，它留给我的印象永远不会磨灭。这就是我的感受。就是,你明白的,在没有战争的时候,不管你是什么种族,都会对其他人伸出援手。

*

> 不管人被说成有多自私,但人性中显然有着一些原理会促使他关心别人的命运,把别人的幸福看成是自己的幸福所必须,哪怕他不会由此得到任何好处。这些原理的其中之一是同情心,或同理心。那是我们在面对他人的不幸时涌现出的情感,不论我们是亲眼看见还是出于鲜明想象。
>
> ——亚当·斯密(Adam Smith),
> 《道德情操论》(*The Theory of Moral Sentiments*)

我们已经了解了人为什么会犯下恶行。但又是什么理由让人抗拒行恶,或是表现出利他行为?一种关于利他主义的定义是:一种自愿帮助他人的行为,而这帮助本身便是行为的目的,并不指望外在的回报。[228] 与人类的残忍相比,这类自我牺牲或慷慨行为没有那么显眼,但却更常见。它发生在日常生活的每一刻。没有它,最基本的社会单位——家庭与邻里——是不可能存在的。但从意义的角度来看,这是否就意味着利他主义真的存在?自我牺牲行为(如照护儿女或年迈的父母,或是拒绝伤害别人的命令,除非受到放逐或惩罚的威胁)真的揭示了一种超越自利的人类行为动机的原理吗?

我们有理由认为并非如此。理性行动者理论(rational actor theory)和社会生物学皆提供了一系列的方法,让我们可以把自我牺牲视的行为视为一种自利。我们选择伸出援手,是因为它是一件能令我们维持乐善好施的自我概念的快乐之事。我们选择伸出援手是为了解除在看见别人痛苦时产生的不快之感。我们选择伸出援手是因为惧怕不这样做就会遭到否认或惩罚。我们选择伸出援手是因为期望借此得到他人的肯定和认可。我们选择伸出援手，是因为这是唯一能令我们在理性上维持某种安慰剂般的信念的方式：如果我们身处困境，其他人也会像这样帮助我们。我们选择伸出援手是因为这样能够显露和巩固我们的社会地位（换言之是因为我们相信，当别人接受帮助，就是"在默认他们需要依赖我们和低我们一等"[229]）。我们选择伸出援手是因为我们有这方面的品位——而正如霍华德·马戈利斯（Howard Margolis）指出，这种品位"不必然不同于我们对时髦轿车或名牌雪茄的品位"。[230] 所以，在最基本的层次，利他主义和自利主义是同一码事：两者都是追求功利的最大化。

又或者我们根本没有选择伸出援手，而是身不由己地伸出了援手。这种解释被演化生物学家称为"整体适应度"理论（inclusive fitness theory）。因为个体的生存竞争严苛无情，利他主义者照理说必然会随着时光流转而从地球灭绝，因为他们牺牲了自己的利益去帮助别人。但事实上，利他主义不但没有消失，反而繁荣茁壮，这要怎么解释呢？照演化生物学的说法，这是因为"适应"（指成功地透过繁殖复制自己）的着眼点是基因的存活，不是个人身体的存活。也就是说，当一个人为亲属牺牲自己的利益时，他固然损害了自己身体里的基因复制的机会，但却扩大了同一组基因在其他身体中繁衍下去的机会。所以，"利他"带来的好处完全是一个数学问题：他们与我有多亲，这样的亲属有多少人，这样做的风险大不大。据说，当演化生物学的先锋霍尔丹（J. B. S. Haldane）被问及会不会愿意冒险救一个溺水的手足时，他这样回答："不会，但我会愿意冒险救两个亲兄弟或八个堂兄弟。"[231] 这种世界观有一个更让人反感的暗示：青春期死去的子女比襁褓中死去的子女会引起父母更大的悲痛，因为子女在青春期时所具有的潜在繁衍能力正达顶点。谈到"整体适应度"时，罗伯特·赖特（Robert Wright）这样说："一匹在初次出赛前一天死掉的马会比一匹在出生第二天死掉的马更让养马人失望，同理，青春期死掉的子女也会比刚出生就夭折的子女更让父母伤心。"[232]

换言之，当我们看见任何爱，或利他，或任何类型的援助之举时，看到的并不是高贵无私的表现，而是一个在默默运转的"生存机器"，用理查德·道金斯（Richard Dawkins）赤裸裸的话来说："它其实就是个程序默认的自动装置，用于保存名为基因的自私分子。"[233]所以我们并不是真正意义下的利他主义者。我们要么是受自利动机驱策的理性行动者，要么是群性动物。演化生物学家威廉斯（George Williams）写道："作为一条一般规则，一个现代生物学家看到动物做出利他行为时，会假定这个动物要不然是受到别的个体摆布，要不然是出于不着痕迹的自私动机。"[234]

然而，在近期，生物学家威尔逊（E. O. Wilson）却主张，"整体适应度"的基础正在崩解。他研究的是真社会性行为（eusocial behavior）*——一种十分特殊的案例，演化生物学家视之为"极端的"利他主义。威尔森的论证错综复杂，充满争议，且必然需要在接下来的时间里再经验证，其基本主张是，为共同福祉所做的自我牺牲并不能光靠基因的自私动机解释。"亲近的基因关联是真社会性行为的结果，而非原因。"简言之，个体会合作，并不是因为他们是一家人，个体是因为彼此合作才**成为**一家人。"人类会倾向于道德——做对的

---

* 蚂蚁和蜜蜂对群体的无私奉献都是"真社会性行为"的例子。

事，抑制自己，帮助他人，有时甚至不惜为此冒生命危险——是因为自然选择偏好那些会造福整个群体的互动方式。"威尔森的结论是："真正的利他行为是存在的。"[235]

在另一条思想战线上，人们投入了极大的精力去否定对利他主义的否定。曾经有多种多样的研究被设计来测试"减少嫌恶唤起"的利他主义理论（这种理论认为我们帮助别人只是为了去除看见别人痛苦时的不舒服感）。研究结果显示，这理论的解释能力薄弱，只能解释那些个人痛苦感强烈而同理心弱时产生的行为。[236] 在另一个以纳粹大屠杀时期的中欧犹太人救助者为对象的研究中，研究人员指出："理性行动者理论不太能或完全不能解释这些救助活动。"救助者的动机并不包含成本效益分析、丛群压力（cluster pressure）、期盼得到奖赏或是让自己感觉良好。[237] 他们很多人事后都不愿谈这段往事，也没有跟被他们救过的犹太人保持联络。霍夫曼推测，在某种程度上羞愧必然附着于这些救助行为之上，"羞愧于人性已经泯灭到了这一类藏匿有需要发生的地步。"[238] 这一类行为很难透过自利动机来解释。

许多人主张，经济学理论中经典的"自利的人"（self-interested man）的模型有极为严重的缺陷，必须彻底对其进行重新思考。20世纪70年代晚期，诺贝尔经济学奖得主阿马蒂亚·森（Amartya Sen）攻击"每个行动者都是以自利为动机"是个偏狭的假定，强调伦理责任感对行为有着重要的影响，无法被定义为自利（除非自利只是一种空洞的赘述："凡每个人选择做的事都是自利"）。他写道："**纯粹的经济人事实上近乎是社会白痴。**"[239]

近期，在政治光谱上站得更左的经济学家罗伯特·罗森（Robert Rowthorn）批评了那个"仍然潜藏于大部分经济学思维的自私假设，以及在大多数经济分析中明显缺席的道德或伦理上的考量"。[240] 例如，按照自利模型的预测，只要有机会，理性人一定会尽量占公有财的便宜而尽量少付出（"搭便车"假设），而这会导致公有财的产量偏低和难以维持。比方说，如果我有办法不缴税，就一定会这样做，但如果每个人都如此，便会人人皆输。全球渔业滥捕和二氧化碳滥排都是这一问题的要命案例。但对"搭便车"现象的研究却显示出正反参半的结论。相当有趣的是，有些研究显示，如果你想证明人天性利己且一定会"搭便车"，那最好的办法是找经济学家和经济系学生充当实验对象。会有这种结果，是因为经济学家更清楚该在"搭便车"实验中做出什么举动吗？还是因为长时间接触"自利人"模型让他们培养出了"搭便车"的思考方式？

在针对"公地悲剧"的研究中，政治科学家（也是诺贝尔奖得主）埃莉诺·欧斯壮（Elinor Ostrom）发现，很多个案都显示，自我组织的群体能够"搭便车"的诱惑，有效地管理公共资源。[241] 虽然这不足以证明我们不光是由自私支配的利己主义者（因为自律的长期合作更容易被解释为利己），但它却让我们有理由对人类忠于社会的集体合作能力感到乐观。

不过，与其没完没了讨论"人是被自私支配的吗"或"利他主义是否存在"这些问题，让我们回到早先提出的问题。我们现在对人为什么会行恶有一些了解——但又是什么理由让人表现出利他行为？你会发现这两个极为不同的过程表现出了惊人的对称性。

1. 当受害者是匿名时，旁观者会更消极而加害者会更残忍。相反地，当受害者的身份可被认出来时，这种情况会抑制侵略性和促进利他主义。同一种逻辑也适用于那些旁观潜在受害者的人。当一个旁观者觉得自己匿名时，面对他人的需要时会更容易表现出冲动的反社会行为，或对他人的需求采取消极态度；而当一个旁观者觉得自己能被人认出时，更容易表现出利他的行为并感受到对他人的强烈责任感。米尔格拉姆的实验便显示过，与直接执行电击的实验对象相比，扮演辅助角色的实验对象会对受害者施放更强的电击。事实上，当实验对象被迫通过肢体接触来施放电击时，他们对命令的服从度会剧烈下降。

与此相关的是，据奥林纳夫妇（Oliner and Oliner）针对纳粹大屠杀施救者的研究，与受害者先前的密切接触是触发救援行为的关键因素。"旁观者实验"的结果印证了这种模式。受测者更愿意向他们先前接触过的受害者提供帮助，哪怕只是短暂接触。

2. 把受害者看成外群体的一员会降低我们帮助他们的意愿，相反地，把受害者看成内群体的一员会增加我们的帮助意愿。事实上，内群体效应（in-group effect）不只会决定受害者对我们的影响程度，还会决定其他帮助者对我们的影响程度。也就是说，当我们相信其他帮助者是群体内部的一员时，我们会更愿意伸出援手。[242]

谢里夫（Muzafer Sherif）的"强盗山洞实验"是针对群体间冲突而进行的最著名的心理学实验之一。谢里夫找来一批十二岁的小孩参加夏令营，自己充当营长，观察他们的互动。他发现，小孩之间很快便形成一些激烈敌对的小团体，分别是"老鹰"队和"响尾蛇"队。以下是他的一些观察结果："'老鹰'铁了心不参加任何有'响尾蛇'参与的活动。在那天清晨游泳时，'老鹰'发现他们的旗帜被人丢进了水里，而前一晚又被'响尾蛇'烧过。发现这事后，他们骂'响尾蛇'的成员是'下三烂'，指控他们在水里放了冰块（一个'老鹰'的成员觉得水温比平常冷）和把石头扔进小溪里（有个'老鹰'的成员游泳时被石头戳到过几次）。"[243]

谢里夫断定,降低群体间冲突最有效的方法是为"老鹰"和"响尾蛇"引入一些"更高目标",换言之是给他们一些只有通过合作才能克服的考验。他故意制造饮用水短缺的问题,要每个人都要通力合作才能解决。然后又表示可以放一部他们平时不让看的电影,但除非双方把自己手头的资源分享出来一起用。这些极有动员性的更高目标让孩子们融合成了一个团体。

3. 信息不足(受到审查制度或委婉语的影响)会让旁观者更容易无视或支持凶残,充足的信息则能产生相反效果。信息是有强制性的,而这就是"逃避同理心"(empathy avoidance)现象的由来。因为我们知道我们会被别人的痛苦困扰,知道这困扰会促使我们做出牺牲去帮助别人,所以我们常常会设法回避那些引起我们同理心的信息,特别是那些我们想要伤害的人的个人信息。[244]

与此相关的一点是,研究"搭便车假设"的经济学家发现,在匿名和跟他人没有联系的情况下,自私和剥削别人的程度会达到顶点,而在有能力进行私人沟通时,自私和剥削别人的程度会减低。[245]正如伊莉诺·欧斯壮在接受诺贝尔奖得奖访谈时指出:"人既不完全是天使,也不完全是恶魔。是他们所处的环境和制度性环境让他们能够更愿意互惠和信赖彼此。"[246]

4. 缺乏明显的异议(dissent)会促进对反社会行为的盲从,相反地,存在明显的异议会促进对反社会行为的叛离。例如,阿什的实验和米尔格拉姆的实验都显示,当实验对象看到有其他人(哪怕只有一个)表示异议时,他们都更能够抗拒来自群体或权威角色的压力。

在讨论艾希曼的审判时,阿伦特力主公开的逆反(public defection)是一种道德责任,而私下的逆反不管多有勇气,都是一种失败。艾希曼审判案中被传唤到庭作证的德国牧师格吕贝尔（Propst Grüber）便是一个例子。他因为抵抗纳粹而被投入集中营，但在集中营里跟艾希曼有过的几次会面中，他克制自己不对艾希曼进行道德谴责。阿伦特以嘉许的语气写道：艾希曼的辩护律师一向消极，但这次却追问格吕贝尔："'你有试过影响他吗？身为牧师，你有试过唤起他的良心，对他晓以大义，指出他的行为有亏道德吗？'当然，勇气十足的格吕贝尔并未这样做，而他的回答让人感到极其尴尬。他说：'行动胜于空谈。'他说：'语言无法发挥作用。'格吕贝尔的这些陈腔滥调跟集中营的现实完全无关，因为在集中营，'空谈'就是行动，而身为牧师，他大概也有责任把'语言无用'之说付诸试验。"[247] 换言之，不存在"仅仅是象征性"的抗议这回事。

5. 如果受害者与我们相隔较远，介入其中似乎代价颇高，且情况不明朗或令人困惑之时，我们会不那么倾向于提供帮助，而在受害者亲自求救和施救的"代价没那么高，情形明朗以及情况紧迫"的情形下会更倾向于伸出援手。正如联合国人权事务副秘书长埃格兰（Jan Egeland）指出，不同的论述框架会影响人们介入的意愿。他举出两个例子，一是2003年印度洋大海啸，一是乌干达内战及刚果内战：前者引起全球关注而后者几乎无人闻问。会产生这种差异，理由有二："首先，它们（指非洲的内战）的发生是周而复始的，而人们不喜欢无穷的周而复始。其次，谁邪谁正并不如海啸那样一目了然。在海啸中，大自然是邪，人类是正，而救援工作者也成功了。那是一则好故事。乌干达发生的却是一种难以理解的恐怖，由一支没人听过的叛军掀起。刚果东部的情势更混沌不明：不是只有一起反叛运动，而是有二十个不同的武装团体。"[249]

6. 如果凶残是一种如沃勒所谓的"承诺升级"（escalating

commitments）*，那帮助别人的行为同样是如此。奥林纳夫妻的研究指出，施救者后来走上的高风险自我牺牲之路通常都是从对特定的同情对象的有限援助开始的。然而，时间久了之后，他们发现自己会进行更全面和更广泛的抢救。[250] 这种转变是"登门坎效应"（foot-in-the-door effect）†的加强版。一个针对"登门坎效应"的代表性研究发现，那些同意联名签署致信总统对无家可归者进行援助的请求的学生，相较于没有签字的学生而言，会更愿意在接下来同意一个更大的请求，并且参与到开车为流浪汉分发食物的行动中去。这些研究解释了我们出于维持自我知觉（self perception）一致性的需求而产生的利他主义的放大。（"我先前的行为显示我是个关心这一议题的利他主义者。这样的人理应会同意接受现在这个更难的新要求。"[251]）然而，如果我们先前是因为受到压力或出于金钱诱因而帮助别人，我们便不太会自视为利他主义者，也不太可能在日后表现出利他主义者的行为。[252]

7. 施救者就像加害者一样，常常会把自己的行为形容为身不由己：**我别无选择**。两者的不同在于"命令"的来源不同。很多加害者都是受外部压力和外部人格模型驱使（例如："我需要向别人证明我是不折不扣的德国人。"），反观许多施救者却是受到内在压力和内在人格模式驱使。伊娃·福格尔曼（Eva Fogelman）指出，纳粹大屠杀的施救者"对于他们是谁和正在做什么有着强烈的自觉。他们的价值观是自足的，不需要仰赖于别人的肯定。对他们来说，最重

---

* 指每一次程度较低的凶残行为都会激发下一次程度更高的凶残行为。
† 指这么一种现象：当人们接受了一个小小要求，他们会更容易接受下一个更大的要求，依次类推。

要的用能够保持自己正直的方式行动。"[253]

像我这样的父母相信,这一类人格是可以培养的。津巴多(哪怕他的实验证明人有多容易滑入邪恶)事实上也分享过这个乐观的观点。他建了一个很实用的网站(路西法效应:www.lucifereffect.com),提供了许多我们可以采纳并践行的方法,来帮助我们培养抵抗负面社会影响和建立道德责任感的能力。

8. 认知失调的压力固然会让我们更容易去鄙夷那些被我们伤害的人("既然我伤害了他们,那他们必然是活该被伤害的那类人。"),但它同样让我们更容易对那些我们帮助过的人产生积极的感受。[254] 如果说我们不太容易去同情在人们看来丑陋和有罪的人,相应的,我们会更容易同情那些在人们看来漂亮和无辜的人(出于这两个理由,我们会更容易去同情儿童)。[255] 另外,研究显示,一旦体验过对他人的同情,我们对来自同一批人的挑衅也会少些侵略性反应。[256]

9. 去个体化除了可以让人们更具侵略性,也可以让他们变得更仁慈。埃德·迪纳(Ed Diener)写道:"如果这些行为可以通过规范、恐惧或长远考虑来加以抑制,那去个体化也许会产生有利社会的行为。例如,在某些特定情况下,去个体化的人也许会更愿意捐一大笔钱给慈善机构,更愿意冒生命危险去帮助他人,更愿意亲昵他们的朋友——很多人都认为这对他们来说是义务。"普伦蒂塞-邓恩(Steven Prentice-Dunn)和罗杰斯(Ronald Rogers)补充说:去个体化的人习惯追随榜样行事,所以"非侵略性的榜样有时可以降低去个体化个人的犯下过失的可能性"。[257]

10. 就像"凶残"需要训练,需要在早期教育下功夫,利他精神也是如此。许多研究都强调对于成年人来说,父母的影响在促进利他行为和抑制侵略性中起到了关键作用。[258] 奥林纳夫妇辨识出施救者有以下的共通特征，包括"强大而具有凝聚力的家庭纽带""愿意做出更广泛的社会承诺""对社会整体具有强烈个人责任感"和平等主义的养成环境。而那些袖手旁观的人更可能在一个威权主义的环境中长大。[259] 另外一些研究发现那些做出有利于社会行为的人具有以下共通的人格特征：利他主义者们往往"高自尊，能力优越，具有更强的内控力，不太需要别人肯定，道德发展程度高"。[260] 这些人"比非利他主义者对人有更强的信任和更高的信仰"，更有"冒险精神"，有承担风险的能力，并且了解"被社会边缘化"是什么感觉。[261]

对上述大部分过程而言，讲故事（storytelling）至关重要。我们的叙事和选择的视角会影响到我们把谁当作内群体的一员，影响到个人的自我认同对我们来说有无说服力，影响到我们怎样诠释周围人的行为反应，影响到我们如何描述那些复杂和令人困惑的事件，影响到我们如何看待我们自己，以及什么对于自己生命的独特意义来说才是关键的。我前面说过"信息"是有强制性的，但我真正的意思是"故事"是有强制性的。正如谢里夫在讨论"强盗山洞实验"时发出过警告："散播某种有意设计出来、用来修正目前占上风的群体刻板印象的信息……对于人们态度的转换相对来说没那么有效。比起递到他们手上的少量信息，在一次又一次和外群体的竞争和摩擦之中形成的刻板印象对于团队成员来说要更为真实。"信息可以给我们带来压力，但是要让它们适应我们的认知框架而不改变我们的基本信念或行为举止也并不是件难事。相反的，故事可以绕过认知一贯性的机制，让我们获得**体验**，让我们内化而不只是单纯地考量他人的身份认同。

有关讲故事的重要性，下文还会再多谈。在这里，我想用上述讨论来强调的重点是：每当有一种强大的结构性力量驱使我们去非人道地对待他人,就会有一种同样强大的结构性力量可以被我们用来促进有益于社会的行为。在《服从命令》(*Obeying Order*)一书中,马克·奥西尔(Mark Osiel)为这原理提供了一个详细的制度性模型:如果说战争罪行是各种力量解体的结果(凶残来自下层),那解决之道是创造一个有着"明线规则"(bright-line)*而非"泛泛的,可供自由决定的标准"的更好的层级体系来控制士兵的行为。[262] 相反地,如果战争罪行是严苛、去人性的自上而下的层级体系造成的(凶残来自上层),那层级体系就必须重构,在纪律中纳入民主特质,"给服从上级命令的义务以宽松的条件限制,并允许例外情况",让士兵可以重新诠释和反抗不合法的命令。[263]

如果说凶残是命令的模糊性和自由裁决权所导致的,那它一定是出于两个原因的其中之一。一是士兵利用命令授权的模糊性和余地来犯下凶残恶行,以创造机会把挫败感发泄在其他人身上(凶残来自下层);二是上级军官可能有意创造一个允许自由裁决的空间,以此来默许军官们施行极端恶行而不被惩罚,甚至可能因此获赏(凶残来自上层),而非让士兵在瞬息万变的战场上有更大的随机应变的空间。这两种可能性都存在有效的解决方法。在前一种情况,可强调明显违法原则(manifest illegal principle),即强调不论士兵如何理解命令的要求,都必须为自己明显违法的行为负责。在后一种情况,则可强调指挥责任规定,即强调上级必须为下属的残暴行为负责。[264]

最后,奥西尔主张,针对令军人们野蛮化,令他们产生笼统的恨意并投射给他们的敌人的训练方式,可以通过将军法"平民化"而

---

* 这个概念通常出现在法律领域内,即制订明确的规则或者标准,受到客观的因素干扰很少,只有很少或几乎没有讨论空间。——编者注

加以缓和——例如强化"军队所拥有的对军官的正当程序保护"。[265]
而那些促使人们犯下肆无忌惮的侵略行为的"重新整合耻感"的规训仪式同样可以用来促进美德。[266] 就像尚武风气可以创造血腥行为，它也可以创造节制。他总结道："最有可能把战争罪行减到最低的方法，是创造一种基于骑士风度和尚武风气的美德之上的人格，而军官们也视这些美德为一个好士兵的必需品质。"[267]

*

策略性地思考如何在道德上优化人类行为是件好事。但在我看来，这样做需要对我们关于"人"的概念保持内在的警觉。问题在于：虽然上述的反省都是一些真诚的尝试，试着为会释放出反社会冲动的人格解体〈过程找到一条出路，但它们同样把我们推向了一个人格解体化的自我模型。我的论述是这样的：在特定条件下，从一个集合体的角度来看，我们的行为都有一定的可预测性。这是好事——不然我们要怎样去规范集体社会生活呢？正因为我们有站到自己之外和从群体角度审视自己行为的能力，能够从客观面而非主观面看事情，我们才能量身打造某些组织来提倡那些我们赞赏的行为，抑制我们所鄙视的行为。

然而，当我们站在集体的角度来为人格建立模型时，比起个体在组织或社会群体中的位置，个体之间的无数微小差异便没有那么重要了。这不仅如同苍蝇一般困扰着我们的自我感，还会严重动摇我们赖以组织生活的观念，例如正直和求真。我们是从内部体验到我们自己的，从这个角度看来，我们的内在思虑和个人自由事关重大。正如哲学家托马斯·内格尔（Thomas Nagel）指出，并不是说当我们以客观的角度看世界时，我们的主体性会显得有限而渺小。而是当我们以客观的角度看世界时,我们的主体性根本不会显现。这两种观点是互相排斥的。

在这种情况下,对这种分裂保持慎重意味着要小心不去表明这种观点:极端的残忍和极端的利他主义都揭露了关于人类的普遍真相——当某些特定的心理学思路像电路一样短路,我们就会变成抽象的人,成为某种行为准则的去人格化的表述。其实,即便是看似最不可理喻的暴力也可以是文化和个体特殊性的一个标记。亚历山大·欣顿(Alexander Hinton)指出过,加害者不管有多么身不由己或为环境所裹挟,他们"仍然是主动的主体,是在透过暴力行为去建构意义和确认他们的自我认同"。[268] 所以,因受伤而怪罪和生气是一种恰当的情绪,因为它们是对另一个人的能动性的承认。你可以因为踢到石头受伤而生气,但你却不能**怪罪**石头。只有被你尊为"人"者才是你可怪罪的对象。[269]

*

汤浅君

(叹了口气)对,那是一个漫长的教育过程!(在战俘营里)我听了中国人的故事:他们是怎样与日本打仗的,伤亡多么惨重。在每天接受的教育中,看着中国的发展状况,我不断反省我做过的那些不可原谅的事情。然后最终,在这之后,我终于觉悟到了你们所说的事情。但在那之前,我一心想着的只是怎样推卸罪责,和什么时候才能回家。

我真正觉悟是在快被释放之时。我收到了一个中国母亲的信。内容——啊(开始回忆)——是这样的:"汤浅,我是你进行过活体解剖的（声音不清楚）的母亲。那天，我儿子被宪兵带走，而我站在前头。我记得我站在烂泥巴路上，看着这一幕，然后你的车子从我身边开过，把他带到别的地方去了。"（汤浅君比了比手势说：那个人不是我，是我下属）"我惊恐无比，跑下山坡……你们不见了踪影。然后，一个忧心忡忡的朋友过来告诉我：'阿妈，有封寄来的信说你儿子在（声音不清楚）医院被活活弄死了。'"（咂了咂舌头，深深叹气）"唉，我哭了又哭。我吃不下饭。我甚至无法下田犁地。我刚刚得知你在哪里。我告诉调查人员，我希望你受到严厉的惩罚。"

但是我……我当时的心绪是我并不害怕"严厉的惩罚"。相反地，我自言自语地说："阿妈，你终于找到元凶了。"我只是鞠躬，为我做过的事情。以前即便想到那些被我杀死的人，我也从没有想过他们**家人**的感受。完全没想过。

*

要能开始思考这一类对罪行的究责和忏悔，我们必须先进一步反省邪恶的概念。把某件事情判断为邪恶就是将是否原谅变成一个问题，而其他的判断并不涉及这种问题。什么是邪恶？它什么时候才能被原谅？阿伦特在把康德的"极端之恶"（racial evil）观念应用在纳粹大屠杀时这样写道："我们唯一知道的，是这一类罪行既无法惩罚亦无法饶恕，所以它们超越了人类事务的范围和人类能力的潜力。每逢它们出现，这两者都会被彻底摧毁。由于邪恶行为会剥夺我们所有能力，我们能做的只有重复耶稣说过的话：'倒不如把大磨石拴在这人的颈项上，沉在深海里。'"[270]

阿伦特的定义有用吗？邪恶的概念本身有用吗？很多刚走出纳粹大屠杀阴影的学者都开始认为它没用。在他们看来，邪恶的概念要么"不过是一种对世界的过时神学观点的残渣",要么只是"坏(bad) + 上帝",要么只是"一个无用和没人想要的字眼",要么只是"一头客迈拉(chimera)＊,就像圣诞老人或牙仙女"。[271]

事实上,西方哲学很少论及邪恶。"做坏事"(wrongdoing)一直是哲学分析的中心议题之一,"邪恶"却不是。哲学家卡德甚至主张,现代世俗哲学的一大潮流就包括"否认邪恶存在"。他把这潮流回溯至尼采:尼采曾主张,"恶"的概念(有别于"坏"的概念)是那些想约束他们天然主人的权力的愤恨奴隶虚构出来的。解释道德领域这场奴隶革命时,尼采写道:"崇高的独立精神,独立的意愿,甚至伟大智慧——这一切都被视为是危险的。而任何可把个人提升至畜群之上和让周围人畏缩的东西都被称之为**邪恶**,而老实、谦冲、顺服、自我泯灭的秉性、欲望中的**庸碌**,却获得了道德美名和殊荣。"[272]

卡德认为,当代哲学思想受尼采道德观——主张我们应崇拜这世界上不择手段的拿破仑们那傲人的力量——的影响较少,而受形塑这道德观的特殊方法的影响较大。尼采的道德系谱有助于我们把"问题从如何防止、减少与纠正邪恶,转换为一些具有怀疑论色彩的心理学问题:人们在一开始是怎么会做出邪恶判断,这些判断的功能何在?"[273]换言之,在尼采的思路中,"何谓邪恶"是一个归牧师和神学家管的问题,不归哲学家、政治学家和其他人文学家管辖。又或者说,它不是一个特别让人感兴趣的问题;又或者说,就算它是个让人感兴趣的问题,也只是因为它可以揭示出提出问题的人是什么样的人,因为定义"邪恶"就是企图把主观渴望伪装成客观必要。

然而,自9·11事件之后,邪恶的概念又在英美学界重新复活。

＊ 希腊神话中的怪物,有着狮头、羊身、蛇尾。这里指虚构狂想出来的事物。

很多研究工作都涉及到为邪恶设计一个全面而让人满意的定义这种哲学上的繁重工作。哲学家开始探问:多大程度的伤害才构成邪恶而不只是"极端的坏"?一旦我们明确了二者,那我们对二者的反应又有什么不同之处呢?意外是邪恶的吗?其中需要包含恶毒的意图吗?如果说恶毒的意图是必要条件,它又是否为充分条件?例如,没有导致实际伤害的恶毒意图算不算是邪恶?[274]这是一件持续的世俗工作。如伊格尔顿所说:"你可以相信邪恶存在而用不着假定它有一个超自然的源头。邪恶的观念用不着你预设一个脚有偶蹄的撒旦。"[275]

值得注意的是,在其企图定义邪恶的努力中,伊格尔顿相当倚重一种一度在基督教神学居主导地位的观点:邪恶基本上是存在中善的一面的匮缺(privation),而对邪恶的渴望就是对存在进行否定的渴望。他写道:"邪恶的力量本质上是一种死亡驱力,它朝向外界,好把它永不餍足的仇恨发泄在其他人类身上。但这一类盛怒的暴力包含某种缺失——一种无法承受的虚无感,它必须要被讲述出来,发泄到其他人头上。它同时也指向另一种缺席:死亡本身的无效。就这样,恐怖的力量和绝对的虚空结合在一起。"[276]

伊格尔顿此论可说是恶之"匮缺说"一个现代化和带有精神分析学色彩的版本,而"匮缺说"的源头可回溯至奥古斯丁。奥古斯丁对邪恶毫不退缩,甚至支持"婴儿受谴论"(infant damnation)*。在《忏悔录》里他回忆了十六岁时的一件往事,而这往事以戏剧化的方式阐明了他的哲学思想:

---

* 早期教会和后来的罗马教廷皆主张,未受洗便夭折的婴儿因为原罪未得洗涤,无法进入天国。

就在我们的葡萄园附近有一棵梨树，上面结满了果子，但形状和滋味都不诱人。一天深夜，一伙儿无赖，其中包括我，去把果实都摇下来带着走了。因为我们一贯外出找这种乐子直至入夜，如同我们一贯的恶习。我们带走一大堆梨子不是为了自己吃，而是拿去喂猪。虽然我们也吃了一两颗，但偷梨的真正乐趣在于干些犯禁勾当。

天主啊，请看我当时的心，就是那颗跌落到深渊时受你怜悯的心。让我的心现在来告诉你，当我毫无目的地作恶，当我光为了作恶而作恶时，究竟在想什么。我的罪恶是丑陋的，我却爱它。我爱我的堕落，我爱我的缺点。我爱的不是凭犯过得来的东西，而是犯过本身。我这个丑恶的灵魂，挣脱你的扶持而自趋灭亡。它不是为追求什么别的而不在乎下贱，它追求的就是下贱本身。[277]

奥古斯丁这种自憎之情在后半段更令人震惊，他把自己偷梨的行为同罗马政治家喀提林（在奥古斯汀了解的历史中被恶人化的一个人物）的凶残相提并论，甚至觉得比那还要低贱。事实上，奥古斯丁在这里把邪恶彻底地内蕴化（interiorization）了，更多地关注灵魂的倒错而不是世界所经受的疾苦，关注行为的动机而不是其有害的后果。什么是邪恶？奥古斯丁坚称那是一种欠缺，一种缺席。所以，我们是透过不认识邪恶而认识邪恶的本质，一如我们通过看不见东西而看见黑暗，通过听不见声音而识别出寂静。[278] 奥古斯丁的偷窃行为之所以可怕，在于从本质上说，它是没有动机的。我们也许有着想要伤害别人的恶毒欲望，但那可以是有目的的（例如出于愤怒、嫉妒、报复或野心）；更令人困惑的是，它也可以是没有目的的（我们做这些毫无理由，或者我们的理由就是邪恶本身，而邪恶在奥古斯丁的思路里等于"无"）。奥古斯丁的罪行是邪恶的具体体现，因为他渴望的是真正的"无"。

在此，伊格尔顿再一次拥护一种奥古斯丁式观点。"邪恶会宁可什么都不存在，因为它看不出受造物的意义何在。它憎恶它们，因为……存在本身就是一种美好。存在愈丰盈，这个世界便愈有价值。"[279] 当一个人寻求邪恶，他就是在寻求全然湮灭：不只是其他人和物的湮灭，而且还是（大概是更主要的）自我的湮灭。

*

道斯：当他……当他站在现在回顾从前的自己，他看见什么？当他望向战争时期的那个自己，他看见什么？

翻译：以现在的你，以今日的你，你怎么看……看待战争中的那个你？

金子君：我觉得那个我很邪恶。但是！（声音突然提高）但是我非常强烈地感到，从现在起，绝不能再让战争发生。我觉得我们所做的事十足邪恶。我们杀人，我们强奸，我们没干一件好事。我们抢掠。我们掠走棉花，对不对？我们掠走粮食，对不对？我们净是干这一类的事。我们抢来的粮食堆积如山。你知道它们后来都到哪儿去了吗？我对这些一点概念都没有。

道斯：他有可能弥补做过的事吗？

翻译：弥补是指再做一次吗？

道斯：不是。我的意思是，他有获得救赎的可能吗？

翻译：救赎？

道斯：他有可能补偿自己做过的事吗？

翻译：金子先生，假定你可以补赎，那么……

金子君：呃？

翻译：如果你要赎罪，你会做哪些……

金子君：什么是赎罪？

翻译：如果你可以补偿……

金子君：当然是反对战争。

翻译：啊，当然……

金子君：我不会再打仗。我不是说不会打"那样"的仗，而是什么仗都不打。对，在这样一个年代（声音不清楚）。这不是我们的理论，不是我们想出来的……是我们亲身经历过。这是我们经历过的，经历过之后得到的体会。

道斯：他有感觉自己已从做过的事中脱身了吗？他认为他已经得到救赎了吗？

翻译：你认不认为你做过的那些事情已经获得原谅？

金子君：你们知道，在我内心深处，我真的感到自己已经被原谅。这是因为我们强调我们绝不允许同样的事情再次发生。这就是我们的赎罪。简单地说，这就是我们正在做的。

*

日本多次承认自己的战争罪行，并多次道歉——但却是以一种特别的方式道歉。1995 年，日本国会通过《汲取历史教训维护和平决心决议》。决议原定是正式道歉，但后来却改变措辞，只表示日本为"它侵略般的行为"感到"懊悔"，又把日本的战争罪行同"许多当代历史中殖民统治和侵略性行为的事例"混为一谈。[280] 首相后来固然补充了他的"歉意"，却又坚持昭和天皇无须对"错误的国家政策"负责。[281] 诺曼·菲尔德（Norma Field）指出，多年来，在其与中国大陆、台湾地区和韩国的关系中，日本一直闪烁其词：或是说它对"不幸事件"感到"遗憾";或是说它决心对"殖民时期的不幸"进行"深刻反省";或是说它对曾经"对中国人民造成的巨大损失"有着"深深的责任感"。[282] 三浦永光（N. Miura）发现,在同一时期,日本县级议会通过的许多决议也进行了类似的回避式承认,即既对其他亚洲国家承受的苦难表示哀痛,但同时又解释道日本军人是为保护国家安全和保证日本未来的繁荣而战死。[283]

另外,菲尔德指出,以"信贷和贷款的形式"进行和解和补偿,实际上为日本资金进入周边国家的铺平了道路。[284] 再加上透过募集名为"治愈金"民间捐款来对慰安妇进行补偿。[285] 因为这些都是私人的"治愈金",菲尔德指出,它实际上表明日本政府不对自己犯下的过错负任何责任,也会产生一种让很多人感到困扰的"恩庇侍从关系"（patron-client relationship）。宋神道说:"治愈金只会让别人看不起我们。"[286] 她之前是一名慰安妇,目前正对日本政府发起民事诉讼,要求正式道歉和赔偿。

在一项针对日本历史教科书的研究中,克里斯托弗·巴纳德（Christopher Barnard）发现,编撰者用了许多不着痕迹的修辞策略来淡化日本的战争责任。例如,这些教科书虽然普遍承认发生过"南京大屠杀",却常常补充说当时的日本人民并不知晓当时发生的凶残行为,并常常透过文法结构让它像是一项匿名和非组织性罪行——"没有任何一本教科书指明是日本**士兵**杀死中国人民。"[287] 诸如此类对罪行承认常常会带有"重复词"（这种使用一层层的同义词的做法实际上是在努力回避做出**特定**的指认）[288] 和被动句。（诸如"南京事件……出现了",就如同南京大屠杀是自然发生的事情,而非人犯下的罪行。）[289]

大概不会令人惊讶,在我从事本项目期间,有人曾经问过我:

你总是谈到"自白"（confession）*"道歉"甚至"救赎"，但你认为这些字眼在你眼里和在他们眼里的含义一样吗？他们对"自白"的理解（一种跟共产党的政治实践和儒家的真诚思想紧密相连的理解）跟你的理解（一种跟奥古斯丁、卢梭和精神分析学关系紧密的理解）不是大相径庭吗？[290]

在项目的最早期的阶段，我有时会在交谈中向学术同仁解释，我正在向一些日本战犯"取供"（take confessions）。但我很快就意识到这么说不妥。因为，使用这种语言时（既用于教堂也用于警察局），我不是在含蓄地自白自己是米歇尔·福柯（Michel Foucault）所说的"权力／知识"系统（这系统以生产知识作为社会控制的方式）的共犯吗？西方人一向把"自白"视为是披露甚至创造出一个真诚无伪自我的方法，但福柯却指出：

> 自白也是一种在权力关系中展开的仪式，因为没有另一人在场（或可见的在场）就不成其为自白。对方并不光是个对谈者，是一个权威，他要求你自白，欣赏你的自白，并介入其中以进行判断、惩罚、谅恕、安慰和调解。在这一仪式中，真相经由那些它不得不去克服以被阐释的阻碍和阻力来得到确认。最后，在这一仪式中，独立于外在后果的表达本身即可为做出有力自白的人带来内在的变化：它可以为他涤罪，净化他，为他卸去过错的重担，把他解放出来，给予他得救的应许。[291]

---

* Confession 这个英文单词兼含"自白""忏悔""招供"和"告解"多重意思。以下会视语境不同而采取不同译法。

看着这段引文时,我忆起在日本碰到的令人困惑的一幕。有一次,一位同在访谈现场的社会活动家突然郁郁不乐,神情激动地跟翻译交谈。稍后,我们催促翻译说出详情,她却支支吾吾。虽然她始终没有完整讲出那名活动家的话,但我们最终弄明白了是怎么一回事:那位社会活动家是个反民族主义的共产主义者,一直投身于强逼日本政府承认战争罪行的运动。他在那一瞬间表达出了深深的愤怒:那些曾用炸弹轰炸过日本的城市的西方人根本和当初的日本人没什么不同,现在又凭什么跑来要我们跪在他们面前俯首认罪。

我知道我为什么要做这份工作,对自己所持的理由心安理得。但是然后呢?我觉得自己和其他人又有多大的不同呢?人权工作的理论与实践在近年来已经发生激烈转变,但我们绝不能视而不见的是,我们一直以来都对发生在自家后院的酷刑和结构性暴力不闻不问,更喜欢跑到遥远的异域去寻找这两样东西。

有时同事会向我表达相反的担心。他们不是担心我想要什么,而是担心那些接受采访的老兵想要什么。那些老人为什么要告诉你他们的故事?为什么用那种方式讲述?他们想要造成什么影响?身为一个文学批评学者,我忍不住把这些问题视为"体裁问题"(genre questions)。在对阿根廷、智利、巴西和南非的加害者的杰出研究中,利·佩恩(Leigh Payne)指出,自白不是灵魂的窗口,甚至不必然意味着"在宣称真相"。[292] 反之,它是一种**表演**,从演员、剧本、舞台到观众一应俱全。"自白"这种体裁还有各种次体裁:从深深的懊悔到英雄般的自我合理化、矢口否认和施虐癖。佩恩把懊悔的自白——我正在收集的那种自白,也是一种被广泛看作是导向和解的自白——界定为一种"重生"叙事,而自白者是要借之用"罪恶的过去换取圣洁的现在"。[293] 就像所有自白一样,它们让加害者可以"透过叙事重新创造自己的过去"。[294]

受到伤害时,我们会渴望对方懊悔。但懊悔的自白并不必然比那些英雄般的、自我合理化的自白更容易被社会接受。听众极难相信加害者的懊悔是出于真诚,所以自白想要成功,便需要非同寻常的表演。[295] 但就算表演出十足的真诚,懊悔照样不会被接受。阿根廷"肮脏战争"的幸存者安娜·卡雷亚加(Ana Maria Careaga)宣称:"懊悔无关紧要。"[296] 而正如佩恩指出,许多懊悔之所以是我们应该拒绝的"诱饵",是因为它们会启动一个过程,迫使受害者和幸存者允予加害者进行道德上的自我修复(moral self-restoration)。"以某种犯罪者所不具备的精神健康和宽宏大量的精神为标准",受害者和幸存者必须原谅加害者。他们"被认为应该感激",并"把自白视为一件喜出望外的慷慨礼物"。因此佩恩总结道,懊悔的自白"就像是在打着为个人和国家疗愈的名义,在那些已经饱受磨难的受害者和幸存者身上再添一笔不公道的负担"。[297]

不论以何种形式,自白都有可能起到令创伤再生的作用。"见证人,特别是威权国家暴力的受害者和幸存者,并不会隔着一个安全和批判的距离体验到自白,而是作为当下人生的一部分去体验。加害者的自白会入侵他们的安全空间。"[298] 雪上加霜的是,自白还有可能会"令旁观者和后威权时代的一代人,特别是那些经受过生理或心理虐待的受害者受到创伤"。[299]

我从项目一开始便受到这一类忧虑的萦绕。我听见一些声音在我脑袋里悄悄说话:**这些人在战争期间拥有神般的力量。他们单凭说一句话便可以予生或予死,而受害者命贱如草芥。现在,事隔多年以后,你却把同样大的权力重新赋予他们。**有好长一段时间,我一个字都写不出来,听着这些声音在脑海中回响。

但是。

不管是个人、机构和文化都需要自白。它们持续寻求自白,因为自白可以满足一种基本需要。自白可以成为威权暴力制造出来的社会缄默的解药——这种缄默会荼毒心灵,它让"受害者的自责、茫然和盛怒持续下去"[300],它的作用几乎形同一场大规模和残忍的"阿希从众实验"。***我们看不见你所看见的。**† 谈到"肮脏战争"期间的谎言和扭曲时,"五月广场母亲"的成员勒妮·埃佩尔鲍姆(Renée Epelbaum)指出:"它让你变成**神经病**。我们几乎'读'不懂周遭的世界,更遑论把它'翻译'出来。这正是他们想要的效果。"[301] 撇开原不原谅的问题不论,自白在治疗个人和社会一事上可以扮演极其重要的角色,因为它们可以对抗污染性的国家谎言,可以让公共话语更难对幸存者的个人真实进行激烈否认。自白可以重建社会真实。

那原谅的问题又如何?在《向日葵》(*The Sunflower*)中,西蒙·维森塔尔(Simon Wiesenthal)提到他和一个快死的党卫队成员短暂会面的经过。这个成员要求护士"随便带一个犹太囚犯"到他床边,好让他可以为自己在战时犯下的罪行恳求宽恕。[302] 这个男人,实际来说只是个男孩,身处剧烈的痛苦之中,看起来很可怜,并且诚心地懊悔。他对维森塔尔忏悔了一些可怕的罪行,流露出明显的道德痛苦。他说:"我知道我的要求对你而言是太过分了一点,但若是听不到你的回答,我将死不瞑目。"维森塔尔静静听他说话,从对方的自白中听出了"真正的悔意",然后离开了房间,自始至终没有回答

---

* 就是上述提到的要实验对象比较线段长短的实验。
† 这里的"我们"指社会大众,"你"指受害者。

那个濒临死亡的瞎掉的男孩。[303]

维森塔尔的朋友告诉他离开是对的，告诉他实际上他哪怕只是想想去原谅那个人就已经很糟糕了。因为他本来就没有权利宽恕施加在别人身上的罪行。然而，维森塔尔却发现自己从此不得安宁。他问读者：换作是你，你会怎样做？

辛西娅·奥齐克（Cynthia Ozick）对这个问题的回答直截了当，毫无自疑。"原谅才是残酷无情的，"她说，"原谅的脸是温和的，但它对被屠杀者何其冷硬。"她继续道："我们常常被要求这样想事情：报复使人残忍，宽恕使人高雅。但事实有可能是相反。正如拉比[*]们说过的：'任何对残忍者的仁慈说到底都是对无辜者的漠不关心。'所以，宽恕也可以是一种残忍。"维森塔尔在回忆录里提到他曾为那个快死的党卫队驱走一只附在伤口上的苍蝇——一种不假思索的出自动物怜悯本能的行为。对此，辛西娅评论说："就让那个党卫队员不得赦免地死去吧。让他下地狱去。苍蝇比他有资格到上帝那里去。"[304]

汉普尔的写作班学生亨勒先生做出的却是一个相当不同的决定。"原谅必须存在。"这位纳粹大屠杀的幸存者表示，并解释他是为了修复前嫌才决定返回德国家乡的城镇的。帕特里夏向我解释道，亨勒先生有意不说"**我**必须原谅"，而是用了一种没有人称的祈使句[†]。他相信有些东西是超越个人心灵的。"历史学穷尽其用的一面要求宽恕，但不是因为没有可究的罪责或人心里没有长驻的愤怒，而是因为时间的力量会让沾满血的泥土长出绿色嫩芽。而亨勒先生选择用

---

[*] 指犹太教负责执行教规、律法并主持宗教仪式的人员或犹太教会众领袖。

[†] 指"原谅必须存在"一语。

他消瘦的头颅向这嫩芽鞠躬致敬。尽管未来冷漠而无同理心，但它有自己的权利。"[305]

沃莱·索因卡（Wole Soyinka）*写道："原谅是一种在人性上比报复更为严苛的价值。"[306] 然而，**被**原谅一样是严苛的。南非"真相与和解委员会"成员蓬拉·马迪基泽拉（Pumla Gobodo-Madikizela）认为宽恕是受害者对加害者的一个"胜利"。她描述，当她看见无恶不作的科克（Eugene de Kock）†可怜兮兮向她恳求宽恕时，她感受到了"力量感"，而接受这请求让她获得了"明显的道德满足感"，因为她知道这宽恕让她比眼前的人曾经的样子要高尚。"宽恕就是一种报复。"她写道。[307]

在关于"东德真相委员会"的著作中，莫莉·安德鲁斯（Molly Andrews）记录了她和B的一席谈话，B曾是前东德地下妇女运动的领袖之一。"我们当初的愚稚在于太快原谅了他们（指国家安全局的人），"B说，"我们原以为他们会说'我们真的错了'，原以为他们自己也会为从这个角色中脱身而松一口气。"唐纳德·施赖弗（Donald Shriver）把B面对的难题表述如下："那些被断言做错了事的人（通常）对听见别人说'原谅他们'很警惕。他们在一瞬之间意识到自己被置于了某种道德评价之下，但他们也许并不认同这些评价。"

B以一种惊人的方式解释了加害者在被宽恕后的心情："他们仍然不能为自己曾对我们犯下的罪行，来宽恕我们。"[308]

---

* 尼日利亚作家、诗人，诺贝尔文学奖得主。
† 南非白人执政时期的秘密警察部门头子。

*

维森塔尔关于原谅在自白者和倾听者之间应当居何位置的问题,因为21世纪以来最令人讶异的电影合作——《人民的敌人》(Enemies of the People)在2010年重新浮现。在这部在国际上备受肯定的影片里,导演罗布·莱姆金(Rob Lemkin)记录下记者狄桑巴(Thet Sambath)如何认识并亲近了几十个柬埔寨种族屠杀的刽子手,并从他们那里得到了前所未有的自白。受访者之一的农谢(Nuon Chea)是波尔布特(Pol Pot)政权的二把手,常常被人归类为斯大林和希特勒之流。近十年间,狄桑巴对农谢执礼甚恭,以谨慎的步调进行探询。狄桑巴一直没有透露自己的身世,直到两人最后一次碰面,在那个迷惘而痛苦的瞬间,才告诉对方自己的家人都死于农谢的杀戮战场(Killing Fields)*。

这电影绝不是如某些人认为的那样,是对红色高棉政权表示同情或原谅,但它始终不做论断的耐心确实会让人觉得它几近于用同理心的态度对待刽子手。被我问及这一点时,莱姆金表示他对"加害者"和"受害者"之类的标签感到不自在。这些盖棺论定的概念会缩小创造性思考和理解的空间,他说。像这样的论断只会关闭沟通之门,对他的拍摄计划没有好处。

在对话中,莱姆金回忆起来有些批评意见认为他和狄桑巴一定是经历过类似斯德哥尔摩症候群的心灵囚禁:他们倾听他人的欲望演变成了对他者世界观的过分认同。但狄桑巴不以为然,不认为自己不应该和农谢培养出感情。莱姆金指出:"他们花了很多时间待在

---

* 指柬红色高棉时期,总书记波布于20世纪70年代进行全国大清洗的场所。——编者注

一起。为了获得过去十年来获得的那些信息，他们必须在同一条人性桥梁上相会。他们都必须从自己走向对方。"

电影获得种族屠杀幸存者的热烈回响。一度在盐湖城放映。幸存者起初不愿意去观看，不想在屏幕上见到一些在他们梦魇里出现了三十年的人，但他们的子女一直同他们这响亮的静寂一同生活，硬是把不情愿的父母拖去观看。结果反应非常热烈。莱姆金告诉我，那些年长的妇女对自己热烈的情绪尤其感到意外。她们请求莱姆金在她们下一次回柬埔寨时安排她们和韩、宋（电影中两个主要刽子手）见一面。她们说："我们很想拥抱他们，谢谢他们告诉我们真相。"

莱姆金稍后为一群柬埔寨移民安排了一场跟韩、宋两人的视频会议。负责翻译的是种族屠杀的一名遗孤博育（Bo Uce）。反复被问到他们怎么会干出那样的暴行时，韩和宋都回答说他们没得选择。他们知道犯下的罪行有多可怕，但如果不服从命令，他们就会被杀。《洛杉矶时报》描述了接下来发生的事：

> 帮好几个不会高棉语的柬埔寨人翻译过之后，博育开始担心这种交谈会让韩和宋减轻他们的负疚感。一度，一个男的说他乐于在长岛招待他们。他们的自白俨然被视为英雄之举。
>
> 博育拿起麦克风。他已经冷静下来。他打算问韩和宋一些猝不及防的问题，揭穿这荒谬的场面。
>
> "我从远处向你们问好，两位自豪的大叔，"他说，"我是个孤儿。我想让你们知道，我已经原谅了你们。"
>
> 韩和宋微笑表示感谢。
>
> "两位大叔，听说你们以前会吃人肝或胆囊。你们是自己要吃还是迫于命令？"韩和宋互相看了对方一眼，看起来浑身不自在。宋

用两只手掩住嘴巴。

最后韩接过麦克风。

"我只是看过……看过一点点然后试着尝了尝，我试了试。胆囊具有药效，所以我想试一试。只有一点点。这是我的忠实回答。只尝过一点点。"

博育放下麦克风，对这番交谈的枯燥感到沮丧。

"为什么这些人不自杀呢？"博育问道："如果他们真的那么内疚，为什么事后不自杀呢？他们在杀死我家人和那么多人之后怎么还有脸活着？"[309]

*

金子君

没有任何一个高层人士说过："我为你们感到难过。是我下的命令。"就连天皇都没说过。他们说："我不知情。我什么都不知情。"他们没为我们做任何事。我们就是从这时候起开始纳闷："这个叫天皇的家伙究竟是谁？这个混蛋让我们去卖命和吃尽苦头，到头来却假装什么都不知道！"你真的会有这样的感觉，懂吗？直到那之前我们都把天皇看成神，不是吗？我们想，他是天神。好一个天神！他什么都**他妈的**没为我们做。

我们当士兵的人就是这样。和卫生纸没什么两样，被人拿来擦过鼻涕后便扔掉。这就是士兵的命运。

高桥君

　　这实在是太——太——你知道的。事情发生在很久之后……我并不珍惜这些回忆。我**总是**对妻子说：我甚至连有趣的梦都没做过。这问题和西伯利亚有关……我感觉西伯利亚的问题也许仍然对我大有影响。老天，我希望可以做做有趣的梦，但事实上从未有过……你知道的……那些各式各样糟糕的感觉。这些感觉仍然环绕着我。对……

　　这是典型的西伯利亚式死亡。白天的劳动非常艰辛。在冷冰冰的空气里，你不能把手停下来哪怕只是一分钟，否则便会被苏维埃士兵用步枪揍。我们的生活就像奴隶，就像奴工。另外，回到营里，食物也——从来没有足够的食物。因为你只有一片三百五十克的面包可吃。汤稀得像水。你的胃总是彻底的——一年到头，你都觉得饿。这样你会营养不良，对不对？当你营养不良，腿上的肉便会完全消失……

　　你只能靠意志力硬撑。对，意志力。那些情感软弱的人，那些意志脆弱的人，会最先死掉。那些身体有病，有某种残障的人也会死掉。每天晚上，我们都是带着一个空空的胃设法入睡。大家的唯一话题是食物。那是一种本能。因为这样，西伯利亚的生活……有一本关于西伯利亚战俘营的书，而当我问别人的遭遇时，知道每个人都是一样。大家兴奋起来，然后开始讨论吃东西——讨论食物。跟我同样年纪的士兵每个都是这样……（默然）

　　他们是饿着肚子入睡，对不对？然后第二天来了，你对着睡隔壁床的人喊："喂，工作时间到了，起床！起床！"但他们已经冻死。这就是我们身处的环境。很多跟我同年纪的士兵都是这样死掉。我很多朋友都是这样死掉。对。所以现在，你去哪里都不会找到他们的坟墓，因为西伯利亚的营地什么都没剩下。所以我真的不知道他们为何而死。战争明明已经结束，但他们却死了。这真是令人恶心啊。有六万人是在战争结束后才死掉——如果你把这个告诉他们父母，他们能接受吗？门儿都没有！

除了那些死在我隔壁床的朋友以外，我没有其他记忆。都是些糟透了的记忆……

那些西伯利亚的人，那些如此对待你们的人，你原谅得了他们吗？

门儿都没有！我绝不可能原谅他们！我想要问问，是谁该负这个责任。当然就是当初发起战争的那批人。战争结束后，根据《波茨坦公告》，六万名关东军应该被马上遣返日本。但他们却在**违反**《波茨坦公告》的情况下被送到西伯利亚。你们知道吗，同意把他们送去西伯利亚的就是关东军的高层，比方说xxx（名字隐去）和xxx（名字隐去），他们都是参谋，活到最近才死掉。信不信由你们，他还是日本政坛的重量级人物。那个叫xxx的则是在xx公司工作，一路爬升到副会长——然后副社长——最后还他妈的当上社长！他是关东军一名参谋。信不信由你们，我们曾经一起在西伯利亚待过！一起待过！

他临死前说西伯利亚的拘禁不是出于他们和苏联军队的秘密协议。但我们认为绝对有秘密协议。一定有他妈的什么人必须负责任。天皇必须负责任。我几乎敢……归根结底是天皇。是天皇发起战争。战争期间——像是"南京陷落"，你知道的——每当有类似的事发生时，一定会有——啊，"满洲事变"（"九一八事变"）也是这样的——

他一定会发表些鼓励性的话，发放奖励。然后，到了战争应该结束时，他又拖着，不肯下结束战争的决定。他接受《波茨坦公告》接受得**太晚**了。而且他妈的从未想过要负起责任。这是个最现代化的国家，心态却又极端的落后……

*

人们在迫使我思考加害者自白的体裁时（"那些老人为什么要告诉你他们的故事？为什么用那种方式讲述？他们想要造成什么影响？"），有时也会把矛头转向我：为什么**你**要用现在这种方式来说他们的故事？为什么你要把访谈拆散开来呈现？为什么你时而紧扣历史背景，时而抽离于历史背景？为什么你要不断变换叙事语气和学科角度？那些知道我其实搜集了访谈对象不少生平资料的人有时会深感困惑。为什么你要把这些材料排除在本书之外，只披露他们最让人发指的暴行？我第一次实验使用"错置"结构是在明尼苏达大学的一个读书会。当天古雷维奇也在座，并在提问时间问我：为什么你想把这些阴森森的画面放入我的脑袋，特别是，为什么要用这种激烈的脱离上下文的形式？这正是我暗暗担心有人会问的问题。我坦然告诉他：我不知道为什么。

在想办法回答这一类质疑的过程中，我重读了凯·谢弗（Kay Schaffer）和西多妮·斯密（Sidonie Smith）探讨再现人权的佳作《人权与被叙述的生命》（*Human Rights and Narrated Lives*）。这书分析了美国囚犯的回忆录和非政府组织的监狱观察报告两种次体裁（subgenre），以显示出主流组织是如何在企图为他者声音赋权和利用他者声音的权力的同时，又保留客观性来作为伦理绝缘体。

他们指出，用来理解囚禁的经典模型是彼得·贝伦森（Peter

Berensen）发表在《伦敦观察者报》（*London Observer*）的"1961年为特赦而请愿"（An Appeal for Amnesty 1961），而由此引发的对"有良心的犯人"集体义愤也令"国际特赦组织"应运而生。考虑到人权叙事的受众都深受这类"无辜受害者"的原叙事（ur-narrative）的制约，那么为**罪犯**而写或由**罪犯**而写的人权次体裁要如何才能产生效果呢？回溯"人权瞭望机构"在撰写有关美国监狱的报告所采用的策略时，凯和西多妮确定了一系列可以解决上述问题的举措。把描述监狱内强奸的"不成文法、断断续续、残忍而直接"证言的片段嵌入到权威而客观的人权语言之中。在精心挑选的传记后面附上对监狱生活有力而节制的情况描述，传记对象则专门选择了那些犯下财产罪的少年犯而非犯下暴力罪的囚犯。格外留心把囚犯描述为能动者（agent）时所采用的方式。鉴于无助的受害者叙事同骇人的行动能力一样会令人感到疏离，所以不回避诸如此类的罪行，而是通过成功宣传部分囚犯的故事，将这些罪行重新用不同的方式进行表达。凯和西多妮指出，这些策略的结合强调了"把受刑人／加害者转化为受害者／行动主义者对行动主义议程的重要性"。她们认为，这种阅读方式也有助于更好地理解囚犯回忆录文类中的其他作品。[310]

显而易见，我也是采了一些类似的策略（嵌入一些短小和残暴的证言，强调老兵在战后的政治积极主义）。另一方面，我又蓄意回避上述一些策略（例如没有给予充分的生平材料来建立一个清晰的个体形象）。所有书写都是某种操弄，但有时候那又是一种非作者能够完全控制的操弄，甚至是作者不自知的操弄。我会切割那些证言或许是一种体裁上的反射动作，是太常接触到凯和西多妮谈论的那些监狱观察报告所形成的习惯。我会蓄意切割那些访谈，大概也是因为若是长篇呈现，会让人不忍卒睹，情绪崩溃。而我坚持纳入许多语言碎片——不删去重复的字句、沉默不语时刻和只说到一半的词或句子——是因为我**担心**自己切割这些故事的方式，担心这是否也是一种操弄，因此希望尽可能避免其他会让人觉得不真实的行径（像是对这些碎片进行密集修改，让它们文通句顺起来）。至于我经常回避历史背景，我想是因为作为此时期的美国公民，我不敢对别人的战争罪行发起详细和正义的批判。而我会不断转换视角和只给出有限的生平背景资料，是因为此举有助于解决——或者说是延迟——我对日本老兵在态度上的内在紧张。我只是不知道应该怎样看待他们，而割裂可以起到某种绝缘作用。

但还不只是这样。我想我会以现在的方式割裂那些访谈——这导致它们跟上下文的关系有时清楚，有时暗藏其中——还有两个更深的理由。首先，我相信从内部看，凶残本身是一个失去方向感和再定方向感的循环过程。这话也适用于那些日本老兵：他们每去到新一层的地狱都会经历一次新的晕头转向。但这话也适用于我自己：我在他们的兽性暴行和客气亲密的共处（一起吃东西，交换礼物，会见他们的妻子儿女）之间穿梭。我想让读者多少感受到这种困惑，体会到突然失去稳定或可理喻语境的错愕。其次，我相信还有**更多**的东西，超越了我们言语的东西，无法用言语解释的东西，也许，我们可以开始通过去语境化的联想与错置的那种无逻辑来感受到它们。一开始，我试过用线性和固定的结构书写，但发现这么做并不能为读者提供我自己的观点角度，反而把他们局限其中了。

不过也有可能，我会以现在的方式书写，是受到摄影师作品的左右（他拍的照片很美，让人念念不忘，我很希望可以分享给你们）。有可能，我是在寻求一种跟那些照片影像相等的文学表达。不过，我想我说这些未免有点自我解围的味道。就像是在寻求庇护，想为自己寻求一种也许只属于摄影师的正当性。对于摄影记者常受到的指控（说他们透过客体化和去语境化而把痛苦转化成色情），苏茜·林菲尔德（Susie Linfield）这样反驳道：

> 这些批评者追求的是不存在的东西：一种没有败坏、未受污染的摄影凝视，让影像可以无瑕地处于希望与失望、抵抗与败北、亲密与距离的中间位置上。他们要求照片要能体现摄影师与拍摄对象的绝对对等，无视于绝对对等在最佳环境下一样难以达到。他们想要的是这世界最糟的东西——最大的痛苦，最大的不义——被表现为并非不完整、不完全和不让人困惑的东西。真的有一种显示人的降格而不成问题的方式吗？真的有描绘一个国家死亡而不让人困惑的方式吗？真的有一种记录不可宽恕暴力的不冒犯人的方式吗？真的有一种看待上述这些东西的正确方式吗？我认为，说到底，对"色情"照片的赤忱谴责披露出的是某种相当简单的东西：一种不望向世界最残忍时刻的渴望，因此也是一种保持不被玷污的渴望。[311]

在明尼苏达大学朗读会之后的午餐时间，古雷维奇继续迫使我更清楚地思考自己所做的事。你必须用非常好的理由来说明你为什么要讲述那些凶残恐怖的故事，他说。想清楚你为什么要**用现在的方式讲它们**。你必须告诉我它们的用意何在，以及你要求我对此专心的用意何在，为什么我要去聆听或观看这些东西。如果没有足以说服人的目的和意义感，光是鲜明地呈现极端的残暴——这不是一种智性活动，他说，而是一种攻击，而我几乎肯定会向后退缩，闭上眼睛，停止阅读。这样的东西读之何益？

我只好坦白我不知道读之何益。

之后，一个听见我们谈话的朋友走到我面前。我知道你的用意何在，她说。那是疼痛法则（law of pain）。疼痛必须传递下去。那是知道和**知道**之间的分别。

这种说法也许没错。在学院界，创伤研究（traumatic studies）是个长期存在而骇人的次领域。我们当教授的人为了专业利益和乐趣而传播他人的创伤故事，并因此轻易感到自己所做的事情意义重大。有些人说我们是在玩弄无痛之痛。我同校的英语教授帕特里夏·耶格尔（Patricia Yeager）对此有一个优雅的说法："我们纵情阅读和书写创伤叙事，其效果也许是创造出一个安全而令人愉悦的自我粉碎（self-shattering）的源泉。"[312]

所以理由也许就在此：我想尽自己所能让读者感到不安全，感到痛。

*

阪仓君

当我们去到（战俘营），每个人身上都写着"战犯"。我们心想："我们真是战犯吗？为什么呢？……我们全都认为我们只是执行上级的命令。我们干那些事是出于上级命令我们这样做。那么这——如果我们是战犯，那每个人——每个军人——每个军队里单独的人都是战犯，不是吗？这是我们最初的想法。然后我们上了课，对吧？我们的人生多多少少继续了下去。但你们知道吗，渐渐地，渐渐地，你懂的——就像被太阳照到的雪那样，一点一点地，我们融化了。这些渗进了我们的心里。就比如说，我们运动时，一个干部会说："排球应该这个打法。"然后教我们打。打篮球时也是如此。还有，在各种（声音不清楚）的时候，他们会让我们唱各种日本民歌，所以我们的生活更像是文化（声音不清楚）。甚至能看电影，我们看过一部电影，像是（片名不清楚）或其他什么片。很多活动都很合我心意……

营区干部里有一个老师，每天都会透过广播讲课，你懂的。这些广播——课程。我们都听着他讲课。是些什么样的课呢？是关于帝国主义的理论！我一面听，一面心想，哇，这样学习知识真是不可思议。这真是我能学到的最好的东西，我想。我听着课，愈听内心便愈是快乐。你知道吗，到当时为止，我都是一个没有受过教育的人。我甚至没有念过中学！所以像课程里使用的那样的语言和词句对我来说真是不寻常。但是，听着，随着课程推进，我们到了课程的尾声，从那时起，从这里到那里，到处都是些离开资本主义阶段走向帝国主义阶段的例子。这就是老师对我们说的。"你们一直很用心学习，而从现在起，你们应该把那些帝国主义理论关联到自己身上！我的课到此为止。"当他说出这番话时，你知道吗，我一头雾水！他说把帝国主义理论"关联"到我自己身上是什么意思？我一点都不知道。不管我去问谁，都没有人能回答我。你懂的，没有人告诉我："就像这样！"

然而有一天，所有人集合在（声音听不见），我看到了第三十九师的师长——他的名字是 M——这个人，所有人——他站在所有人前面，分享自己的学习心得，最后这样向我表达他的看法："直到最近，身为师长，我一直需要训练新兵，致力于把他们训练得更勇敢。为了训练，我会让他们每人杀死六七个农夫。另外，为了看看刀刃锋不锋利，我会砍掉一些人头。然后我会放火烧掉村子。我会把任何对日本人有敌意的村民的房子完全烧为平地。

他一点一点跟我们分享这一类（声音不清楚，可能是"罪"）。"虽然我干这些是出于上级的命令，但同样是出于我自己的残暴。所以，而每当我想到这个，不管我愿不愿意，我都希望自己被判死刑。"

他说了这些——当着所有人的面，你知道的，头低着。听到这个之后，我……我把帝国主义理论"关联到我自己"——然后猛然醒悟到我就是一个帝国主义者，不是吗？……然后，唉，我想到："我必须努力认清自己的罪。"我想这就是我学到的。然后，历来第一次，我感觉有必要去理解我在中国杀死的那些人的心情。不是肤浅地理解——我从内心深处感受到了那种心情。

过不久之后，我们——好吧，就是第二年八月，我被释放回家。但回家时，你知道的，（他们对我们说）："各位，你们知道，直到这之前——我们也许都把你们视为战犯，但从今日起，你们全是我们的老朋友。"这就是他们说的话。"回日本去吧，买一栋新房子，平静地生活吧。"当然，他们没有半句提及中日两国的友谊或者类似的话，就只是，"买一栋新房子平平静静地生活吧"——这就是他们说的，你知道吗？嗯，唉，当我听到这些时，我想，哦，如果我把这话告诉（声音不清楚），他会多震撼。不是在那时，而是从最一开始："我们不会再干同样的事。绝对不会。"然后还有这样的话——"回去之后坦承你们的罪吧——坦白、把你们的罪说出来，并站出来真正地反对战争——这是我们想看到的。"然后，你知道的，啊——因为深有同感，我后来才会投身"和平船"*的使命。[313]

---

* 和平船为日本左翼和平组织，成立于1983年。

还有最后一个问题是我经常被问到的。你相信他们告诉你的一切吗?

这是个复杂的问题。我同意佩恩对自白和记忆的见解:自白有时会带有操弄性和自利性,而记忆是"偏颇和有选择性""不完整和不可靠"的;它是一种"抢救手术",会保留"我们记住的过去的某些部分",而把不符合"当今话语和渴望"的部分丢弃。[314] 不过,在关于战争罪行的自白被民族主义者嗤之为共产主义洗脑结果的今日,需要以自白抗击历史修正主义的今日,似乎有必要以一种敞开和慷慨的接纳态度看待自白。另一边所撒的谎太多了。例如当代日本历史修正主义者所持有的一个普遍立场是巴纳德所谓的"亚洲的受难纯属偶然之说":日本的原意只是抗击西方帝国主义者,但却不幸在过程中导致一些亚洲人被杀。[315]

有时候,对于何者为真这个问题,答案并不是那么一目了然。门楚女士(Rigoberta Menchú)的故事是一个有教益的例子。这故事由人类学家,同时也是一名编辑的伊丽莎白·德布雷(Elisabeth Burgos-Debray)对当事人进行了一系列访谈后写成,书名为《我,妮戈韦塔·门楚:一个危地马拉的印第安女人》(*I, Rigoberta Menchú: An Indian Woman in Guatemala*)。

出版不久之后,文学评论家约翰·贝佛利(John Beverley)便称赞此书为理解和组织起大范围的拉丁美洲西班牙语书写的范例。贝佛利秉持马克思文学理论传统,而这项传统主张文学体裁都是一些意识形态实践,是为创造出跟广泛的经济和文化变迁相一致的主体而出现的。例如在转向资本主义的过程中,需要人们自视为自主和个别的个体,而非被集体塑成的,各种不同的文化表达形式也开始帮助塑造这种新的人格。贝佛利主张,在我们的时代,各种具有分水岭性质的文化、政治、经济变迁共同创造出一种名为"证言"(testimonio)的体裁:这种体裁通常是第一人称叙事,篇幅近似小说,由当事人讲述——通常经由编辑编纂而成——目的是透过个人的人生叙事描述一个集体的社会问题。[316]贝佛利指出,"证言"体现出"正在世界中争夺权力的各种力量",其中包括了种族或民族解放运动和妇女解放运动。所以,研究这类体裁有助我们更清楚看到"解放"我们这个时代的可能性。[317]贝佛利把《我,妮戈韦塔·门楚》当作一个重要的案例分析。

然而,在当时,《我,妮戈韦塔·门楚》业已掀起了一场文学和政治争论。当斯坦福大学在1988年以更具思想包容性的"文化、观念和价值"课程取代"西方文化"课程时,《华尔街杂志》刊登了一篇社论来发泄愤怒:

> 在指定必读的十五部名著中,只有六部留着,其余的都被一些较不知名的作者取代。例如,但丁的《地狱篇》被淘汰,而《我,妮戈韦塔·门楚》被纳入。这部史诗追溯了门楚女士如何从贫穷中崛起为尼加拉瓜的革命分子,讲述了"她的女性主义与社会主义意识形态所起产生的影响"。……十八岁的大学新生在斯坦福的第一学期要上七堂名为"形铸革命的自我"的课,其内容有一大部分符合所谓的"解构"的思想潮流——阅读文本不是因为文本本身的内在价值,只是为了服务某些教授的私人政治日程表。我们等着看这门

课什么时候会通过格鲁乔（Groucho）和哈泼（Harpo）*来诠释马克思（仍是指定必读）。[318]

三年后，门楚女士获得了诺贝尔和平奖，而危地马拉印第安人的困境也因此获得了举世关注。没多久之后，因为人类学家大卫·斯托尔（David Stoll）指控门楚在她的故事里虚构了某些细节，强大的保守势力再次反扑。在针对这类指控的早期回应中，贝佛利写道（用一种一定会让非学院派人士生气的语言）："在论述之外，并不存在某个维度的社会层面能够确保这种再现或那种再现所呈现的真相，因为我们所谓的'社会'本身并不是优先于再现而存在的实体，确切来说，它是为再现而进行的斗争以及针对已有的呈现而进行的斗争的结果。"[319] 回应这一类论证时，大卫·霍罗威茨（David Horowitz）之类的保守主义者攻击了"左翼人权主义者"的可信度（他登在《沙龙》（Salon）杂志上那篇文章题为《我，妮戈韦塔·门楚：骗子》）。[320]

门楚讲出了真相吗？她撒谎了吗？什么才算是"真相"？这个争议让学者和社会活动家有机会检视"讲故事"在人权倡导中所扮演的角色。诚如贝佛利指出，它关乎的不是厚颜无耻的"解构"或后现代的无所顾忌，而是攸关讲述真相、政治、创伤和回忆的复杂关系，攸关怎样理解叙事建构这些政治论述的方式。

《我，妮戈韦塔·门楚》逼我们去面对的不是一个被再现为贱民

---

* 哈泼·马克思和格鲁乔·马克思兄弟为美国知名喜剧演员。这里说用他们的作品来诠释马克思纯属揶揄，没有实质意义。

(subaltern)之人，而是一名渴望成为霸权的文化和政治变革项目的积极推动者：换言之，他们取得了某种权利，即用一种以她认为的、对国内和国际公共意见最具影响力的方式来讲述故事，引导人们支持她所偏好的观念和价值，这观念和价值包括原住民应该拥有的一种新的自治权和自主权。[321]

正如多丽丝·萨默（Doris Sommer）强调，门楚有些证言可能是针对伊丽莎白·德布雷的"无礼问题"而发，通过践行一种"不合作态度的掌控"，来"把一个有潜在羞辱性的盘问情景转化为一个进行自我权威化（self-authorization）的机会"。[322]

《我，妮戈韦塔·门楚》是个罕见的例子，但正如费尔曼和多里·劳布（Dori Laub）指出的，"真相"和"讲故事"在很多方面对人权工作来说都是一个复杂议题。他们举了一个例子：一个纳粹大屠杀幸存者作证时描述了一场发生在奥斯威辛集中营的起义，提到了她看见有四根烟囱被炸毁这个细节。但事实上，起义当日只有三根烟囱爆炸。基于此，有些历史学者坚决认为，这份证言整体都不能被接受。"保持精确是绝对必要的，否则历史修正主义者就可以说一切都是假的。"一名精神分析师不赞同这个看法，给出了自己的解释：

> 这名妇女要做证的不是有多少根烟囱被炸毁，而是另一件更根本、更要紧的事：一件原先无法想象的事情发生了。论难以想象，奥斯威辛有一根烟囱被炸毁并不亚于有四根烟囱被炸毁。数字本身远不如有烟囱被炸毁这事实重要。这事情几乎是不可思议的。它打破了一个本来存在于奥斯威辛的强有力心理框架：犹太人根本没有

发起武装起义,也不可能发起。她见证的是一个心理框架被打破。这是一个历史真相。[323]

*

高桥君

不是,不是,第一次是发生在大约三年之后(指被关进中国战俘营三年之后)。对,三年。过了大约三年之后,大家的学习都到了一个程度,他们开始意识到自己做错事了。他们的罪在于参与日本陆军的侵略罪行,他们觉悟了。这是自我觉醒。每个人都得到了自我觉醒。历来第一次,每个人都在所有人面前承认自己做错事了,并且坦白出自己干过哪些有罪的勾当。这是自白的过程。这和我们刚入营时谈的话题完全不一样。在最初两三年,大家觉得如果去讨论这些自己做的坏事,就会受到惩罚。

中国人**一直一直**对我们很好。好得不得了。我直接接触到的三个中国人被叫作教官。我们那里有三个教官。再来还有"观察员",就是看守我们的士兵——看着我们的那些人,他们也算。三位教官都给人留下了很深刻的印象。这三个年轻军官的日语非常流利。他们的个性各有不同,但全都非常和气,为人真诚。其中一个非常严格,另一个非常文静温和,第三个非常讲究逻辑。三个人的个性各自不同,但每个人都很负责,只要我们提出的问题,他们就会回答。你知道吗?如果我们有什么物质需要,他们也会帮忙提供。

在他们的教导下,我们第一次读了马克思和列宁的书。我们开始学习。像学习列宁的《帝国主义》,日本资本主义发展史,天皇的真实本质,还有,你明白的,日本侵略战争的真相,像是这些东西……

然后是毛泽东的书——我读了之后大受感动。第一次——有生以来第一次……我接触到这类哲学……接触到毛泽东。你们知道谁是毛泽东，对吧？我们读了毛泽东的《矛盾论》《实践论》和（听不清楚）。这些都是毛泽东的代表作，是哲学作品和革命理论，知道吧？我读了这些书，生平第一次反省自己看待事物的观点："啊，矛盾——原来我的大脑就是一系列的矛盾发展而成的。"毛泽东把这些道理解释得极简单易懂，是非常好的教科书。

另外，我也开始把每个人都招认的罪行联系到日本军队的侵略性。生平第一次，我明白了什么叫侵略战争，为什么日本发起的战争首先是一场侵略战争——为什么我们会毫不质疑地接受这战争，以及天皇体制的本质。我们研习了所有这些东西……对我来说，这是一个开窍的过程，逐渐地开窍，越来越深入，懂得也越来越多。此外，我也开始能够正确地认识，你看……我，我也可以知道什么叫侵略，什么叫民主，什么叫社会主义，什么叫共产主义，什么叫发展，天皇体制的特质是什么，日本有着什么样的社会结构。于是，一点一点地，我生平第一次可以站在理论高度掌握这一切。然后，我明白了我们做过的事有多邪恶。

*

"中国归还者"常常被指责受到洗脑。那么什么是洗脑？

朝鲜战争期间被俘美军在中国战俘营经验到的宽大政策，很多都跟在抚顺监狱施行的策略相似。美国的分析人员称之为洗脑，但中国官员和"中国归还者"称之为启蒙。利夫顿这样描述两种观点的冲突之处："我们看到的是一套强制手段，而中国共产党认为这是一种道德上的提升和协调，一种科学的疗愈经验。"[324]

共产党思想改造的基本原则为惩罚与治疗:"对以前的错误一定要揭发,不讲情面,要以科学的态度来分析批判过去的坏东西,以便使后来的工作慎重些,做得好些。这就是'惩前毖后'的意思。但是我们揭发错误、批判缺点的目的,好像医生治病一样,完全是为了救人,而不是为了把人整死。"[325]

美国在朝鲜战争期间第一次接触到中国的思想改造。战争初期,朝鲜据报会一律枪毙美国战俘,以至于美国士兵都有被俘即死的心理准备。[326]然而,在中国参战后,情况发生了巨大变化。一个美国上校这样描述自己的被俘经验:"一开始是这样的。我们感到十分困惑,因为中国人迎接每个俘虏时会微笑、握手并递上一支烟……美国人完全没料到,感到不知所措。思想灌输过程从这时便开始了。"[327]正如另一个军官所解释的那样:被俘的士兵没有被当作敌人,而是被看成资本主义—帝国主义战争机器中一颗未被教化的棋子,可以透过教育令他们认识到共产党和平努力的价值。人们用这样的话来欢迎他们:"恭喜!你们被解放了!""你们已加入了和平战士的行列。"[328]

在监狱里,原有的正式与非正式群体会被拆散,原先的领导者会被移走,外界的信息一律隔绝。只要战俘表现出学习的意愿、积极的自我批判和忏悔,就会获得奖励。至于那些不顺服的"反动分子"会被隔离。一个分析家形容这个分法是"把每个人在情感上孤立出来,只容他们转向系统寻求指导和友谊"。[329]

另外还有"威望暗示"——比如让高军阶的战俘在大家面前忏悔,如阪仓君提到的师长M君便是个中例子——以及"参与原则、重复原则为态度创造有意义的语境"。[330]战俘会被邀去皈依而不是单纯的强迫。一再让他们上课、进行小组讨论和写检讨(每次都务求他们把不光彩的底细交代得更加详尽)。

值得注意的是，之前日本政府把日本士兵培养为战争罪犯的循序渐进原则对于战后培养他们的忏悔意愿也同样重要：

> 例如，美国大兵对于自己会因为一些鸡毛蒜皮事情（例如没刷牙）而遭怒斥感到莫名其妙。他们当然会乖乖站起来，公开招认自己没刷牙。为这一类事情而强硬看来实在太愚蠢了。但一旦他们屈服过，就会更容易在更重要的事情上检讨自己和其他战俘。他们不明白，这种逐步升级的就范会让他们不知不觉更疏离彼此，情感上更加依赖系统，最终让系统成为赞美或责备他们的唯一根据。[331]

利夫顿把这个过程称为"卒子心理学"（psychologhy of the pawn)。因为无法逃离宰制他的人和力量，战俘最终会把自己调适成完全就范。"他会变得对各种暗示极其敏感，变成擅于预期环境压力，懂得让自己的心理能量顺从这些压力而不是反过来刺痛自己。"[332]一个曾被关过的美国牧师可以证明此言不假。他说："过了一阵子之后你会想说话……他们会逼你，所以你感觉自己必须说些什么。不过一旦你开口，你便上了当，从树顶往下掉……只要你说了两句，你便得说出更多。因为盘问你的人会说：'全是垃圾！当个好孩子，说真话吧！坦白吧！''坦白'是个每两分钟便出现一次的字眼。你会想要多说些什么，好让他闭嘴……他很坚持，让我感到衰弱，让我想要屈服。"[333]

虽然这是个极端例子，但它却阐明了所有招供的核心逻辑：你坦白得越多便会越想要坦白。彼得·布鲁克斯（Peter Brooks）指出："作为一种语言行为，'我招'两字隐含着罪，并使罪变得有必然性。

而如果这罪不是在所指对象的（referent）体内，作为一种认知的客体，它便会是在该语言行为本身，它瞬间变得免受指控但承认有罪"。换言之，'罪'不只是来自招供的内容，还会**来自**招供这种形式本身。以一种潜在是无限的动力，罪会产生招供，而招供又会产生罪。[334] 一旦招了供，你便成了罪犯。

我得承认，在把上述讨论纳入本书前，我一度相当犹豫。我提供的不是什么新鲜或有争议性的信息，但它们却似乎"坐实"了日本的民族主义者和历史修正主义者对"中国归还者"的指控：他们的自白是被洗脑之后虚构出来。但两者当然是可以并行不悖的，也就是说，那些老兵确实犯过他们招认的罪，而他们也确实受到过一个强有力心理强制系统的摆布。

*

久保寺君

与我们干过的可怕事情形成鲜明对比，中国政府以符合日本生活水平的方式对待我们。起初我担心自己有可能会挨饿，结果每餐都吃得饱饱的。他们给了我一个新的蒲团，又让我学习。这是日本人做不到的。对，这是日本人做不到的。只能是中国人——好吧，说真的，我猜也许是共产党让我可以重新当个人。

> 当你在抚顺监狱第一次被叫去当众说出杀害小孩的经过时，当时是什么情形？

那是一个大房间，里面有十五六个人。狱方安排我们互相批判，称为"指控运动"。我也受到了别人的批判,但在这中间,我心里想:"我不在乎会有什么后果。"所以我下定决心,第一次就把事情说出来。至于那之后中国政府会不会审判我,我不在乎。这就是我下定决心的经过。这就是当时发生的事情。

他们认为我们的心灵已经获得改造,所以把我们放出抚顺……虽然回来日本已经几十年,但不论我怎么想都觉得,除了把真相说出来,我没有别的方式可以当个人。其他一切都是谎言。

稻叶君

我在监狱待了十年……在那里,我是说监狱里,我有机会可以反省,后来又因为他们的宽大政策得以返回日本。这件事情本身真的改变了我对这件事的思考方式,你知道吗?当然,起初我们以为也许会被枪毙——我们会被杀死。这是我们起初的想法。但我们被释放了。所以,因为获得释放的事实——特别因为这点,你懂吧——我的思考方式改变了。所以,你可以说,拥有那么多可以进行深刻反省的机会是可以改变一个人的。会从根本上改变他们……我开始明白到战争为什么会发生,我自己干了些什么。在深切反省一切的过程中,我意识到是谁杀死这些人而他们的目的又是何在。我开始意识到自己是个……不折不扣的恶魔……

对,这是个循序渐进的过程。被俘虏以后,起初我对日本军队仍然保持信心,心想我自己虽然被抓,外面仍然有日军在抵抗。但在十年的漫长岁月,我点点滴滴思考和反省,期间又发生了很多事,改变一个接着一个出现,懂吗?所以,待在那里的那段时间感觉非常漫长。

家父有一次告诉我，有些日本警察来过我家，说我从中国回到家来，也许已经成了彻头彻尾的共产分子。他们想要知道我变得有多共产党……"真是荒谬。"家父只这么回答了一句。警察显然正在调查我是不是加入了共产党，被他们派回日本工作。

汤浅君

我们一共是八百个囚犯，每个都一样，每个都坦……坦白认罪。然后，有一次，我们的中国教官要求每个人把罪写下来。他要每个人写下自己在战争中犯过的罪。但他说："我知道你们会不放心，知道你们会焦虑。但中国人民知道你们没有一个人是出于自愿对中国发起战争。你们都是被国家所迫而犯罪。中国人民知道得很清楚。"听到他这么说时，我觉得——啊，我觉得非常感激，非常感激。"中国人很理解我们！"我心想。虽然你也许会想他们会原谅我们，放我们回家，但那教官又说："中国人因为你们**做过**的那些事而伤亡惨重。你们都是帮凶，所以，把你们干过的事统统写出来吧。坦白吧。"我相信他，所以把自己做过的事全写出来。

但正如我之前说过的，那是一个不真诚和逃避性的自白。我自白的用意不是道歉。然而作为思想改造教育的一部分，我们开始思考我们犯下的罪的性质——反省，这是改造的第一层。另外一部分则是体力劳动——这是我们回报人民的方法。我们还可以听到有关世界事务和战争的演讲，这是政治教育。通过这些事情，我渐渐开始觉得，我必须对我的罪行做出更多反思。于是，一次又一次，我把隐瞒着的事情交代得越来越多。

我常常被追问以下一类的问题："你参与过细菌战，对不对？"

（语气无礼）我毫无这方面的记忆，所以回答说："没有，没有。"我被这样责问，然后受到严厉责难，我说："没有这回事，完全没有。"但他们让我看一个营长的自白。他这样说："唉，当我们入侵时，我们从（声音不清楚）那里得到细菌。我们把细菌加以培养，再散播到人群中。"他这番自白让我大感震惊。他的细菌是打哪儿来的呢？我以前常常在病人身上分离出新鲜强壮的细菌，把它们交出去。每逢一个（声音不清楚）上门，我都会按照命令把东西交给一个勤务兵，但从不打听是要用来干什么。但听了（那营长的）自白后，我意识到："哎呀，我交出去的细菌竟然被这样用了！"在被释放前不久，我终于明白到了这点，并为此道歉。"原谅我。我明白了自己也是在细菌战中被利用了。请原谅我。"我把这个写下来。

*

"中国归还者"在我面前屡屡提起小布什总统和伊拉克。回美国之后，每当我提到这些，有些人都会感到生气。他们说，难道那些老兵是想借此转移他们的罪责吗？是想让我们意识到自己没什么了不起的吗？难不成他们是在暗示，南京大屠杀和入侵伊拉克其实没有多大差别？是在暗示小布什总统的道德高度要低于其他世界领袖或前任美国总统？

我想答案是"不是"，从任何角度看都是"不是"。其实，我在那些老兵面前早已准备好易地而处，并感到需要向他们证明，我有能力像他们一样把自己国家的历史置于道德审视之下。但他们并没有生小布什总统的气，所以我也无须展示我的生气才能赢取信任。他们并不真正关心海湾战争的"美国色彩"。相反，他们感兴趣的是战争的某种特征，某种超越性的特征——而在当时，小布什总统恰巧是这一特征现成的例子。我深信，如果我晚一点采访他们，那他们会提到的将是奥巴马总统和阿富汗的无人机及平民死伤；如果我早一点采访他们，那他们会提到的将是克林顿总统授意在世界各地进行的军事行动。他们所有自白的主要目的是要显示他们生活在一个充满谎言的世界里，而战争使他们盲目。所以，他们会提到伊拉克，只是感兴趣于我能从中**看**到什么。

战争让人难以分辨什么才是真的。而且它总是如此。战争得以发生、维系、胜利或失败，倚赖的是谎言和指涉的混乱。战争的谎言甚至会延伸至其最基本的具体行动中。伊莱恩·斯卡里写道："战略并不是简单的谎言，它从本质上和核心上是撒谎在语言上的伪装。"例如，代号的使用"是企图让意义不可复原"，而迷彩装"是为了把撒谎的运作原理带进服装、掩体和其他建筑类这一类物质性的自我表达之中"。战争是通过其中"逐渐消失的内容"而被定义的。[335] 它本质上就是一种遮掩。在伊拉克战争中，美国政府之所以大肆宣传智能炸弹和各种"后现代"高科技，是为了掩盖它用集束炸弹和会带来辐射尘的贫铀炸弹瞄准平民的事实。[336] 它还通过一些假装是士兵所写的歌颂伟大胜利的"读者来信"来掩饰地面行动失败的真相。[337] 所以，本着同一种扭曲的象征体系，当安理会成员国讨论出兵伊拉克的可能性时，联合国官员特意给挂在附近的毕加索油画《格尔尼卡》(Guernica) 盖上布，以防国际媒体会拍到这个醒目的反战意象*。[338]

在盖布·赫德森（Gabe Hudson）滑稽阴森的小说《亲爱的总统先生》(*Dear Mr. President*) 里，老布什总统每次到前线视察部

---

* 毕加索画这幅画是为了抗议纳粹对西班牙市镇格尔尼卡的滥炸。

队时，都会戴着令视线模糊的防毒面具。赫德森认为，这种"拒绝看见"的隐喻不仅适用于战时文化，还适用于战争结束之后发生的事情——特别是针对那些伤残士兵的躯体。当赫德森笔下的老兵长出第三只耳朵和化为一团肉块之时，美国政府却持续否认有"海湾战争症候群"的存在，而退伍军人事务部的医生给就诊者开的处方也一概都是"百忧解"。（据伊恩·布鲁玛 [Ian Buruma] 回忆，他在 20 世纪 70 年代和 80 年代常看见装着简陋义肢的日本老兵在火车站大堂里乞讨零钱，但人们沉默地无视了他。[339]）

要在战后凝视那些伤残的躯体，承认战争带来的破坏是多么的强而持久，这些都让人备感困难。同样困难的是在战后反省那些当初会让我们发起战争的原因。那些最初面向大庭广众的解释和敦促，它们一度是如此的明亮而清晰，一度在情感上是那么的势不可挡，而最终回望时却是如此的误导，如此的令人误入歧途，同那些截去的肢体和烧伤的伤疤所构成的现实是如此不相称。然后，当关于我们为何而战的另外一种解释开始无可回避地浮现时，这会令人感到格外的痛楚。

在小布什总统宣布在伊拉克"任务完成"的四年后，娜奥米·克莱恩（Naomi Klein）仍然坚持认为美国试图将伊拉克和伊拉克战争私有化，这是他们的主要目标而非次要目标。她指出，在宣布伊拉克战斗行动结束的仅仅八天之后，小布什总统就呼吁"十年内要建立一个美国—中东的自由贸易区，这揭示了他的意图"。美国驻伊拉克最高长官保罗·布雷默（Paul Bremer）刚上任时还形容这国家"遍地烽火"，但才两星期后便宣布伊拉克是个"开放做生意"的国家。参与第二次"伊拉克重建会议"的一名代表说得好："最佳的投资时机是地上鲜血未干之时。"[340]

克莱恩指出：" 在1991年第一次海湾战争时，每100个士兵里面有1个雇佣兵，但在伊拉克战争的第四年，"每1.4个美国士兵就有1个是雇佣兵。"光是哈利伯顿一家军事包商公司便承包了200亿美元的合约——几乎是联合国2006年至2007年维和总预算的3倍。布雷默禁止伊拉克中央银行融资国有企业，此举有效地砍去了公共部门的基础结构。克莱恩指出，对自由市场的推崇甚至延伸到了后入侵时期的抢掠。布雷默的资深经济顾问彼得·麦克弗森（Peter McPherson）曾经说过："看到伊拉克人侵占国家财产（如汽车、公交车、政府部门的设备等）并不会让他觉得心烦。"他把这种侵占形容为公共部门"萎缩"的一种形式，又说："我想，当有人侵占了国家的汽车，或有人开始驾驶一部原是国家所拥有的卡车，私有化自然会发生，也是好事一桩。"[341]在这样的领导之下，杰里米·斯卡希尔（Jeremy Scahill）的《黑水内幕》（*Blackwater*）中所记述的令人胆寒的私人雇佣兵的兴起根本不可避免。

约翰·道尔（John Dower）将美国在伊拉克进行的国家重建同二战后在日本进行的国家重建进行了比较，这样指出："就像在伊拉克一样，在二战后的日本，建立一个健全的资本主义经济系统是重建过程的主要目标之一。但对于何谓'资本主义'以及何谓'健全'，美国政府在今日和当日的理解却是大相径庭。"二战之后，美国理所当然地认定，国家——即美国政府和日本政府——"必须在经济发展扮演主要角色"。

相反地，当美国人发现自己不管愿不愿意都得投入重建伊拉克的工作时，却带着一种市场原教旨主义（market fundamentalism）的热忱从事这工作。"私有化"成了这些迟来的重建者的教义。在早期的关键阶段，很多被占领的伊拉克经济眼看就要被拿出来卖掉。在几乎每个阶段，有极大比例的民事工作都是外包给私人，又主要是美国承包商——就连情报收集、安全事务和重建工作皆是如此。这些事务在战后的日本都是交给日本人自己负责，而交给伊拉克人大概会更有效率和更省钱。结果是带来了高度的混乱、任人唯亲、不透明和贪污腐败，而这些情况却都未见于战后的日本。[342]

在《让我们一起去捡便宜吧》（Let's All Go to the Yard Sale）一文中，《经济学人》杂志形容伊拉克是"资本家的美梦"——伊拉克对个人和企业新实行的百分之十五的单一税率，而关税不是取消便是降至百分之五。[343]

虽然要完全算出伊拉克战争最终会花多少钱是不可能的，但根据琳达·比尔姆斯（Linda Bilmes）和诺贝尔经济学奖得主约瑟夫·斯蒂格利茨（Joseph Stiglitz）的推算，总数将达三万亿美元。他们写道：

> 即便是最保守的估计，这笔支出都将是海湾战争的近九倍，比越战多了近三分之一，比第一次世界大战多一倍。我们历史上唯一更昂贵的战争是第二次世界大战，当时共有一千六百三十万部队持续战斗了四年，其总花费（以2007年币值计算和计入通货膨胀）近五万亿美元。每支部队的花费少于十万美元，反观伊拉克战争，每支部队的支出高达四十万美元。[344]

在纪录片《战争录像带》（War Tape）里，一位士兵说了一个意味深长的细节："陆军卡车司机一年的收入是一千七百美元，就是所谓的 E-5 级薪资。军方说是为了省钱，把这工作外包出去。结果，我们现在为同一件工作付给'哈利伯顿'的钱是十二万美元。"另一个士兵这样抱怨"哈利伯顿"的车队:"我坐在这里保护一辆装满奶酪蛋糕的卡车干啥?这些人疯了不成?我觉得对'哈利伯顿'来说赚钱第一比安全第一重要多了。"

发战争财的人与商业政府(business-government)的勾结往往是后战争论述中的道德厌恶感的主要来源。从帕索斯(John Dos Passos)宣称:"第一次世界大战是摩根家族*壮大的温床。"[345]再到斯沃福德(Anthony Swofford)的黑色笑话:他的人生因为被从海军陆战队(Marine Corps)调到石油公司(Oil Corps)保护"布什父子公司"†的经济利益而被"浪费"掉了。[346]在美国,每次事后评估战争的花费时,我们总会为流的血、花的钱以及某些人赚到的暴利而感到大吃一惊。

*

当2014年阿布格莱布监狱虐囚事件的照片曝光后,我开始常常应邀到非学院的公共论坛讨论伊拉克战争。在提问时间,谈话最后总会转到刑讯的话题:酷刑折磨是有效的吗?施以酷刑与强制的区别在哪儿?我们是在虐待人犯吗?人们特别想知道"坐水凳"(waterboarding)是怎么回事。那是什么?要怎么施行?他们想知道我们正在做些什么,想知道自己应该做何感想。那是一种表现为公民责任感的好奇心。

有时这些谈话会让我想到库切(J. M. Coetzee)的书评《进入

---

* 指银行家暨钢铁巨子J.P.摩根及其家族。

† 指老布什总统和小布什总统父子。

暗室》(Into the Dark Chamber)。库切想要说明南非作家何以似乎对刑讯有一种"阴暗的着迷"。他写道:"刑讯室是一个上演极端人类经验的所在,除参与者外无人能进入。"小家和读者站在门外,"想要进入暗室却无从进入"。"透过创造一种猥亵,透过给它裹上一层神秘氛围,国家为小说创造出了先决条件。"库切总结道,刑讯室是一种特定种类的遐想的"源头"。[347]

那么,"坐水凳"又是怎么回事呢?

*

阪仓君

所以我——我和两个兄弟一起,一共三个人,抓来一个三十五六岁的魁梧男人,明白吧?我们把他带入一间屋子。我们把门弄坏,再到门那里去,然后那个男的——我们让他躺在门上面。"躺在这里。"我们说。他看着我们,一脸困惑,无比困惑……然后我们硬把他按下去,绑在(声音听不见)。他的双手双脚都被绑住,全被绑在门上。他生气了。你们为什么要把我绑起来!?——他这样喊了好多次。但因为我们已经把他绑住,你明白的,一旦绑成那个样子你根本动弹不了。然后,就,接下来我们要怎么做呢?

好吧,嗯,你知道的,我们中间年纪最大的那个士兵有经验。他说:"打些水来。"所以我就打来一些水。"找块抹布来。"他说。所以我就找来抹布,呃,不管什么种类的布——"只要是布就行了。"他说。然后又说:"灌他些水。"于是我把布块铺到那男人脸上,再用水壶朝他鼻孔倒水,然后咕噜,咕噜,咕噜。我一面灌水一面问他:"这里有没有藏着武器?八路军在哪儿?"就在我们问这些问题的时候,他显得很痛苦，又挣扎又号哭。好吧，起初我水灌得不顺，但慢慢地，水流进了他的气管。然后……哪怕（我们一直在灌），不论他有多痛苦，他都只是喊着："住手！住手！"（声音听不见）到最后完全力竭。"我什么都不……"他说。

然后我们就一直做这种事——呃，大概持续了大约三十分钟之后，那人的肚子大得像这样（比出手势）……这是因为我们一直灌他水，懂吧？我们在他脸上铺了一块布，对不对？所以只要他一呼吸，不管愿不愿意都会把水喝进去。因为你是被绑住的，所以无法把布挪开，对不对？你的脚也是被绑住的。就着一块抹布，你会不断喝进水。每一次，不管你多不愿意，都会把水喝进去。除非你把布挪开——但你的手是被绑住的，对不对？你的脚也是被绑住的。所以你只能疯狂地扭动身体。四下扭动。你也不太可能用头把布甩开，因为有人按着你的头。然后，因为他一直在被灌水，所以他的肚子凸了起来，那个年长士兵说了句"好"，然后砰——的一声踩在上面。水从那人的嘴巴里喷出来，血也从嘴巴喷出来。好吧，即便到了这时候。"我什么都不知道。"他说。

于是我们继续灌水，灌了一小时——让他喝了吐，吐了喝——大概过了一小时之后。但如果这样他都不肯就范，我们想也许应该灌他烧酒，灌他喝一些酒精（不清楚）。所以我便到外面找酒去。由于当时是中国的农历新年，家家户户都备着酒。我从不知道多少户的人家带回来烧酒。这一次我们放……我们把他脸上的布挪开，换上一块新的，慢慢往他的鼻孔——他的嘴巴里倒烧酒。不可能让他一次喝下，只能一点一点地倒。我们觉得他喝得挺顺的！我们弄来了二十瓶左右，也许不止？我们逼他喝下大部分。然后到了最后，终于到了最后，懂吗？——终于——"我说！我说！我说！"他说。

我们心想:"成功了。"

我们解开绳子,要他站起来——但他站不起来。于是我们便搀扶着他,跟着他走——**他要带我们去哪儿**?我心想。然后我们到屋里,那里有个炉灶,知道吧。"就是这里!它们就在这里!"他说,然后闭上眼睛。这真荒谬——真诡异,因为那地方根本不可能藏武器。然后他直接倒在了地上。我的上级说他活不了了。于是我们把他留在那里等死……

(阪仓君的妻子很久前便过世。他跟养女、女婿和外孙住在一起。在我写作这段时间,他因透析并发症住院,但情况稳定。)

*

道格拉斯·约翰逊(Douglas Johnson)前不久还是"刑讯受害者中心"(Center for Victims of Torture)的执行主任。当阿布格莱布监狱虐囚事件闹得沸沸扬扬那期间,他应邀发表演讲(我也在座),谈到了刑讯的情报价值和著名的"计时炸弹"假设。

"计时炸弹"是一个思想实验,专门设计出来折磨那些对刑讯采取道德绝对主义态度的人,这些人认为不论在任何情况下,采取刑讯都该受到谴责。但是,如果有个计时炸弹藏在纽约市什么地方,即将爆炸,你会愿意对那个知道炸弹隐藏处和拆解办法的人采取刑讯吗?万一炸弹会杀死一百个人怎么办?难道一个恐怖分子的性命要比一百个无辜者的性命重要吗?万一炸弹会杀死一千人怎么办?难道一个恐怖分子的性命要比一千个无辜者的性命重要吗?难道你的道德洁癖要比一千人的性命更重要吗?

假设中的死亡人数可以继续加码。总有个数字会让任何神志清醒的道德绝对主义者低头,觉得采取刑讯是正当之举。

"但这只是科幻小说里的会发生的情况。"约翰逊继续说:"刑讯不是像这样起作用的。让我给你们一个更合乎现实的情节。假设有一个炸弹藏在附近一家商场,如果它爆炸,将会杀死一百个甚至更多的人。"说到这里,约翰逊停下来,打量整个演讲厅,就像是在那五十个左右的听众之间寻找什么东西。然后,他把目光锁定在第一排。

现在假设坐第一排的某个人知道炸弹藏在哪里。

他把视线转回到其他听众,问他们:

你们会愿意刑讯第一排所有人,以找出是谁知道炸弹的隐藏处吗?

我不坐在第一排。

他继续说:

好吧,现在再来假设,坐头两排的某个人知道炸弹藏在哪里。你们会愿意刑讯头两排所有人,以找出是谁放了知道,以及那个人都知道些什么吗?

换成是头三排呢?

换成是整个演讲厅呢?

这样继续加码下去,总有个数字会让任何神志清醒的刑讯支持者低头。

据田中利幸记述，1942年，日本宪兵别动队突击搜索马辰[*]一户人家时，发现一部收发器，怀疑是当地人用来跟盟军联络的。在接下来的调查中，有二百五十七人被刑讯和杀害。在这事件发生的同时，坤甸[†]也传出一个"毫无根据的谣言"，说是当地有人偷偷用收发器对外联络。最后，有超过一千五百个平民被捕，大多数都遭到刑讯和杀害。田中利幸解释说：

> 日本宪兵队把自己的恐惧投射到了当地居民上，因此不断"发现"新的阴谋。他们总是在审问开始前便认定被捕的人有罪，而被捕的人在经历连续几天、几星期甚至几个月的刑讯之后，为求解脱，一定会愿意招认任何事——哪怕是会判死刑的罪行。那些被招供者提及的人一样会被捕和遭刑讯。如此，遭刑讯和屈打成招的人会越来越多，越发给宪兵别动队的被害妄想症火上加油。他们越来越相信，他们是揭发了一个庞大的反抗运动团体。[348]

这是一种常见模式：刑讯会带来假信息，而且是大量的假信息。去刑讯一个无辜的人，你最后总会得到一长串的名字。遭刑讯者为了免去皮肉之苦，会说出任何能让你住手的话，而他认为你想要的是名字。于是你会得到一堆人名。这些人当然是无辜的，但你不可能知道，所以也会折磨他们。有些被刑讯的人会撑得比较久，但到头来你总会从他们嘴里得到一长串名字。现在在你面前展开的是一个惊天阴谋，而你发现了其中的端倪。而用于保障安全的资源总是

---

[*] 印度尼西亚南加里曼丹省首府。
[†] 印度尼西亚西加里曼丹省首府。

稀缺的，并且都被用在了其他地方——可眼下这个很重要。这些资源就不得不被重新配置到这里来。

但刑讯不只会产生假信息，还会把有效情报拒之门外。"人权瞭望机构"执行主任肯尼思·罗思（Kenneth Roth）指出，情报人员广泛认为最佳的情报来源是愿意合作的当地人所提供的信息和技巧。在伊拉克，当穆斯林社群得知美国正在使用刑讯手段后，便不愿再跟美国合作。如果向美军报告一些古怪或可疑的活动会导致穆斯林或无辜者受到残忍和不人道的对待，那为什么还要报告呢？[349]谁会愿意昧着良心让这种事发生？所以，倒不如什么都不说。

这倒不是说刑讯从来没有起过效果。例如，为刑讯辩护的人便常常举法国为例，指出法国是靠着刑讯才在阿尔及尔战争中打败"国家解放阵线"游击队。同样，在这里酷刑也被视为是获取情报的有效手段，但事实上，正如我们所看到的那样，这场胜利和刑讯并没有什么关系。

第一个在阿尔及尔批准使用刑讯的司令官是这样说的："从民众中取得自发性的渗透和信息是最有用的方法。所以我要重申，逼迫性盘问（刑讯的委婉语）只有在用于绝对有罪之人，且取得的信息马上就能派上用场时才是有价值的。"[350]但达赖厄斯·瑞嘉利（Darius Rejali）指出，在阿尔及尔的法国刑讯官绝少找到"绝对有罪之人"和得到"马上就能派上用场"的信息。瑞嘉利写道："没有刑讯官声称自己阻止过计时炸弹爆炸。这些谣传的成功事例总是发生在别处，是刑讯官听来的。"[351]

事实上，刑讯官老是抱怨供词不实的问题，后来又感叹刑讯如何让他们的士兵失去了专业性，让他们的军事机构变得支离破碎。[352]即便如此，刑讯在阿尔及尔战争的整个过程中还是被大肆运用，也确实暂时打败了敌人。为什么呢？因为刑讯的目的**不是**取得信息。刑讯不是作为一种收集信息的策略从而击败恐怖主义。刑讯之所以发挥作用是因为它本身就**像**恐怖主义。就像瑞嘉利回忆的那样，仅仅九个月之内，阿尔及尔便有约三分之一的市民被逮捕，而"这些被刑讯者中每有一个'国家解放阵线'的卧底，便有十五个是无辜者"。[353] 这是一种为赢得战争不惜令一整座城市瘫痪的做法，哪怕它意味着会输掉这场战争。

*

阪仓君

回营途中……我们看见一个女人被绑在一棵大树下——另一个（声音不清楚）。他们绑着她，另一个士兵抱着她的小孩。然后有个男的——那个女的——呃——我的——那个女人，你知道吧？他们伸出刺刀。"东西在哪里？他们在哪里？东西在哪里？"你懂的。他们不停问这两个问题，或是类似的问题，然后那妈妈——她的样子像是快要发疯了。因为被刺刀抵住的不是她，而是她的小孩。

他们像这样对小孩举着刺刀——"他们在哪里？在哪儿？"他们问。然后为了让她张口，他们就，你知道的，对孩子举着刺刀。那女人完全疯掉了——又是踢又是叫，明白吗？但即便如此，他们还是不放小孩走，继续逼女人招供。我们想，好吧，你有时就会看到类似的试。如果你告诉连长——好吧，有一次，进入一个村子之后，连长要我们把二十来个村民抓起来。然后其中一个，你知道的，是村长——我们抓住村长，把他倒挂在一棵巨大的柳树上。他双手被（声音不清楚）。我们就那样把他倒挂着。被这样（声音不清楚），你的关节一定会脱臼。然后我们朝着村民咆哮："武器藏在哪里？""八路军躲在哪里？"诸如此类。我们在收集这一类情报。每次村民都会说他们没藏武器，说附近没有八路军。我们会说："如果你们这些王八蛋不说实话，村长就会没命！"每次村民听后都会义愤填膺，看到他们生气，我们二十个左右的士兵把他们包围起来。然后就这样对峙了一次又一次，连长最终说："这样没用的。"然后他命令一个下级军官："好吧，砍掉他的头。"那下级军官——他没得选择，懂吗？那是他第一次砍人头……然后……

　　在众人面前拔出你的武士刀，砍下一个人的头……这种事（声音不清楚），对不对？你们知道吗，他的双脚有一点点抖。然后他用一桶水清洗武士刀……对，一桶水。然后我们把村长放下来……把他从树上放下来，推到一口井前面——井是从地里挖出来的——中国每个地方都有这种从地里挖出来的井，知道吧？我们逼村长跪在井前面，然后那军官举起武士刀，接着霍一声，一眨眼就把头砍掉。那颗头滚落到身体前面，血从脖子向上喷出将近两米高。就在我们以为这件事就算完了的时候，那个军官又一把抓住村长的腿，然后往他身上狠狠地一踢。那个男的，就是那个村长掉进了井里，整件事就此结束。

　　做这样的事实在太容易了……好吧，你知道的，有时我会像这样想："他们把情报说出来不就得了？""如果我们可以收集到这样或那样的情报就太棒了。"——你知道的，对我们来说这就是胜利，这就是我们所追求的荣耀。

　　我们刑讯，我们放火——如果得到什么情报，我们的军人履历会变得好看。所以，每次得不到我们想要的，我们就会失望。所以，看着敌人（或平民）死去的感觉虽然不是太好，但如果他们死了，我们也不在乎。不管怎么样，如果能够从他们口中套出口供——我觉得这就是世界上最成功的事？都是为了履历。我们干这一类事情就是为了获得更好的履历。

（稍后）

临入伍前时她（妈妈）交代我："别理他们。"又说："入伍后千万别染上任何怪病！"这就是她说的话。别染上任何怪病，她说。我清楚记得这话。你懂她的意思吗？别染上任何军队的怪病。

*

在访谈完这些老兵之后第一次回到美国时，我试着告诉人们这些事。但是我不知道要怎么去解释这些事情，要怎么样才能把他们整理成可以分享的连贯故事。然而，我内心深处有些东西，让我觉得非要去试试不可。结果就是我总在不恰当的时间点以不恰当的方式说一些不恰当的话。我会开始说一个故事，然后不知道要怎么接着讲下去，也不知道要怎样收尾。然后我发现自己的嘴里冒出许多熟悉的陈词滥调。这让我只好停止交谈，每次提到这些的时候就赶紧转换话题：比如这些故事是如何让我对人性和人类未来感到悲观，又或者如何令我看到改变的契机和保持希望的理由。一次我发现自己在社区足球比赛的场外滔滔不绝地讲着这些事，另一次是在假日派对闲聊的时候。大家都用那样的眼光看着我——这之后我决定闭嘴。

第二年一整年，我花了大量时间思考要怎样把故事分享出去，以及要不要分享出去。那段时间，我在大学里教授关于人权和讲故事的理论和伦理结构的课程。这些让我的脑子里一团乱麻，完全没办法把在写作中遇到的具体实践问题同普遍意义上何为书写的本质这个哲学问题分开。我觉得一定有一个答案,虽然我不太确定问题是什么。这感觉就好像你一时无法记起一个亲密之人的名字。只是这一次,这种感觉持续了足足好几个月。

不论如何,多年以后的现在,我终于建立了一条属于自己的曲折小径,得以通向某种近乎解决方案的东西,或是说一个我能力所及范围内最接近它的东西。这小径环绕着"讲故事"与"人类尊严"这两个观念蜿蜒前行,穿过一系列环环相扣的碎片,以一句简单的句子作结并通向高潮。单独看,那是一句空洞的结语,但当各位读到的时候,我希望你们能明白它对我来说意味着什么。

这条道路始于我向其中一位日本老兵问的一个问题。他同我一样,是个老师。在那次会面之前,他对我来说是一个**担忧**。他在大学里跟随一位日本知名道德哲学家学习,专攻伦理学,热爱托尔斯泰的作品,沉浸于"白桦派"文学(一个支持个人主义和人文主义的文学),毕业后在文部省工作。但是,作为一个有良知的人,当他被要求对一位他景仰的学者进行"意识形态审查"时,因抗议而辞职。之后,他在一家师范学校当老师。然后他被征召入伍,最后沦为一名战犯。

我这样问他:

> 战前你是个不服从的人,为此做出许多牺牲。但后来你去了中国,度过了那么长的时间,参与了一些与你的哲学立场强烈抵触的事情。除了执行命令这个理由之外,你怎样解释你的行为?

*

江波君

好吧,在东大念书的时候,我学的是逻辑学,主要是康德的逻辑。我想,康德对于人类尊严的观念毫无疑问影响了我的人生。我加入了军队,一天到晚挨揍——这是日本皇军所谓的新兵训练的一部分……哪怕被扇耳光,我都没有屈服;我挺得住军队的生活。后来我去到前线,做了很多可怕的事——你知道的,这样的事他们做的太多了——但对我来说,哪怕只是做一件都嫌太多。但是,像我说过的那样,上级的命令就是天皇的命令,只要你执行过像那样的事——只要你执行过一次那样的事,你的自我就不可能存活下来。但是,我们迷失了,换一句话来说就是,我也没能照自己的良知行事……这些犯下的罪行是我毕生的最大的遗憾。

我们都是知识分子,你明白的。日本军队里的知识分子都有某些共同之处……所有战争罪行——我们完全不赞同这些。因此,这些知识分子,或知识分子军人——我不认为他们除了执行上级的命令以外会犯下别的罪行。我们没做别的。但是,好吧,因为我是现在说这些话,如果你真的去认真思考这些存在于日常生活中的矛盾,一定会精神崩溃。

所以,在战争的环境下,为了不让这一切逼疯你……你必须让自己置身于战争之外——把自己放在战争的边界之外。虽然现实中你参与了一场侵略战争,但你必须把自己抽离出来——把自己置身于幻想世界之中。换句话来说,你遇到一场侵略战争,虽然你参与其中,但知识分子——该怎么讲呢——嗯……他们说他们是抽离于这场侵略战争的。所以我——我告诉自己,我只是在进行一场排练……为了逃避让人痛苦的战争,我会假想我不是为了杀人而来……而是为了欣赏漂亮风景而来,是为了接触到这个国家自然的一面,为了寻找存在的意义而来,像这样的——我逃避到这一类想法里去。这就是我的想法。但是——所以我当时在自己关于战争的记录中写下了这些想法……我就是这样看待自己的,你明白吧?但是到头来,好吧,我犯下了滔天大罪。你们明白吗?

有一次(指在西伯利亚战俘营的时候),我被一个苏维埃干部叫去,而我最好的一个朋友(接下来好些字声音不清楚)——换言之,他要我出卖我朋友。他很久以前当过伪"满洲国"的警官,这事情他只对我一个人说过,如果泄漏出去,他就不可能活着回家。那名干部要我调查我朋友的生平、职业履历,向他汇报我知道的一切。他说这是命令,恐吓说要是我不从就给我好看。但我的良知拒绝服从。我说:"就算这是命令,我也不能做。"他勃然大怒。"走开!"他说:"我不会让你回家!"然后当时……就在那时,我感到有点沮丧,但是我想起从前读过的几句话,康德的墓志铭,就刻在他的墓碑上。(江波君背诵起来:有两件事情我愈是思考得深沉和持久,它们在我心里唤起的惊奇和敬畏愈发历久弥新:一是我们头顶的星空,一是我们心中的道德律则。)

当我拒绝服从苏联人的命令时,完全没有想过自己可能会因此回不了家。没有想到的。当你想到这些的时候,当然很令人绝望。但是那时我却觉得可以承受。服从我的良知就是做了对的事情——这是我当时的感觉。对的。所以我觉得这是非常,嗯,我生命里最棒的经验,是我觉得自己最值得赞美的一次。就是这样的。

＊

在《为诗辩护》(The Defense of Poesy) 中，锡德尼爵士 (Sir Philip Sidney) 指出，暴君亚历山大·菲里阿斯 (Alexander Pheraeus) "在观看一出写得好也演得好的悲剧时，他们会泪如泉涌，但在杀人如麻的同时又可以做到冷血无情——其中一些甚至还是他的亲骨肉。像他这样不以制造悲剧为耻的人，也抵抗不了一出悲剧之中令人着魔的激烈力量"。

曾经有一段时间，西方人对纳粹大屠杀觉得匪夷所思：文化教养极高的德国人竟能干出这种野蛮勾当？鲍曼替这些人提出了这个疑问："这种恐怖的事情怎么可能发生？它怎么可能发生在世界最文明部分的心脏地带？"[354] 布痕瓦尔德（Buchenwald）集中营离魏玛（歌德和席勒的家乡）只有几英里之遥。幸存者豪尔赫·森普伦 (Jorge Semprun) 回忆，一个美国军人在集中营解放后这样怒斥魏玛的市民＊："你们的小城那么干净，那么整齐，满溢着文化记忆，是古典和启蒙德国的心脏，但你们生活在纳粹焚化炉的烟雾之中，却对此没有一点不安！"[355]

在我们的帝国骄傲感中，我们总是相信自己的文化成就美丽而独一无二，这些文化成就具有超越性的价值，也揭示了我们的超越之处。可是时至今日，仍然有不少西方人感到纳粹大屠杀动摇了自己的道德根基，但对于其他种族清洗，如卢旺达大屠杀就不会有这种感觉。让我再次引用密特朗说过的话："在卢旺达这类国家，发生一场种族屠杀没有什么大不了的。"[356] 他的种族主义明目张胆，也

＊ 巴顿将军解放布痕瓦尔德集中营后强迫魏玛市民前去一看。

受到了应有的谴责。但索因卡指出,西方人身上存在着一种更为不着痕迹的种族主义,并且常常自觉不到。他特别反对这个说法:纳粹大屠杀给欧洲的人文主义"打上了第一个问号"。他力主,这种主张

> 无非是进一步证明欧洲心灵迄未充分承认非洲世界是全人类的一个平等部分,因为要是它曾经有过历史反省,这反省将会把欧洲人文主义的失败推前几个世纪——直推至大西洋两岸奴隶买卖的一开始。我们必须提醒自己,这种买卖曾清空一整个大洲,据估计,前后曾有过大约两千万的生灵在极其不人道的环境下被运过大西洋,这种事不曾见于历史上其他任何两个种族之间的互动。[357]

锡德尼爵士指出过美学感受力与残忍心态可以并存不悖。然则,有没有一种美学感受力能够不跟民族中心主义和种族主义绑在一起?

让我们从也许可以称之为人权与艺术的深层历史来接近这个问题。林·亨特(Lynn Hunt)在《发明人权》(*Inventing Human Rights*)一书中力主,人权运动之所以可能发生,是出于叙事实践的演化。她指出,现代的人权概念是衍生自 18 世纪的启蒙运动,而启蒙运动之所以可能发生(或这以这样的方式发展到今天),又是源于讲故事方式的变迁:换言之,是源于书信体小说的兴起。

各位大学时代大概都读过塞缪尔·理查逊(Samuel Richardson)的《帕米拉》(*Pamela: Or, Virtue Rewarded*, 1740)。故事通过女主角的书信,讲述了一个年轻女仆成功抗拒了雇主 B 先生的性骚扰,从而赢得后者的尊重,获得跟他结婚的"奖赏"的故事。这部小说

的受欢迎程度堪称空前。林·亨特告诉我们，有一个村子的居民"风闻B先生终于决定要娶帕米拉之后，敲响了教堂大钟庆祝。"[358] 林·亨特认为这有点像18世纪版本的CNN效应，这些小说聚焦于一些普通个体的内心世界，而这种新出现的戏剧化小说，在人们培养出对地理或社会地位上相隔甚远的人的同理心的过程中扮演了重要角色。

这些小说表明，所有人都因为有着相似的内在感情而基本相似，很多小说也都特别着墨于对个人自主的渴求。以这种方式，读小说可以透过热情代入叙事而创造出一种平等意识和同理心。所以，18世纪的三大引发人们心理上共鸣的小说——理查德森的《帕米拉》（1740）、《克拉莉萨》（Clarissa, 1747-48）和卢梭的《新爱洛伊丝》（Julie, 1761）——出版于"人权观念"出现前不久，真的是一个偶然吗？[359]

与此类似的，玛格丽特·科恩（Margaret Cohen）亦主张，情感性的社会小说把同情转化为一个"政治或社会观念"，自觉地"参与到一场追求进步的行军中去——如果这不能算战争的话"。[360] 正如林恩·费斯塔（Lynn Festa）指出，情感性小说针对弱势群体而进行的"情绪的重复和预演"有助于扩大人们的想象力，让他们能想象出一个更有包容性的人类共同体。而像《帕米拉》这样的小说则帮助人们开辟出了一个"关于抽象人性的空间，它预见了法国大革命的信条在理念和理论上所依据的关于普遍性的理想"。[361]

这是一个符合直觉的猜想：新的再现技术（小说、摄影、电视、二十四小时新闻和网络等）可以产生新型的社会关系，甚至产生新型的同理心。然而，许多人批评这些论点，认为它们依赖的是一种理论，即再现如何进行文化劳动并带来广泛的知觉转变，但却未能充分发展这种理论。但是，不论小说的兴起是不是**导致**现代人权观念赖以兴起的那些变迁的原因，小说这种形式都断然**反映**着这些变迁。换言之，小说是一种艺术上的进步，奠基于某种关于人的观念之上（个体性和自主性；是宝贵的内在感情而非社会地位定义了一个人；这些感情基本上是可以分享的），而这种观念也很有可能是现代人权观念（人权是与生俱来、平等而普世皆准的）的前提条件。

要理解学界当前对叙事与人权关联的兴趣，最好要将它们放在思想史上有关美学与伦理学关系的讨论这个更大的语境之中去理解，放在艺术是如何为人类尊严提供基础这一更广泛的研究中去理解。以诗的伦理价值为诗辩护的做法历史悠久。席勒(Schiller)曾经说过："只有艺术鉴赏力可以为社会带来和谐，因为它可以促进个人本身之和谐。"[362] 维特根斯坦（Ludwig Wittenstein）也曾宣称："伦理学与美学是一回事。"[363] 在法国大革命之后，威廉·华兹华斯（William Wordsworths）则在诗之乐里找到"对宇宙之美的承认……对人的与生俱来的尊严的致敬，对愉悦的最基本准则的致敬，而人正是借此而去认识、感受、生活和前进"。又说诗之乐是人类普遍同理心的基础："无论地域和气候的差别，无论语言和习俗的不同，无论法律和习惯的差异，诗人总是透过热情和知识来团结人类社会的巨大王国——这王国延展至全世界，跨越古往今来。"[364]

这种浪漫主义艺术观后来休眠了很长一段时间，直到最近才在一系列学术著作中重新涌现，这些著作强调美学有助于我们发展出更丰富的生活和更理想的社会安排。海伦·文德勒（Helen Vendler）借用诗人华莱士·史蒂文斯（Wallace Stevens）的观念，主张艺术可以把我们带入一种"遍及各处的存在"（a pervasive being)的状态:"缺乏遍及各处的存在就是未能充分地生活。遍及各处的存在就是一种遍满大脑、身体、感官和意志的存在,一种遍满每一刻的存在,人们身处其中时,不只可以感受到济慈所谓的'大地诗篇'(poetry of earth),还可以用自己独具的创造性行动来回应它。"[365]

伊莱恩·斯卡里力主,"美"的超验体验不只可以深化我们的个人存在,还可以让我们准备好为社会正义出力。当我们在狂喜中臣服于美的事物,我们并不光是让它成为我们注意力的中心——我们还是暂时把它看成是我们宇宙的中心。以这种方式,美可以绕过我们一贯的自我中心主义。它让我们忘却我们自身;它不只训练我们关注他者,还让我们从这种立场得到愉悦。再者,因为美会促使我们分享(我们会拍摄它、绘画它、用文字描述它以邀他人一起见证它),它也会训练我们学会公平分配与对称。对斯卡里来说,基本上"公平"(fair)的双重含义更多是物质上的而非偶然性的,而作为正义的"公平"是伤害的对立面。她写道:"美是和平的,它和持续的存在之间的互相致敬,它们之间所缔结的协定,同那些用来描述和平的词汇没有什么不同。"[366]

"美"近年来除了在文学和文化评论家中间复活,还在哲学家中间复活。伊顿(Marcia Muelder Eaton)力主:"美学性响应(例如情绪)是与一个文化的道德秩序相连的,而就像情感一样,它可以用来规定和禁止一个人过怎样的生活。"[367]玛莎·C.纳斯鲍姆(Martha C. Nussbaum)则强调哲学伦理学与文学美学的相关性。她主张,希腊人在公元前5世纪和4世纪早期进行的实践表明了"戏剧诗歌"(dramatic poetry)和我们现在称之为伦理学的哲学探问,都是在叩问同一个普遍问题:人应该怎样生活?"[368]她在别处又指出,叙事艺术是"形成正当公民身份"的宝贵资源。[369]另外,在跟阿马蒂亚·森一同发展出极具影响力的"能力取向"(capability approach)理论(即我们在衡量社会组织的原则时,应当要看它们如何通过允许人最普遍的基本能力能够正常运作,并以此来促进人类的发展)时,玛莎强调,审美表达能力是引申出普世伦理的重要元素。[370]

我们珍视艺术,是因为它对我们如何自由和充分地发展个性来说至关重要,也是因为它可促进人类繁荣。事实上,艺术就是一项基本人权,受到《世界人权宣言》第二十七条的保护。我们甚至也许可以主张,即使是关于人权的基础文献,也是根据美学原则而设计的。《世界人权宣言》的主要起草人勒内·卡森(René Cassin)把它比作神庙的门廊。通过这个比喻,卡森引发我们思考这份文件的形式如何强化了它的价值:这一文本建筑是靠其庄严的坚固性和神圣的含义来说服我们的,而其内在的对称性原则本身就是正义的原则。[371]

有趣的是,直到近期,对美这一范畴持以最大限度的怀疑的,恰恰是西方文化一部分最美遗产的看管人——文学评论家。本身是英语系教授的伊莱恩·斯卡里指出,在整个20世纪80年代和90年代,文学评论家都"避谈"美——除非是对它进行"政治批判"。[372]事实上直到今日,怀疑仍然是许多文学评论家对美的预设立场,而理由至少有两个。首先,因为美的概念规定了什么是最值得关注,它也决定了什么不值得关注和珍重。这一类判断总是政治性的,但因为多了美的背书,我们会觉得它们是一种与自然相关的问题。其次,小说和"写得好的悲剧"——甚至是条约和国际公约——之类的文化制品会因为它们的美而让我们把它们隐含的某些属于人的观点当成合乎自然,营造出一种超凡的氛围,然后令我们不加批判地接受它们。而不论采用哪种方式,这都会训练个体和社群去从种族、性、性别、阶级和民族身份的角度去理解和评判他人,以及自己。

约瑟夫·斯劳特(Joseph Slaughter)举了一个明显的例子。在分析联合国就《世界人权宣言》议案所进行的辩论时,斯劳特特别聚焦在围绕第二十九条条文展开的争论。该条文称:"人人皆对社群负有义务,因为只有在社群中,人的个性方可能得到自由和充分的发展。"比利时代表费尔南·德乌斯(Fernand Dehousse)反对这种群体取向的语言,又援引笛福(Daniel Defoe)的经典小说《鲁宾孙漂流记》佐证:这本小说展现了人不是非要生活在社会方能自由发展个性。鲁宾孙孤立而一切靠自己,只关心自己的自由和财物而不关心自己对他人的责任,这正好体现了社会主义取向学者常常批评的负面自由主义人格。美国接下来几十年对人民的经济权利、社会权利和文化权利的侵蚀,正是出于德乌斯所代表的文化训练和偏见。事实上,像是斯劳特等学者早看出了人权建制里隐藏着的西方文化帝国主义的痕迹。正如爱德华·萨义德(Edward Said)指出:"现代写实主义小说的鼻祖是《鲁宾孙漂流记》,而其内容会是讲述一个欧洲人如何在一个非西方偏远岛屿给自己创造出一个小王国,绝非偶然。"[373]

作为一种修辞形式,人权是当代道德上的美好之物之一。在《美国现代语言学会会刊》(文学评论界的旗舰刊物)近段时间一期关于人权和人性的特刊中,莎玛拉·艾斯迈(Samera Esmeir)解释了为什么会有那么多学者抗拒人权修辞的魅惑。她认为,国际人权法律已经"把人转化为一种法律地位,而这地位是先于而不是遵循和描述所有人类"。换言之,法律无形中规定了怎样才算人类。因此,它的危险在于"不只可能会擦拭掉所有其他人类,还可能会(这是更要命的）擦拭掉他们在法律介入前的过去的存在"。[374] 基于同一种担心，斯劳特指出国际人权是"必要但值得怀疑的工具"；说它通过"一元化的、自足的启蒙个人主义""历史上狭隘的普遍主义"和"残余的民族主义"投射出了一种"崭新、普世、国际化的公民主体性"。[375]

谢永平（Pheng Cheah）则强调，这一类批评不是要否定人权话语的宝贵贡献，而是要提醒我们问题的复杂性。他认为，人权把我们界定为"全球化资本主义"中的行动者，因此把我们推入了它的种种不平等之中。但它也提供了我们唯一可以用来动员反对不平等力量的方法。权利是一种"暴力的礼物"，他说。[376]

*

我必须坦白，我发现自己喜欢那些可爱的老头。每当为此感到惭愧时，我就告诉自己：换成任何人跟他们坐在一起，触碰到他们，听着他们的声音，听着他们讲述自己的故事，都会喜欢上他们。例如，和金子君一同度过的那两个漫长的下午，我的反应和其他人在这种情况下的反应没什么两样：惊讶地发现他是那么的普通，那么的无害。第二天，我在他家前面等他，看到他骑着一辆老的二八式自行车迎面而来，身体挺直，一头灰发被微风吹得乱糟糟的，慢慢地蹬着自行车，最后向着我左右摇晃身体。我忍不住笑了，因为他这副模样让我联想到小时候看过的卡通人物大青蛙科米。

访谈开始后，他太太留在附近，密切注意着丈夫的情况（金子君最近才刚出院），但通常停留在我们的视线之外。金子君年近九十，但他身上的能量给人的感觉非常年轻，甚至像个小男孩，就像他在活着的每一刻都不停地对此感到惊讶，就像他不相信自己当年竟然能活下来。他回忆起在中国战俘营的一个紧张时刻。当时所有日本战俘都被叫到法庭——每个人都以为他们会被集体处决。

"时候终于到了吗？"我心想。庭上一一喊出我们的名字。要审判我们了，对吧？大家的名字被一个个叫出来，但最后却是这样宣布："立刻释放。"一瞬间，人们鸦雀无声。所有人都半信半疑。然后，在一片静默中，每个人都小声哭了起来，最后是放声大哭。我们有三十几岁的，有五十几岁的，全都号啕大哭，又互相拥抱，哭了又哭。我们再也不用回到牢里了——反而是被带到一家著名餐馆。我们到餐馆里去，发现是一个送别聚会。我们心想：可以吃到各种好东西了。翻译过来了，他正在挨桌问候，来到我这桌时，我问他："中国人为什么要释放我们？"他这么说："想想看，如果我们处决你，你的爹娘会哭，对不对？日本百姓也会生气，对不对？中国不想再跟日本打仗，绝对不想。这就是为什么释放你。"

金子君就像我接触过的其他老兵一样，对中国心存感恩。起初，他觉得自己之所以会获释是因为中日修好谈判。当他知道中国人是无条件释放他的时候，他根本不敢相信。他说这件事开始转化他的灵魂，让他转而支持中国，并将从前的自己视为恶魔。而他待过五年的西伯利亚的战俘营则完全是另一回事：环境极恶劣又让人受尽屈辱。因为天气太冷，他不敢到外面小便，只好尿在喝水的水壶里。有一次，他到茅厕解手，却因为地上的冰太滑而掉进了粪坑，身上沾满结冰的大便。他跑回屋内取暖，身上的冰雪随即融化，臭味飘满一屋。那里没有任何医疗措施。他的朋友有的死于肺炎，有的死于痢疾。他被派去清理一个堆满尸体的贮藏室——当时是冬天，地面结着冰，硬得无法掘墓。那些尸体一具叠一具，就像冷冻的死鱼。"那五年我吃尽苦头,受的苦远过于战争的任何期间。"他说。

大概让他一样难受的是,当金子君从中国回到日本之后,他受到公开羞辱——不是因为他犯下的战争罪行,而是因为他坦承犯下这些罪行。这对他失去的岁月来说是一种痛苦的回报。

(生着气说:)我们因为爱国才去中国打仗,但等回到家后,人们却说我们被洗脑而受监视。你有听过这么离谱的胡说八道吗?……对!不管我们到哪里去,都会有个警察在后面跟踪,把你每月每天每时做的事都记录下来——全部写下来!你们有听过这么离谱的事吗?!为了效忠天皇陛下,我们把命豁出去,后来日本战败又被送去服苦役……我们好不容易活着回来,却又说什么"洗脑"——简直一派胡言……没公司肯雇用我们。我是进过一家公司,但你们猜后来怎样?我只待了两天。不到两天便被炒鱿鱼。

那些愿意谈论到底发生了什么的人,特别是公开表示支持中国的那些人,都被人仇视、疏远和威胁。阪仓君回忆说,在一个退役军人的聚会上,其中一名演讲者花了许多时间否认日本军人犯过战争罪行。"他竟然说没有任何人做过那些事!我想要站起来反驳,但……但一想到我只有一个人……我只好保持沉默……"

稍后,阪仓君和一批旧日战友出游。他在一小群人中提起战争罪行的话题,想着这样能让其他人私底下承认自己干过坏事,或干脆给他们上一课,羞辱那些一口否决的人。我说了自己做过那些坏事之后问他们:"你们全都做过类似的事,不是吗?"但他(其中一人)却抓住我的袖子,说:"听着,你说的那些事情只有你做过。"

没有人再重新提起这些事。金子君和阪仓君违背了保持沉默和否认到底的集体决定。也因为这个缘故,他们无法找寻到宽恕。

*

我曾经提到,人们对讲故事和人权的关系一直有一些共同假定。我们相信,对于听者和旁观者而言,故事可以促进联结和同理心,而同理心可以促进帮助他人的行为。对幸存者来说,故事可以让人理解,并让一切愈合(closure),而愈合可以提供疗愈。

我想暂时把焦点放在前者。就像罗蒂(Richard Rorty)所说的,我们之所以能够经历两世纪的道德进步,主要是拜那些伤感故事和多愁善感的故事所赐:"这些历经几个世纪被反复讲述和不停变换的故事,让我们这些富裕、安全有权势的人去容忍,甚至是珍惜那些无权无势的人——而这些人的外表或是习惯或是信仰一开始看起来,就像是对我们自身道德认同的侮辱,也侮辱了我们对人类变异的限度的认知。"[377] 每当一个新故事出现,一个先前隐藏着或看不见的苦难形式会被暴露出来:E. M. 福斯特(E. M. Forster)的《印度之旅》(A Passage to India)永远改变了英国人对殖民主义的观感;斯托夫人(Harriet Beecher Stowe)的《汤姆叔叔的小屋》(Uncle Tom's Cabin)把废奴运动从边缘带入主流。这些新的故事让我们得知有哪些新的需要关心和感到痛苦的地方,而我们发自本能地回应他们。透过读理查德森的《帕米拉》,就像林·亨特说的那样,我们学会了同情所有的帕米拉,不管是小说中还是现实中的。又或者,我们持有恻隐之心就像是遵从一种生理性命令。伍尔夫(Virginia Woolf)在《三枚金币》(Three Guineas)里这样形容它:看见战争死难者的照片会让我们自然地感受到憎恶,从而反对战争。"那些照片不是一种论证;它们只是摆在我们眼前的,对事实的残忍陈述。眼睛是跟大脑相连的,而大脑又跟神经系统相连……当我们看着这些照片时，某种融合会发生在我们内部……不论你我的教育和传统有多么天差地别，这些照片给我们的感觉都是一样的：它们太残暴了。"[378]

朱莉·彼得斯（Julie Stone Peters）指出，这一类主张人天性恻隐的道德理论可回溯至18世纪，像是弗朗西斯·哈奇森（Francis Hutcheson）和沙夫茨伯里伯爵（Earl of Shaftesbury）都参与其中，把亚里士多德的"净化"（catharsis）观念重构为一种"通过叙事认同建立起的以情感为基础的社会团结"。彼得斯写道："由叙事而产生的恻隐之心，是一种团结人类的并通过情感纽带而激发人们的慈悲行为的机制。"[379] 这机制被认为是我们生理系统的一部分，如托马斯·杰斐逊（Thomas Jefferson）所说："造化在我们胸中植入爱人之心，植入一种对他人的责任感，一种道德本能，让我们无法不对他人的疾苦感同身受和加以援助。"[380] 哈奇森论述了一种"或许可以被称之为共情的灵魂感"，他说："当我们看见或听说痛苦、悲哀或不幸，又去思考它的时候，便会感受到强烈的怜悯之心，又会产生强烈的意愿去释放它，而且没有任何相反的激情能够抑制我们。"[381]

但我们无须把这种主张照单全收。同情心并不必须是天生或神经系统默认或需要上帝赐予才会形成。我们无须假定人性天生便是向善的。事实上，人性本善之说在18世纪便受到不少讽刺和怀疑，况且，18世纪除了是人道主义时代，还是萨德时代（age of de Sade）*。正如法国小说家里科博尼夫人（Madame Riccoboni）在1769年所宣称的："我们随时都准备好制造不幸，以便享受同情那

---

* 萨德，十八世纪法国作家，在作品中讴歌施虐癖。Sadism（施虐癖）一词便是源自他的名字。

些不幸者带来的甜美滋味。"《感伤之旅》(*Voyageur sentimental*)的男主角凡尔纳也说过:"一滴感伤之泪,多么甜美的奖赏啊。"[382]换言之,同情心和利他行为可以有很多不同的隐蔽的情感来源。它们也可以是一时的社会建构,是社会对其成员进行社会化的独特方式所产生的人造物,以促进人们做出更多有利于社会的合作性行为,但当事人依然会觉得它们有着强制性,就像生理条件塑造人的生命那样。故事教会我们怎样感受和怎样行动,帮助我们创造一个另类的、想象中的自我(更美、更勇敢、更有同情心、更温柔等)。所以,据此,今天人权文化的运行所遵循的关于社会性行为的深层而有力的原理,同驱使人们对品牌忠诚或对商标痴迷的原理是一样的(人们更容易去鄙夷这些原理而非超越它们):**对,我想要成为那样的人。我喜欢别人把我看成那样的人。**我们不需要是好人才会想当好人。

我们毕竟是全面自我中心的生物。就连那些我们为别人悲惨命运深深悲伤的时刻,一样有可能只是我们不停歇的自我关注的情绪性延伸。以下这个心理学事实虽无情却铁铮铮:我们会为亲人的死去哀伤,其中不小的部分是在为自己终归一死的宿命而难过。秉持同样的态度,要想同情一个远方的陌生人,我们得先在认知上下功夫,把这名陌生人转化为看似跟我们有关或与我们相似的人。只有极端的道德纯粹主义者才会为这一类自我关心(self-care)感到悲哀。[383]我们并不**只**是出于关心别人才会关心别人。关心别人的动机可以是复杂和多重的(比如说它其实是一种自我关心的表述,甚至是我们所采用的一种美化自我概念的策略),但这仍无碍于它本身是一个关心别人的行为。尽管这些观点令我感到棘手,但我始终未能被这些论断完全说服,它们声称:动机只要有部分自利成分就足以否定行动中的善良,或者是腐蚀掉产生这些行为内在的道德权衡的仁慈面。

另一方面，动机不纯粹的社会事实又总是让我们很容易对大众化的感伤投以冷眼——特别是现在，在我们所处的景观社会（society of the spectacle）*之中尤其如此。伊什梅尔·比亚（Ishmael Beah）关于童兵的回忆录被《时代》杂志如此评论，说比亚俨然是个"摇滚巨星"，说童军是战争受害者中间"最性感的范畴"，而"武器化的儿童"则是好莱坞的在拍摄"发生在非洲的核武器级别动乱"时的"一大卖点"。[384]这一类东西会让我们反感并非道德纯粹主义作祟。当我们看到像这样的自恋式的利他主义时，我们所感受到的内在的反感是有道德意义的，自恋式的利他主义更多是有关施助者的渴望而非被帮助者的需要。它是一种来自大众的关心，不仅是由好奇心驱使，而且是由肤浅的好奇心驱使，是一种看见他人却没看出别人独特性的关心。斯坦利·卡维尔（Stanley Cavell）衡量过这种关心的后果：人道主义者的动机是"要承认被遗弃者是人类，但此举的效果却是像对待被遗弃者那样对待一个人类，而被遗弃的状态会定义出一种适合某种人去扮演的社会角色，一种次专业类型"。[385]这种对他人的简化，其背后隐藏的自恋心态常常会表现为以下两种形式的一种：深入的盗窃（depth larceny）和道德虚荣心（moral vanity）。让我们轮流考察它们。

先说"深入的盗窃"。伊娃·霍夫曼主张，对纳粹大屠杀幸存者的表面上的同情和整个社会范围内充满尊重的提拔，部分是出于一种低卑渴望：去感受一下"存在的庄严性"（existential grandeur）。伊娃指出，大屠杀幸存者非常抢手："他们被拉到市郊高中演讲，接

---

* 这是法国思想家居伊·德波（Guy Debord）提出的观念，指现代社会的大众媒体已把一切变为景观、表象。

受访谈，被乞求说出他们在地狱里的故事。"这种对幸存者的渴望部分是出自一种骇人的兴趣（霍夫曼一个学生告诉她：我们好爱听大屠杀的故事，它们好有戏剧性），部分是出自"对意义感的嫉妒"。我们自己过的是被动、悠闲和景观化的生活；我们的艺术、文化、政治甚至我们的心智都"有可能被摧毁得近乎不存在"。[386] 但纳粹大屠杀却是不能摧毁的：它始终是它自己，是对本真（authenticity）的一个承诺。因此，与大屠杀幸存者相会，可以让听众（他们的生活平庸、折中而低风险）近乎触摸到历史，触摸到攸关紧要的选择，最终触摸到"真实事物"。"不久前的一个晚会，有两个宾客被人听到有如下交谈。其中一个说：'我朋友待过布痕瓦尔德。'另一个很得意地回应：'啊，是吗？我朋友待过奥斯威辛。*'"据此，霍夫曼指出，我们对受害者的同情心很容易就会变成一种剥削与侵犯，而被剥削与侵犯的正是"一个我们不应该如此对待的对象：他人的痛苦与死亡"。[387]

"低度认同"固然糟糕，但另一个极端并没有好多少。"过度认同"，即渴望甚至感觉有需要深入而真诚地共情幸存者，甚至有可能会让当事人产生自以为已经同化了幸存者经验的错觉，产生替代性的受害者感，或是觉得自己以见证者的身份幸存便已足够。[388] 而"反认同"（anti-identification），即把幸存者神圣化，再抱有敬畏地接触他们。劳布警告道，它所起的作用形同自我保护，是"让自己站在一个距离之外，避免引起从知道（knowing）而来的亲密感"。[389] 但这些不同类型的把个人"纪念馆化"的行为最大的问题不在于它们从个体维度看来是道德不足、自恋或麻木不仁的，而在于它们加在一起会

---

* 布痕瓦尔德和奥斯威辛都是纳粹集中营所在地，但后者比前者更血腥。

产生"第二次健忘症",让纳粹大屠杀膨胀为"一个越来越大的空洞指涉,一个历史恐怖的符号,一个关于'真实'的寓言,一场熟悉的灾难以及一个代替本真性和历史的替身"。[390]

现在再来看看"道德虚荣心"。当"让贫穷成为历史"(Make Poverty History)运动在爱丁堡举行时(其目的是动员美国支持全球反贫穷的行动),内罗毕记者约翰·卡马乌(John Kamau)问一名苏格兰大学的学生这活动是不是真的可以改变什么。"我应该对它寄予厚望吗?"坎茂问道。那学生回答说:"这件事不只关乎你们,还关乎我们人类。"换言之,那场活动的真正目的是要在众人面前表现出参与者是什么样的人,而不是为正在受苦的人带来纾解。一个老师这样表示:"这是我第一次为自己感到自豪。"另一个学生宣称:"真是刺激。我想要被算入那些为世界摆脱贫穷而奋斗的人。"[391]对此,凯特·纳什(Kate Nash)评论说:"创造一种对远方受苦者的情感,能够产生一种对缓解苦难的道德义务的共同理解,但这种创造总是冒着堕落为情绪上的放纵——倾慕于自己的感性、真诚与意志力的风险。"[392]

哲学家巴纳德·威廉斯(Bernard Williams)写道:"一个男人出于对伊索德(Isolde)的喜爱而赴汤蹈火是一回事,但出于在乎自己身为伟大的崔斯坦(Tristan)*自我形象那么做又是另一回事。"[393]在这里有必要指出,道德虚荣心与道德自豪感之间存在着一个重要的区别。对道德自豪感备感失望,这一举动从伦理角度看起来是如此令人困惑,而作为一个心理学问题又如此不得要领。道德自豪感是一种因施行义举而获得赞誉所产生的满足感,一种在按照自己一

---

* 崔斯坦和伊索德为中世纪著名爱情故事的男女主角。

贯道德信念而行动时所得到的内在和谐感，甚至是身处正义集体之中时会有的刺激感和悸动。（纳粹大屠杀的施救者赫蒂·武特在回忆她年轻时代如何拯救犹太人时，几乎带有一种愉悦的怀旧之情。[394]）

但道德虚荣心（威廉斯称之为"道德的自我纵容"）却是另一回事。当我们的道德自豪感不再是行为的结果而是行为的目的时，就会变成道德虚荣心。道德虚荣心在时序上是最先产生的。这意味着这个人已经"不再想到底都需要什么，而是不成比例地聚焦于如何表达他自己的意向，并且在想到自己的意向将借此得到表达时得到快乐——而不是像那些不自我纵容的人会做的那样，从以某种方式行动会带来什么改变这一想法中获得快乐，而行动的方式就是他自己表达意向的方式"。[395]威廉斯认为，这一类道德虚荣心"反转了一种我认为是居于任何道德或健全生活核心的次序，即自我关心和关心他人之间的次序"。[396]

威廉斯的核心问题是返身性（reflexivity）在道德思虑（moral deliberation）中相对占据着主导地位。他主张："一个慷慨的人在进行道德思虑时，不会以'我是个慷慨的人'为前提。"[397]你也无法靠着把这种自我关注（也就是把对自己意向的表达当作行动的动机）解释为一种"正直"（integrity）而为之辩护。正直严格来说不是一种动机。它不是一种美德，不是我们可以去维护、追求或表现的。相反地，威廉斯主张，当我们说一个人"表现出正直"时，意指他是"根据自己内心最深处信念和动机来行事，并具备让自己可以做到这些的品质。正直本身不会让他做出那种事，而他也不是根据正直做出那种事"。[398]一个正直的人"会些名副其实的在乎一些事，并必然会具备想要像这样生活所必需的品质"。[399]相反地，那些追求正直的人则主要是关心自己。

看见一个貌似慷慨的人为自己表现出的慷慨而沾沾自喜，或看见崔斯坦为自己的自我形象而暗自窃喜，当然会令人感到困扰。但这种内在的欣喜是唯一的问题吗？去掉这种欣喜就能帮助我们去重新理解威廉斯的案例了吗？我想不是。要说明这一点，让我们来想象一个康德式的道德行动者——姑且称之为史密斯。史密斯不会沾沾自喜。史密斯对于所有会引发愉悦的自我关注的问题都制定了明线规则。他相信只有出于义务的行为方配称为道德行为，所以，对于史密斯来说，不管是出于自利动机的道德行为（例如出于相信童叟无欺可以招徕更多顾客而童叟无欺），还是出于自我满足的道德行为（例如有些人"会从散播快乐中感到快乐"[400]），都不算是货真价实的道德行为。[401] 史密斯完全排除自我关注：只要尊重道德法则便已足够。这么一个史密斯会不会就是慷慨行为所带来的恶心的愉悦的终极答案呢？

也许是的。但一定会有许多人觉得，这个解决方法要我们付出的代价太高了。看着史密斯严格依照康德的方式的出于义务而行动时，我们目睹的固然是一种不受沾沾自喜污染的道德行动[402]，但与此同时，我们又是目睹了一种跟沾沾自喜一样让人疏离和反感的东西。迈克尔·斯托克（Michael Stocker）这样说明：

> 假定你正在住院，正从一场大病慢慢康复。你无聊透顶，正不知如何打发时间，却看见史密斯再一次来探望你。你现在比从前更相信他是个好家伙和真朋友——否则他不会花那么多时间来为你打气，不会花工夫从城市的另一头来这一头等等。你对他赞不绝口又千谢万谢，但他却抗议说，他这样做只是出于义务，而他一贯都是设法尽自己的义务。你起初以为他这么说只是礼貌，但你俩交谈愈久，你便愈发现

他说的是真话:他不是因为你而来看你,不是因为你们是朋友,而是因为他认为这样做是义务所在,就像一个基督徒有责任关心另一个基督徒,或一个共产党员有责任关心另一个共产党员。[403]

我们当然谁都不喜欢被朋友如此对待。如果说威廉斯担心的是道德思虑中的返身性,那斯托克担心的便是在道德思虑中把别人抽象化。换言之,史密斯犯的毛病不在他为自己的道德行为沾沾自喜,而在他的行为完全出于义务:他只是**做他该做的事**,不是**探望你**。

加在一起,威廉斯和斯托克的论点让我们知道,凯特·纳什笔下那些道德稚嫩的大学生为什么会让我们的道德直觉不舒服。他们在两个方面不信实(inauthentic):他们与被他们帮助的人之间的关系不信实(世界的穷人对他们而言是责任,不是有血有肉的人),他们与自己的关系不信实(他们是"寻求"正直而非"拥有"正直)。

然而,说到底,为了因为自己身一个利他主义者而欣赏自己真的那么糟糕吗?又或者,为了让别人欣赏自己的利他主义者形象而帮助别人真的那么糟糕吗?又或者帮助他人不是因为他们本身,而是因为自己想要帮助别人?会不会在所有这些情况中,我们目睹的是沃勒所谓的"承诺升级",不同的只是这一次是帮助别人而不是伤害别人?首先让他们戴上手环和参加集体行动,然后让他们捐钱,然后让他们在请愿书上联署,然后他们说不定会成为有伦理职志的人,最后甚至不惜冒生命危险拯救别人。如果任由我们对作为手段的道德的反感变成一种正直拜物教,已经开始妨碍我们认可并强化针对种族大屠杀的心理上的反技术(countertechniques)的能力,那真是一种不幸。所以说到底,貌似的利他主义者(appearing altruist)和货真价实的利他主义者真有那么大的不同吗——特别是在目前的语境中,appearing 一词更多是"渐渐成为"的意思,而不是"表面上"的意思?

我们记得,哈奇森、沙夫茨伯里伯爵和杰斐逊主张过,人的恻隐之心是与生俱来的。然而,我们会受苦难故事吸引,也是因为我们天性恻隐吗?多个世纪以来,曾有许多理论试图解释人类为什么有一种看似互相矛盾的冲动:想要看到对发生在别人身上的暴力、疾病和伤害的再现。在《诗学》(*Poetics*)一书中,亚里士多德指出,"尽管我们在生活中讨厌看到别人痛苦,却会在谛视极其逼真的痛苦画面时产生快感",其原因在于学习会让人愉悦。[404]休谟则主张过,艺术中的"美之情愫"可以把恐惧和怜悯两种激情转化为灵魂的愉悦运动。[405] 在《超越快乐原理》(*Beyond the Pleasure Principle*)中,弗洛伊德解释,人会有反复回到痛苦时刻的冲动,是因为当我们在一个受控制的架构内回放创伤事件时,会获得一种对创伤事件的掌控感。文学评论家诺曼·霍兰德(Norman Holland)以精神分析学对性欲、侵略性和恐惧建立的模型为基础,主张读者可以透过阅读苦难故事支配被压抑的幻想,从而获得满足感。[406]

我们也未尝不可以主张,人们之所以会被令人深恶痛绝的故事吸引,是因为它们让我们很高兴地知道自己是那类目睹暴力会深恶痛绝的人。[407] 又或者我们正在体验把别人当作情感上的比较对象的复杂快感:将别人的痛苦内化,再放下并回归自我时产生的幸福的解脱感(换句话说,就是呼气的快感)。又或者我们的满足感是来自得知别人也像我们一样会经验不幸,还不幸**得多**(通过向下进行社会比较来获得对现状的愉快感)。

埃德蒙·伯克(Edmund Burke)曾用一个模拟解释何以"痛苦

可以是愉悦的一个来源"。他指出，就像有规律的体力劳动可以让人身体健康愉快，让心灵接受恐怖的刺激也是一个让心灵能力保持健康运作的机制。[408]心理学家马尔温·朱克曼（Marvin Zuckerman）总结了当代生物社会研究理论，这些理论认为阅读痛苦故事的快感产自视觉层次的认知刺激，而被压抑的行为或在保护框架内所遭逢的危险作为一种新奇之物，会令人觉得格外刺激。[409]其他理论则谈及了"激动回复"所具有的内在积极影响（每当人们受到负面的刺激，随后就会感到痛苦的缓解）。[410]对社会行为的进化论解释则指出，人会被痛苦故事吸引的倾向是一种生存优势，因为这些故事招引出的强烈情绪"有助于人类打磨自己取得和传递关于情绪的信息的技巧，从而更好的掌握如何读懂别人的心思、暗示和隐瞒自己的心思等这些生活必需技能"。[411]

讨论存在的平庸性（banality of being）时，爱默生（Ralph Waldo Emerson）指出："有时，在某些心绪的唆使下，我们会故意招引痛苦，希望借此最终找到真实，找到一些会刺人的尖利真理。"在这个问题上，爱默生的意见同一种被大力发扬的浪漫主义观点十分接近：从马克思·韦伯（Max Weber）到乔治·巴塔伊（George Bataille）到莱斯利·菲德勒（Leslie Fiedler）等一系列评论家和哲学家都以不同的方式支持过这个观点，在以"袪魅化"为特征的日益世俗化的社会中，在一个日渐被雇佣劳动以及由此导致的对身体、行为及空间的"微观规制"所主宰的社会中，罪恶和肢体暴力取代了已经遗失的灵魂上的清晰感和超越感，而犯罪和恐惧则代表着一种解放，一种有吸引力的浮士德式英雄主义。[412]相反的，或许可以论证的是，对残暴的描述如此诱人，是因为它们展现了一种对伦理秩序和社会秩序的引人焦虑的挑战，人们只好从仪式上禁绝它，而这禁绝同时令人感到惬意。[413]

挟着历史学家的王牌,凯伦·哈尔图宁(Karen Halttunen)回答上述问题的方法是把它倒过来:我们为何不享受这种对痛苦的"再现"?她力主,认为人对别人的痛苦有发自本能或天然的反感纯属一种"现代发明",是18世纪的感性崇拜(cult of sensibility)的一种产物。[414](她同时主张施虐狂式的色情文学同样是一种现代发明:是因为现代人把"痛苦"视为一项禁忌而让它在色情文学中扮演了越来越重的角色。[415])凯伦力主,出于天性,人一直都对痛苦着迷。是现代世界把我们训练得相信我们不受那些吸引我们的东西的吸引。

如果我们把过程去熟悉化(defamiliarize)并把视角稍稍转移,就会发现,阅读他人所遭受的痛苦这种休闲行为更像是出于幸灾乐祸而非同情心。读者在拿起一本小说以前便已经知道里头充满痛苦、心碎和放逐,但仍然甘之如饴。小说家的情况也相当类似。她创造出一些角色,用层层描写让他们栩栩如生,她与这些角色长时间为伴,为他们注入深沉的人格,往往只是要用别出心裁的方法折磨他们,甚至是把他们杀死。即使作者没有加诸角色一些无缘无故的苦难,书写行为也必然是狠心的。例如,小说中一定会有主要角色与次要角色之分,而次要角色之设只是为了陪衬。一些人事关紧要,而其他人则无足轻重。

我们阅读关于痛苦的小说部分是为了满足我们对看见别人痛苦的"需要",不论是作为向下进行社会比较的一种温和版本,还是不顾后果地进行解构的一种极端版本。这种思辨会让人想起一个有关喜剧的历史之悠久主张:笑是我们优越感的一种表现,它是对我们在那一瞬间解放出来的残忍的体验和否决。[416]**不用担心,这没什么大不了的,我们可以乐在其中。**如果我们不难看出笑可以是无情的,那么哭不也是如此？会不会，哭也是一种用于拉大距离的防卫机制，可有助于加强主体的孤立和优越性？

但这一类犬儒立场是让人难以接受的。我们似乎会从中得到一种深深的满足感——一种苦中之乐，它来自从痛苦之中所体会到的团结，来自分享他人的悲痛并感到他人存在之重。有时我会觉得那是一种人类的基本需求：对被连结（connectedness）的需要，对超越贫乏人类互动（大多数人类互动皆贫乏）的需要。要我们去**诋毁**这种感情极其困难。这恰恰就是为什么同理心和同情心长久以来都是文学研究热烈探问的主题的原因：它们对我们生活在群体中的能力和想要活得有尊严来说是根本的，对我们追求改变世界和这种努力为自己的人生所赋予的意义来说是根本的。它们对于想要被人听见声音的学者们来说之所以是一个诱人的讨论对象，正因为它们位居我们存有的核心，以至于它们每受到一次解构，我们都会心惊肉颤。

不过，在某一个层次，我刚才所梳理的关于同理心的阅读行为的解释是否可信并不重要。在一个深刻意义下，人类的动机不仅是不可知的，而且极有可能是不重要的。重要的是这些故事起到了什么样的作用。它们有带来改变吗？它们可促进帮助别人的行为吗？大多数从事人权工作的人都认为它们做到了这些，才会不倦于一遍又一遍地讲故事。

但也许它们什么都无法改变。伊莱恩·斯卡里警告我们，依赖于"慷慨的想象力"来促进社会改变是危险的。《汤姆叔叔的小屋》或《印度之旅》都是稀有的例子，同时大概也是关于世界主义想象力所具有的力量的误导性案例。她写道："人类伤害别人的能力之所以非常巨大，恰恰是因为我们有能力把别人想象得非常小。"[417] 而且不管怎么样，同理心大概更像一笔钱那样，花完了就没有，而不像肌肉那样能通过训练变得更强壮。我们把同理心耗费在战争照片上，耗费在虚构的人物身上，结果对现实生活中可以切实接触到的人毫无怜悯。伊莱恩·斯卡里在别处又警告说："总有这么一种危险，那就是虚构的角色所遭受的痛苦（不管身体还是心灵的痛苦）会把我们的注意力从活生生的姐妹或叔伯身上引开，而他们才是我们的同理心可帮助的对象。另一个危险是，因为艺术家极其擅长表达痛苦，以至于人们可能会把他们这个集体当成真正的受苦者，从而无心地忽略了给予其他亟须帮助的人足够的关怀。"[418]

也许，对着这些虚构之事好好哭过一场以后，我们在感情上就会消耗殆尽，会努力避免在真实世界再付出同情。也许，这样流过泪之后，我们会觉得已经奉献出了足够多的自我。也许，借由这种虚构的痛苦，我们会觉得自己充分印证了自我概念，验证了我们自身的善，并因此觉得无须再做些什么来达成人格的均衡。当我们已经付出了自己的关心之后，还需要什么来践行有意义的行为吗？卢梭在1758年道出这些忧虑：

> 当我们把眼泪献给虚构作品时，我们就满足了人道的要求，用不着付出更多。但是现实生活中受苦的人却要求我们给予关注，要求我们的关心、支持、宽慰和善行，如果满足这些要求，就会令我们卷入他们的痛苦之中，或者要求我们至少牺牲掉自己的懒散与倦怠，而这些都是我们希望自己能够被豁免的。可以这样说，因为害怕受到触动时自己会付出代价，我们紧闭自己的心门。说到底，既然一个人已为假想的善行唱过赞歌和为想象的不幸流过泪，你还能要求他什么呢？他对自己不是满意了吗？难道他没有理由为自己的心灵之美鼓掌吗？当他对美德给予充分尊重时，难道他不就完全清

偿了他的亏欠吗？你还想要求他些什么？要求他亲自实践吗？但须知戏中并没有他的角色，须知他根本不是演员。[419]

劳伦·伯兰特（Lauren Berlant）指出，感伤政治（sentimental politics）乃是用"感情上的变化"取代"实质的社会改变"。[420]这个论证在检视美国的种族主义时变得尤为尖锐。例如，约迪·梅尔米特（Jodi Melamed）指出，美国大学的多元文化教育让白人大学生"因为自己的反种族主义情绪"而认为自己是反种族主义者，哪怕他们实际上参与并受益于"贫与富的新种族隔离"。[421]菲利普·费雪（Philip Fisher）在讨论《汤姆叔叔的小屋》时也指出，这部引发人们同理心的小说所激起的"是眼泪而非革命"[422]，他断言，这种富有同理心的阅读体验为人们提供的是"为疾苦而难过的心情，而非对抗疾苦的行动"。[423]

而当我们情绪上被这些故事攫住的时候，我们体会到的甚至可能不是痛苦的感觉。它甚至不是感觉，不是一种从我们内在、从内心深处感受到的"感觉"。它可能要更浮于表面，更外在。在《理性的要求》（*Claim of Reason*）一书中，卡维尔把想象（imagination）区别于"富于想象"（imaginativeness）。想象可以创造联结，看见联系；而"富于想象"则只是创造鲜明的意象。他指出，狄更斯两种能力皆擅长，但狄更斯同时深知，即便他有能力"让全世界的伪君子为他所描写的贫穷景象与夭折的孩子们落泪"，仍然无法让他们看出自己与这些苦难的关联。[424]

齐泽克（Slavoj Žižek）把这个论证推至极端，论证了一种类似于自我的外在化（exteriorization of the self）的观点：

这一点对我们理解"精神分析不是心理学"这个拉康派（Lacanian）基本命题攸关紧要：最切身的信念，甚至最切身的情感（如慈悲、哀哭、忧愁、欢笑等）都不可能不在转移或托付予他人之后仍不丧失它们的真诚性。在其讨论课"精神分析的伦理"中，拉康谈到了合唱队（Chorus）在古典悲剧中的作用。身为观众，我们带着各种日常生活的烦恼忧虑走进剧院，所以无法毫无保留地投入到戏剧要求于我们的感情，即恐惧和慈悲——但不打紧，因为合唱队可以代替我们感受忧伤与慈悲，或更精确地说，我们可以透过合唱队的中介感受到我们被要求感受的各种情绪："所以，即便你什么都感受不到，一样不用担心，合唱队自会代劳。"[425]

以罐头笑声当作"外在化感觉"的典型例子，齐泽克指出，我们只需要慵懒和蠢蠢地盯着电视屏幕看，便足以尽好"我们的慈悲"和"达成我们的哀恸责任"。[426]

说到底，那些可怕故事到底让我们有过什么实际作为呢？且再次听听卢梭是怎么说的：

据说悲剧是透过恐惧引起怜悯。假若这是真的，那怜悯又是什么呢？是一种瞬息即逝和空洞的感情波动，存续时间不超过引起它的那种幻觉；它是刚被激情压倒的自然感情的一点残余；它是无用的，只满足于流几滴眼泪的怜悯，从不曾产生过一个半个帮助别人的行为。由此，嗜血的苏拉（Sulla）* 听到别人干过什么残忍暴行时

---

* 苏拉为古罗马将军和独裁者。

也会流泪。由此,暴君亚历山大 *看戏时会尽量躲起来,生怕被人看到他跟着安德洛玛刻(Andromache)和普利阿摩斯(Priam)†一起哀哭,但对每日被他处死的许多不幸被害者的哭泣无动于衷。[427]

即便悲剧所唤起的恻隐之情真的可以影响我们,让我们决定在现实世界采取行动,但我们会采取的行动通常寥寥无几。伍尔夫写道:"在联署书上签个名很容易,参加那些用华丽修辞向人们反复宣扬他们早已接受的和平观点的集会,这也不难。开张支票支持那些你模糊接受的主张虽不那么容易,仍不失为安抚你内在那个被权称为良知的东西的简单方法。"[428]

有人会主张卢梭和伍尔夫是错的,或者说,他们是用对了量尺却量错了对象。由于孤立的行动会在时间里冻结,所以上述的行动(在剧院里流泪、为请愿联署、参加集会、开支票)无一可以改变些什么。但这些行动其实并不孤立,也没有在时间里冻结,因为大量类似的行动加在一起便可以改变些什么。所有这些行动都是一段时间弧上的一个点,假以时日,说不定会开出一条道德进化和承诺升级的道路。

对此,卢梭和伍尔夫也许会这样回答:也许是你说的那样,但真正的问题不在于怜悯激发的行动在个别来看无足轻重,而是作为在时间中重复上演的相似行动的一部分,它们同样具有潜在的危险性。它们都是叙事的产物,而这种激发人怜悯之情的受害者叙事——特别是那些试图引发人强烈情感的叙事,以及用这种叙事来描述种

---

* 锡德尼《为诗辩护》(见前引)中提过的暴君亚历山大·菲里阿斯。
† 普利阿摩斯为希腊神话中的特洛伊国王,安德洛玛刻为其长媳。

族化的他者时——引发的忧虑着实非常多。随着时间流逝，它们也许会固化这种观念：即把受害者当成一个单独的"人"的类别。受害者可能会感到被迫要让他们的故事乃至自我认知去贴合整体的叙事期望。"受害者作为一种身份"会损害那些需要追求自主性甚至权利的人的努力。而这种无处不在的印象会让我们难以把受害者当作人而非一种模式，而聚焦在极端的身体暴力也会让我们忽视那些不那么戏剧化的结构性暴力（通过系统性的否决基本需求而造成的伤害），从而削弱我们去为社会正义与经济正义构想一个更全方位的行动纲领的能力。

这些都是当前人权运动所面对的重大考验。一个以建立在我们共同的承受痛苦的能力的哲学系统，和一个光是通过幸存者的痛苦经验去理解他们的哲学系统只有一线之隔。

*

一个朋友看过前面一节的早期手稿后，在页边写道："你写这个的时候身处幽黑之地，詹姆斯！"会不会前面对情感类人权叙事的悲观主义过了头，是一种错误思考方式的产物？

研究人权和"见证"的学者在为自己的工作寻找正面理论模型——一些智性可信度和情感驱策力不下于上述批判的模型时，往往求助于伊曼努尔·列维纳斯（Emmanuel Lévinas）。列维纳斯的作品和"他者伦理学"（ethics of alterity）对今日的文学和文化研究越来越有影响力。居于其哲学核心的隐喻是：与他人的面对面接触。列维纳斯指出，他人的脸会对我们提出伦理要求，这种要求不仅仅会引发我们的回应，还会**构成**我们。在我们是在与他人的关系中成为特定的人。在面对面的接触中，他人的脸让我们感到无限的异在

(foreign)又不可抗拒的亲密：说是异在，是因为他人永远不可能被同化和化约成和我们一模一样；说是亲密，是因为"认同"(identity)归根到底是一种主体间性。某个意义下，在脱离了对他者的回应或对他者做出回应之前，自我是不存在的。朱迪斯·巴特勒（Judith Butler）写道："回应别人的脸，理解其意义，意味着意识到另一个生命的不牢固，更精确地说是意识到生命本身的不牢固。"但是这种理解不可以是"从理解自身的不牢固，再到去理解别人不牢固的生命而得出的论断"。别人的脸"会把我们从自恋中唤出，朝着某种最终而言更重要的东西走去"。[429]

凯莉·奥利弗相信，列维纳斯对主体性和认同的理解，是一种对至今仍然具有主宰性的新黑格尔主义倾向的矫正，而这倾向把关系理解为一种争取承认的斗争)。"比起用自足主体的客体化眼光凝视他人，对他人进行检视、压制或斗争，我们其实是可以用慈爱之眼望向他人，邀引慈爱的回应。"但她又问道："什么才是超越支配的爱？什么才是超越承认的爱？"[430] 列维纳斯写道："以自我为起点的沟通是不可能的，因为'自我'是一个自由的主体，任何'他者'不过都是一种阻碍，让'自我'不由自主卷入争执、施以影响、产生戒备或是提供解释。诚然，沟通是一种敞开自我的行为，但如果时刻索求他者承认，这种敞开则是不完整的。如果对认可他者，或是对其所展现出的景观（spectacle），仅持开放或乐见的态度，并不足够，只有将这些视为自我的责任，敞开自我才会完整。"[431]

列维纳斯的独特之处在于他帮助我们理论化地思考同理心和我们在彼此面前呈现的能力，不管是作为聆听者或是读者。[432] 对那些感兴趣于"伦理批评"(ethical criticism)的人来说，另一条进路可以在20世纪90年代的文学和文化研究的作品中找到——这个时期有时被称为"伦理学转向"(ethical turn)。罗伯特·伊格斯通(Robert Eaglestone)用一种更为总括性,但仍然有用且具有洞察力的方法,把之前和当下伦理批评分为两大阵营:一个阵营(玛莎·C.纳斯鲍姆是代表人物之一)把文学文本视为厘清"道德推理"的形式,可反映和启迪我们的生活,培养我们的伦理责任感;另一阵营(代表人物之一是米勒 [J. Hillis Miller])受解构思潮影响,主张文学提供的不是清晰的道德推理,而是一种"悬而不决"(undecidability)体验,而那准确说来也是一种伦理性的体验,因为它会打乱我们与我们深信不疑的伦理知识之间的关系。[433]

当前有许多学者致力于把这样一个理论架构整合到人权语言与修辞中去,其中一位是多萝西·黑尔(Dorothy Hale)。她把前一节有关角色驱动型文学残忍性的论证拿来,再上下颠倒过来。她承认,小说的经验基本上是一种侵犯的经验。因为我们跟小说里角色的相遇,和我们跟其他心灵的相遇十分类似。他们让我们感觉如此真实,某种程度上,我们甚至觉得他们是有"自主性"的,所以"有权拥有人权"。但事实上,他们是被困住的:被作者困住,被情节困住,被我们作为读者的知觉困住,也被美学形式本身困住。多萝西写道:"现在,美学形式对主体性的显眼幽禁被指斥为是再现权力(representational power)的一种滥用,而作者必须多少利用角色来达成自己目标的事实则被视为一种剥削。那些与角色认同的读者则担心自己会有情绪殖民(emotional colonization)之嫌,而那些从角色命运中感受到美学快感的作者和读者则会承受偷窥者的内疚。"

然而,内疚快感恰恰是一套文学伦理学的起点。多萝西继而指出,在小说中,我们遇到的角色既是自由人,又同时是受束缚的美学制品。他们位于我们可理解的范围之外，而这一点让我们不安，所以，我们设法把他们简化为我们可理解的受限事物。以这种方式，文学为我们的在世间存有（our own being in the world）举起一面镜子，让我们可以看见（或者说体验到）我们的所有人类可能性是如何"产生于社会束缚的运作"的。[434] 这种与文学他者（literary other）的相遇之所以是伦理知识，是因为它帮助我们看见作为他者的我们，帮助我们看见我们是通过共有的脆弱性和束缚而存在，帮助我们不光是知道，而且还能感受到我们对彼此的亏欠。它之所以是伦理知识，是因为它会让我们吃惊且总是感到困惑，会动摇那些我们死命抓住的、限制住我们的确定性的东西，让我们对差异性敞开，最终对超过我们能力之外的要求敞开。

有时我会觉得，本书描述过的所有再现的悖论，所有让我们无法正确对待他人的限制，都是多萝西意义下的起点。

*

我就"讲故事"和伦理学所必须说的话在上一节告结，这也是我之前提到的曲折小径的结尾。接下来我想就今日的学术书写方向略置一词。

大多数时候，学者都安于不问世事。事实上，很多学者还为"不问世事"辩护，视之为一种珍贵的文化资源。他们指出，必须要为创造性思考和对我们这个世界意义的沉思留一些空间，让它们不为时代的短期顾虑所囿或被工具性思考方式所损坏。**在一所公立大学里研究诗歌是很不错，但它能为我们国家的经济创造多少就业机会？**面对这种质疑，捍卫无关紧要之物就是在响应精神层面的需求。正如文化评论家保罗·弗赖伊（Paul Fry）指出，诗歌就是"意义的解放"，就是"透过动摇意义而开显自由";诗和诗歌批评可以扩大我们的经验,满足我们对体会**存有**(being)而非**做**(doing)的深刻需要。所以,当弗赖伊敦促其他学者从历史上介入性的批评转向延缓"我们对世界有目的性的介入"的美学概念时,他呼吁的不介入(disengagement)归根到底乃是伦理性的。[435]

这类论证表现为很多不同形式。例如,在强调我们对美学现象的生理反应的首要性时,文学理论家贡布雷希特(Hans Ulrich Gumbrecht)呼吁我们应在研究与教学中重新发现艺术所带来的"激烈时刻"(moments of intensity)——这些时刻之所以珍贵,恰恰是因为它们"不包含启发,不带有讯息,没有我们真正可以学到的东西"。[436]阿多诺(Adorno)则指出,那些苦恼于"相关性"(relevance)的人会无法"耐心倾听一些其语言专门挑战意义的文本说话,而这些文本因为同意义隔有距离,所以从一开始便推翻了实证主义对意义的臣服"。[437]换言之,"相关性"会用很多不同的方式证实自己,而被很多人视为"不相关"的东西往往正是理解的视域(horizon of understanding)。

然而,自 2001 年开始,即使在那些看到抵制"相关性"这一行为的价值的学者当中,也有很多人发现自己渴求介入。他们想方设法去调和自己的学术追求与道德认同,以缓解迫切感受到的内在矛盾的压力。

2001 年常常被认为是世界政治和美国文化的一个分水岭。我基本上不觉得这种主张可信。然而对我来说,无法否认的是美国的在伦理上的自我形象在 2001 年之后确实发生了变化。就像很多人指出的,这个国家的词汇改变了,有些原来陌生的字眼变得司空见惯(如 ghost prisoner[幽灵囚犯]、black site[黑牢]、stress position[压力姿势]和Waterboarding[坐水凳]),又有些旧字眼被注入了新的意义(如preemption[先制攻击]和rendition[非正规引渡])。美国当然不曾存在过一个前刑讯(pre-torture)时代,不过,也不太可能去夸大美国对于刑讯政策的**官方**和**公开**解释所具备的意义。即使是在南北战争期间,当美国的国土完整性备受威胁之时,美国政府和军方的仍然以官方立场斥责刑讯。1863年的《一般命令第一百号》——广为人知的名称是《利伯守则》(Lieber Code)——再次确认了英美司法系统对刑讯超过三百年以上的禁止:"军事上的必须性并不意味残忍可被接受,也就是说,不允许为施加痛苦或报复的原因而施加痛苦,不允许在战场以外伤残他人,亦不允许以刑讯套取口供。"[438]

在目前这个后引渡(post-rendition)和后先制(post-preemption)的时代,美国人文学科各领域的学者开始问一个问题,而其热烈程度是越战之后前所未有的:"我正在做的学问意义何在?我正在创造或传播的知识跟现实世界中正在发生的事有什么关系?"很多学者开始相信,在这个特定历史时刻,他们必须面对的最迫切问题之一是美国与当代人权运动的关系。

在我的本行(文学暨文化研究),兴起了一个新的次领域。目前很多学者都致力于探讨文学与人权的关系,这方面的作品包括:斯特劳的《人权有限公司》(HumanRights, Inc);伊莉莎白·安克(Elizabeth Anker)的《尊严的虚构》(Fictions of Dignity)和《在世界文学中体现人权》(Embodying Human Rights in World Literature);温迪·赫斯福德(Wendy Hesford)的《堂皇修辞学》(Spectacular Rhetorics: Human Rights Visions, Recognitions, Feminisms);多梅娜·斯坦顿(Domna Stanton)为"美国现代语

言学会"编的人权专号；凯·谢弗和西多妮·斯密合著的《人权与叙事性生命》(Human Rights and Narrated Lives)；基南论媒体与人权的作品；索菲娅·麦克伦南（Sophia McClennen）那部"桥接脱节的人文学科与人权运动"的作品[439]；我自己的《好让世界知道》(That the World May Know)；伊莉莎白·戈德堡（Elizabeth Swanson Goldberg）的《超越恐惧：性别、叙事、人权》(Beyond Terror: Gender, Narrative, Human Rights)；亚历珊卓·摩尔（Alexandra Schultheis Moore）的《对人权与文学的诸种理论观点》(Theoretical Perspectives on Human Rights and Literature)。这还不包括许多博士论文和我读过的即将出版手稿，或是在文学研究中使用得越发频繁的其他相关学科关于权利的论述，例如林·亨特的《发明人权》、伊莱恩·斯卡里的《疼痛中的身体》(The Body in Pain)和阿甘本的《例外状态》(State of Exception)，以及过去十几年来有关人权与人文学关系的会议（举办地点包括伦敦、纽约、贝鲁特、温哥华、芝加哥、双子城、新奥尔良、普罗维登斯、美国人文学中心和其他地方），而包括我自己任教的玛卡莱斯特学院（Macalester College）在内，许多大学的文科课程里都加入了人权副科。

　　这些学术趋势代表的是一种不同于越战时期的变迁——越战是上一次美国学者感受到沉重历史压力的时期。对当时的年轻学者而言，"新批评"（New Criticism）的唯美主义跟时代的价值观和抱负越来越脱节。凯瑟琳·加拉格尔（Catherine Gallagher）和史蒂芬·格林布拉特（Stephen Greenblatt）指出，20 世纪 70 年代崛起的人类学批评（anthropological criticism）让他们发现自己所受的形式主义学术训练有多么空洞:"(格尔茨*的工作)让我们得知我们的专业技术比我们知道的还重要和更具阐释力",它"更新了我们对它们的价值的感受"。[440] 当时,新一代的文学史家都渴望可以跟"切实活着的男男女女的生活"连接起来。用加拉格尔和格林布拉特的话来说便是:"我们想要触摸到真实(the real)的迫切心情,就像前一时代的人想要触摸到超越(the transcendent)。"[441]

今日的学者正在发展一种对"真实"的新感情。他们的项目也许更应该被理解为疗愈性质而非人类学性质的。他们不那么想碰触到"真实",而是想从"真实"中复原。但若说我们真的是在经历一个疗愈的转向,那它又是一个奇怪的非个人性的转向,一个对自我(self)所处的位置感到不适的转向。全球化战争把学者置于义务之中。这义务首先是更清楚了解我们作为公共道德行动者的角色——哪怕这个自我了解的方案带有自恋味道,与这时代的格局并不相符。其次是更清楚地了解我们在伤害他人这件事上的所负的责任——哪怕这一任务带有偷窥和色情味道。甚至更糟,它给人的感觉更像是慷慨注意力带来的"礼物",而非是人权主义本身带来的"礼物",它是一种关怀行为,但同时也是一种权力行为,是一种强化了等级制度的特权表演。正如玛丽·道格拉斯(Mary Douglas)所说的:"虽然我们为仁爱这个基督教美德喝彩,但我们知道它多么具有伤害性。"[442]

对人权观念的批判研究正是这些伦理困境的表述,或说是为了走出这些伦理困境而提出。换言之,人权工作有可能带来疗愈的误

---

* 克利福德·格尔茨(Clifford Geertz),继利克洛德·列维-斯特劳斯(Claude Lévi-Strauss)之后最著名的人类学家,诠释人类学的开创者。

置。它有可能会让人把自我关注误当成号称具有普遍性的制度性结构的一个侧面，可能会让人把一己的焦虑与需要误当成是他者意向的一个侧面。宽容地说，我们可以说人权工作提供了一种救赎体验的世俗代替品，也就是说，可以让个人与超越自我的而不具人格的存在相遇。不宽容地说，我们内在欲望与公共功能的分裂乃是人权在国际政治中的"背信弃义"的矛盾立场的写照。例如，民族国家利用人权的修辞和制度框架，以"公共"利好之名追求"私利"。人权因此也是一种动员民众去罔顾人权的有效工具，最突出的例子即所谓的"解放战争"*。又或者，人权体系起到了吸收它所反对的系统所产生的外部性的作用，也因此在行动上和这些系统步调一致。或者我们还可以再一步论证说，人权工作可以削弱全球性新自由主义（neoliberalism）的不公义，因而让这种不公义维持下去——一如它可削弱非法拘留制度因而把它维持下去。所以，许多人把各类人权的诞生视为对原有秩序的精炼化，而非从原有的秩序得到解放。

　　从阿伦特到齐泽克的许多学者都主张过，普世人权的概念总是依赖甚至产生过一系列残忍和蹂躏性的排除（exclusion）。我们总是会把"人权"中的"人"字（man 或 human）理解为某种特定的人：正常人。被排除在这个"人"字之外的是谁，视历史时期的不同而异：也许是奴隶，也许是女性，也许是无国籍者。所以，有些论者主张，普世人权体系与一个有全球野心和军事化的国家主权并无多大不同——至少两者有相同的认识论基础。也就是对权利的观念同国家所拥有的恐吓性地定义何为人类的本质的能力相联系。[443]

　　不过，人们还是不情愿地承认，人权是我们**不能不想要的**（这

---

* 如美国的阿富汗战争、伊拉克战争。

句话引用自斯皮瓦克 [Gayatri Chakravorty Spivak])，承认即便最口是心非的人权修辞都可以开启真正解放的可能性。正如一位学者指出："规范性的平等主义想象不只会给普遍性设下条款与限制，还可以让普遍性的非霸权性再发声成为可能。"[444] 换言之，当一个系统公开规定何谓正常之时，它固然设下了限制，但悖论的是，它同时也让人可以开始想象还有什么其他事物可以被包容进来。它可以促进自由，既是因为它摆在你面前的是一组可解构的假设，也因为即便是矫情或姿态性的平等主义修辞，一样有助于让平等主义原则得到公开合法化。

美国学者对人权的矛盾心理反映着美国政府的矛盾心理。前者觉得人权论述可疑，是因为它被视为美国霸权的一种延伸；后者觉得人权论述可疑，是因为视之为对美国霸权的一种侵犯。美国促成联合国的诞生，然后通过罗斯福夫人的大力支持，又促成了《世界人权宣言》的诞生。可美国又拒绝认可一系列关键性的人权条约，包括《经济、社会、文化权利公约》、《反歧视女性公约》和《儿童权利公约》。国际人权运动全面性落实的愿景既是美国的乌托邦应许（utopian promise）的最新体现，也是其反乌托邦梦魇（dystopic nightmare）的最新体现。

*

我还有最后一个故事要分享。

我在日本拜会的第一位老兵是久保寺君。哪怕在多年后的今日，我脑海中对那次访谈的记忆仍然无比清晰。随着时间推移，我做过的访谈越来越多，许多细节也早已被洗刷掉：例如他们的房子布置得什么样子，他们穿什么衣服，在场还有些别的什么人。我只能靠回顾我的笔记去重构这些记忆。但我仍然记得久保寺君跪坐在房间中心的蒲团上，房间里铺着木头地板，一尘不染，布置简单优雅。他双手交叠放在大腿上，头微微前倾，脊背挺得笔直。

从某种角度来说，访谈的内容并非我记忆中最为鲜明的部分。他把自己形容为杀死孩子们的凶手，我不得不继续追问他，而我之前从来没有这样做过。但是，听人讲述他们是怎样杀死一个小孩之所以是一段令人不安的经历，部分原因是因为人们当时并不会感到那么不安。（很多个月之后我才对此产生连贯的情绪，但即使在那时，那种不安依然会以古怪的方式流露出来。）

当我们一起坐下时，久保寺君为我们准备了花生，每人一小盘。花生是他自己种下、剥壳和晒干的，然后再特地为我们炒熟。事后我得知，为了迎接我们造访，他还专门重糊了壁纸。起初我们的交谈有点笨拙，都是些无关痛痒的话题。我知道了他出生在农家，是十一个兄弟姐妹中的老大，他的童年记忆中没有念书或玩闹这回事——因为他不是在田里帮忙，就是在照顾弟弟妹妹。谈话过程中他再三道歉："我们是乡下人，对城市那一套知道得不多。而且我们都老了，所以只能用这种乡下风格来接待你们。""我脑子有点不中用了，老是把昭和年份和公元年份搞混。"从他展现自己的方式来看，久保寺君似乎已经决计要把自己变得**次要**。他看起来似乎已经做好了准备去接受某些事，而那些事，如果追根溯源，可能曾经为希望蒙上一层阴影——而我强烈地觉得坐在他面前的人不该是我，老天，我只是中西部一家规模很小的大学的文学教授。但我们还是交谈了，谈了很长时间。

事实上，那是我在日本进行过的最长一次访谈。因为是第一次，我们不知道长时间访谈对一个像他这样的老人意味着什么。我们有太多问题想问。我们不停地问。我跪在地板上,不停地动来动去,膝盖和肩膀越来越酸痛。但他始终一动不动。直到访谈的最后,他得要人搀扶才能站起来,我才意识到他同样感到痛苦。那天天气很热,所以他起来后喝了水,他很渴。而这一举动中的一些东西则让我感到震惊——那种单纯地满足自己需求的行为。我后来才意识到那是什么。我们都会做出一些照顾自己的细小举动,但我们自己甚至意识不到那是在自我照顾——像是不断调整坐姿好让自己舒服些、动来动去释放压力,挠痒或揉脸好让自己舒服或寻求刺激——而这些情形一概没有出现在他身上。

那天天色阴暗,所以我出门时带着雨伞。在殷殷道别之后,我才想起来忘了把伞带走,赶忙跑回门廊拿伞。进去的时候我忘了脱鞋。翻译见状,马上跪下来用手擦拭我走过的地方,嘴里说着道歉的话。

致谢

本书一些段落采自我早前发表的三篇文章："The Gulf Wars and the US Peace Movement," *American Literary History* 21 (Summer 2009)：418–428; "Human Rights in Literary Studies," *Human Rights Quarterly* 31 (May 2009)：394–409; "Fictional Feeling: Philosophy, Cognitive Science, and the American Gothic," *American Literature* 76 (September 2004)：437–466. 感谢刊方允予转用。

注释

引文：

题词页：Zbigniew Herbert, comment on "Why the Classics," in *The Poetry of Survival: Post-War Poets of Central and Eastern Europe,* ed. Daniel Weissbort (New York: St. Martin's Press, 1991), p. 334.

第71页：Hetty Voûte, *The Heart Has Reasons: Holocaust Rescuers and Their Stories of Courage,* ed. Mark Klempner (Cleveland: Pilgrim Press, 2006), p. 24.

第71页：Samuel Taylor Coleridge, "Fears in Solitude," in *The Poems of Samuel Taylor Coleridge,* ed. Ernest Hartley Coleridge (Oxford: Oxford University Press, 1924), p. 259.

第102页：Nora Okja Keller, *Comfort Woman* (New York: Penguin, 1997), p. 62.

第116页：Adam Smith, *The Theory of Moral Sentiments* (Indianapolis: Liberty Classics, 1976), p. 47.

1. Lincoln Li, *The Japanese Army in North China: 1937–1941* (Oxford: Oxford University Press, 1975), p. 21.
2. Michael Weiner, *Race and Migration in Imperial Japan* (London: Routledge, 1994), p. 30.
3. Brian Daizen Victoria, *Zen at War* (New York: Rowman & Littlefield, 2006), p. 91.
4. David Sanger, "Japanese Aide Apologizes for Calling Nanjing Massacre a

Fabrication," *New York Times,* May 7, 1994.
5. "No Comfort" (editorial) , *New York Times,* March 6, 2007.
6. Christopher Barnard, *Language, Ideology, and Japanese History Textbooks* (New York: Routledge Curzon, 2003) , p. 17.
7. Higashinakano Shudo, *The Nanking Massacre: Fact versus Fiction, A Historian's Quest for the Truth,* trans. Sekai Shuppan (Tokyo: Sekai Shuppan, 2005) , p. i.
8. Carolyn Dean 详尽地分析了色情作为一个应用到苦难的再现中的概念，如何塑造了当代对于同理心局限性的理解。见 "Empathy, Pornography, and Suffering," *differences: A Journal of Feminist Cultural Studies* 14, no. 1 (2003): 88–124. See also Stéphane Audoin- Rouzeau, "Extreme Violence in Combat and Wilful Blindness," *International Social Science Journal* 54 (December 2002) : 491–497.
9. William Pfaff , "An Active French Role in the 1994 Genocide in Rwanda," *International Herald Tribune,* January 17, 1998, Opinion, p. 6.
10. Emmanuel Dongala, *Johnny Mad Dog* (New York: Picador, 2006) , p. 147.
11. Susan Sontag, *Regarding the Pain of Others* (New York: Farrar, Straus and Giroux, 2003) , p. 95.
12. Thomas Keenan, "Mobilizing Shame," *South Atlantic Quarterly* 103, no.2/3 (Spring/Summer 2004) : 435–449.
13. Cathy Caruth, "Trauma and Experience: Introduction," in *Trauma: Explorations in Memory,* ed. Cathy Caruth (Baltimore: Johns Hopkins University Press, 1995) , p. 6.
14. See *The Critical Link 4: Professionalization of Interpreting in the Community,* ed. Cecelia WadensjÖ Birgitta Englund Dimitrova, and Anna-Lena Nilsson (Amsterdam: John Benjamins, 2007) .
15. Hannah Arendt, *Eichmann in Jerusalem: A Report on the Banality of Evil* (New York: Penguin, 1994) , pp. 288, 49, 287.
16. Stanley Milgram, "Some Conditions of Obedience and Disobedience to Authority," *Human Relations* 18 (February 1965) : 67.
17. Ibid., p. 75.
18. Elaine Scarry, *The Body in Pain: The Making and the Unmaking of the World* (New York: Oxford University Press, 1985) , p. 4.
19. Eva Hoffman, *After Such Knowledge: Memory, History, and the Legacy of the Holocaust* (New York: Public Affairs, 2004) , p. 7.
20. Ibid., p. 9.

21. Caruth, "Trauma and Experience," p. 5.
22. Cathy Caruth, "Recapturing the Past: Introduction," in Caruth, *Trauma: Explorations in Memory,* pp. 153–154.
23. Patricia Hampl, *I Could Tell You Stories* (New York: Norton, 1999), p. 73.
24. Hoffman, *After Such Knowledge,* p. 15.
25. Claude Lanzmann, "The Obscenity of Understanding: An Evening with Claude Lanzmann," in Caruth, *Trauma: Explorations in Memory,* p. 204.
26. David Eng and David Kazanjian, *Loss: The Politics of Mourning* (Berkeley: University of California Press, 2003), p. 9.
27. Marc Nichanian, "Between Genocide and Catastrophe," in Eng and Kazanjian, *Loss,* p. 133.
28. Ibid., p. 134.
29. Shoshana Felman, *The Juridical Unconscious: Trials and Traumas in the 20th Century* (Cambridge, MA: Harvard University Press, 2002), pp. 144–146. Felman这样对比文学正义与法律正义："文学是一种具体体现的维度，也是一种无限的语言，与法律语言不同的是，这种无限的语言所囊括的不是封闭性，而是在特定的法律案件中拒绝封闭和不能封闭的东西。正是这种对封闭创伤的拒绝，文学才是正义的"(8)。
30. Allen Feldman, "Memory Theaters, Virtual Witnessing, and the Trauma-Aesthetic," *Biography* 27, no. 1 (Winter 2004): 169, 170, 166.
31. Hoffman, *After Such Knowledge,* p. 175.
32. Ibid., p. 176.
33. Maurice Blanchot, *The Writing of the Disaster,* trans. Ann Smock (Lincoln: University of Nebraska Press, 1995), p. 84.
34. Quoted in Ruth Franklin, *A Thousand Darknesses: Lies and Truths in Holocaust Fiction* (Oxford: Oxford University Press, 2007), p. 4.
35. Dominick LaCapra, *Writing History, Writing Trauma* (Baltimore: Johns Hopkins University Press, 2001), p. 93.
36. Alvin Rosenfeld, quoted in Franklin, *A Thousand Darknesses,* pp. 4, 6.
37. Philip Gourevitch, quoted in James Dawes, *That the World May Know: Bearing Witness to Atrocity* (Cambridge MA: Harvard University Press, 2007), p. 60.
38. Amy Hungerford, *The Holocaust of Texts: Genocide, Literature, and Personification* (Chicago: University of Chicago Press, 2003), p. 117. 我对关于创伤的一系列复杂的论点进行了简述。见Cathy Caruth, *Unclaimed Experience: Trauma, Narrative, and History* (Baltimore: Johns Hopkins University Press, 1996); LaCapra, *Writing History, Writing Trauma;* Ruth

Leys, *Trauma: A Genealogy* (Chicago: University of Chicago Press, 2000); E. Ann Kaplan, *Trauma Culture: The Politics of Terror and Loss in Media and Literature* (New Brunswick, NJ: Rutgers University Press, 2005). See also Andrew Gross and Michael Hoffman, "Memory, Authority, and Identity: Holocaust Studies in Light of the Wilkomirski Debate"; Allen Feldman, "Memory Theaters, Virtual Witnessing, and the Trauma-Aesthetic"; and Kay Schaffer and Sidonie Smith, "Conjunctions: Life Narratives in the Field of Human Rights"—all in *Biography* 27, no. 1 (Winter 2004): 25–47, 163–202, and 1–24.

39. Charles T. Mathewes, *Evil and the Augustinian Tradition* (Cambridge: Cambridge University Press, 2001), p. 44.
40. See Claudia Card, *The Atrocity Paradigm: A Theory of Evil* (Oxford: Oxford University Press, 2002), p. 49.
41. Jean-Jacques Rousseau, *Politics and the Arts: Letter to M. D'Alembert on the Theater* (Glencoe, IL: Free Press, 1960), p. 23.
42. Arendt, *Eichmann in Jerusalem*, p. 276.
43. Hannah Arendt, *The Life of the Mind* (New York: Harcourt, 1978), p. 180.
44. Norman Podhoretz, quoted in Adam Kirsch, "Beware of Pity," *New Yorker*, January 12, 2009, p. 12. 更多对阿伦特论点进行批判性接收的内容，参见 David Cesarani, *Becoming Eichmann: Rethinking the Life, Crimes, and Trial of a "Desk Murderer"* (Cambridge, MA: Da Capo Press, 2007), pp. 343–356。近期，反对平庸性的观点在哲学和心理学研究中再次浮现。简要的文献综述参见 S. Alexander Haslam and Stephen Reicher, "Beyond the Banality of Evil: Three Dynamics of an Interactionist Social Psychology of Tyranny," *Personality and Social Psychology Bulletin* 33, no. 5 (May 2007): 615–622.
45. Harold Rosenberg, "The Shadow of the Furies," *The New York Review of Books* 23, January 20, 1977, pp. 47–48.
46. Cesarani, *Becoming Eichmann*, p. 350.
47. Bernhard Schlink, *The Reader* (New York: Vintage, 1998), p. 157.
48. 我引用了 Donald Donham 的这些问题，他毫不妥协地研究了像我这样从事暴力问题研究的学者们的切身疑问，参见 "Staring at Suffering: Violence as a Subject," in *States of Violence: Politics, Youth, and Memory in Contemporary Africa*, ed. Edna G. Bay and Donald Donham (Charlottesville: University of Virginia Press, 2006), pp. 16–34.
49. Sheldon Harris, *Factories of Death: Japanese Biological Warfare, 1932–45, and the American Cover-Up* (New York: Routledge, 1994), pp. 54, 59, 55.

50. Ivy Lee, "Probing the Issues of Reconciliation More Than Fifty Years after the Asia-Pacific War," in Peter Li, ed., *Japanese War Crimes: The Search for Justice* (New Brunswick, NJ: Transaction, 2003), pp. 24–25.
51. Harris, *Factories of Death*, pp. 61, 77–78.
52. Lee, "Probing the Issues of Reconciliation," p. 25.
53. Tsuneishi Keiichi, "Unit 731 and the Japanese Army's Biological Warfare Program," in *Japan's War time Medical Atrocities: Comparative Inquiries in Science, History, and Ethics*, ed. Jing-Bao Nie, Nanyan Guo, Mark Selden, and Arthur Kleinman (New York: Routledge, 2010), p. 28.
54. Daniel Barenblatt, *A Plague upon Humanity: The Hidden History of Japan's Biological Warfare Program* (New York: Harper Perennial, 2004), p. xii.
55. Ibid., p. 173.
56. Harris, *Factories of Death*, p. 67.
57. Barenblatt, *A Plague upon Humanity*, p. 60.
58. Harris, *Factories of Death*, pp. 49, 51.
59. Ibid., pp. 62, 70, 71, 65; Barenblatt, *A Plague upon Humanity*, pp. 55–56, 81.
60. Jing-Bao Nie, Mark Selden, and Arthur Kleinman, introduction to Nie, Guo, Selden, and Kleinman, *Japan's War time Medical Atrocities*, p. 5.
61. Barenblatt, *A Plague upon Humanity*, p. xiii.
62. Harris, *Factories of Death*, p. 44.
63. Barenblatt, *A Plague upon Humanity*, pp. xxiii, 234; Nie, Selden, and Kleinman, introduction to Nie, Guo, Selden, and Kleinman, *Japan's War time Medical Atrocities*, p. 5.
64. Harris, *Factories of Death*, p. 42; see also Yuki Tanaka, *Hidden Horrors: Japanese War Crimes in World War II* (Boulder, CO: Westview Press, 1996), p. 162.
65. Nie, Selden, and Kleinman, introduction to Nie, Guo, Selden, and Kleinman, *Japan's War time Medical Atrocities*, p. 7.
66. Harris, *Factories of Death*, p. 189.
67. Ibid., p. 207.
68. Ibid., p. 220.
69. Nanyan Guo, "Discovering Traces of Humanity: Taking Individual Responsibility for Medical Atrocities," in Nie, Guo, Selden, and Kleinman, *Japan's War time Medical Atrocities*, pp. 108–109.
70. Sigmund Freud, *Civilization and Its Discontents*, trans. Joan Riviere (New York: Jonathan Cape & Harrison Smith, 1930), pp. 85–86. 关于弗洛伊德战争观的更全面、更复杂的阐释，见 "Freud's Discourse of War/Politics," in

International/Intertextual Relations: Postmodern Readings of World Politics, ed. James Der Derian and Michael J. Shapiro (Toronto: Lexington, 1989), pp. 49–68.
71. Barbara Ehrenreich, *Blood Rites: Origins and History of the Passions of War* (New York: Henry Holt, 1997), pp. 94–95.
72. Zygmunt Bauman, *Modernity and the Holocaust* (Ithaca, NY: Cornell University Press, 1990), p. 95.
73. See Daniel Chirot and Clark McCauley, *Why Not Kill Them All: The Logic and Prevention of Mass Political Murder* (Princeton, NJ: Princeton University Press, 2006), p. 142.
74. Ervin Staub, "The Roots of Evil: Social Conditions, Culture, Personality, and Basic Human Needs," *Personality and Social Psychology Review* 3, no. 3 (1999): 182–184.
75. Ben Kiernan, *Blood and Soil: A World History of Genocide and Extermination from Sparta to Darfur* (New Haven, CT: Yale University Press, 2007), p. 50.
76. For a history of the term, see Samantha Power, *"A Problem from Hell": America and the Age of Genocide* (New York: Basic, 2002), pp. 17–45.
77. 我引用了斯托布的话，"The Roots of Evil," p. 184.
78. James Waller, *Becoming Evil: How Ordinary People Commit Genocide and Mass Killing* (Oxford: Oxford University Press, 2002), pp. 86–87. 关于"纳粹人格"的研究，见第 55–87 页。美国情报局对学校枪击案的犯罪者进行的一项研究发现，没有办法将凶手与一般人群区分开来；见 Elliot Aronson, "Reducing Hostility and Building Compassion: Lessons from the Jigsaw Classroom," in *The Social Psychology of Good and Evil,* ed. Arthur Miller (New York: Guilford Press, 2004), pp. 470–471。相关研究另见 Roy F. Baumeister and W. Keith Campbell, "The Intrinsic Appeal of Evil: Sadism, Sensational Thrills, and Threatened Egotism," *Personality and Social Psychology Review* 3, no. 3 (1999): 210–221.
79. Christopher Browning, *Ordinary Men: Reserve Police Battalion 101 and the Final Solution in Poland* (New York: Harper Perennial, 1998).
80. Kiernan, *Blood and Soil,* pp. 37–38.
81. Staub, *The Roots of Evil: The Origins of Genocide and Other Group Violence* (Cambridge: Cambridge University Press, 1989), pp. 232–245.
82. Waller, *Becoming Evil,* pp. 153, 176.
83. Browning, *Ordinary Men,* p. 159.
84. Saburo Ienaga, quoted in Ehrenreich, *Blood Rites,* p. 213.

85. See Eriko Aoki, "Korean Children, Textbooks, and Educational Practices in Japanese Primary Schools," in *Koreans in Japan: Critical Voices from the Margin,* ed. Sonia Riang (London: Routledge, 2000), p. 162. See also Emiko Ohnuki-Tierney, *Kamikaze, Cherry Blossoms, and Nationalisms: The Militarization of Aesthetics in Japanese History* (Chicago: University of Chicago Press, 2002), p. 128.
86. Ohnuki-Tierney, *Kamikaze, Cherry Blossoms, and Nationalisms,* pp. 132, 137, 140.
87. Marcus Tullius Cicero, *The Speeches of Cicero: Pro T. Annio Milone,* trans. N. H. Watts (Cambridge, MA: Harvard University Press, 1953), p. 16
88. International Committee of the Red Cross, *People on War Report: ICRC Worldwide Consultation on the Rules of War* (Geneva: ICRC, October 1999), pp. ix, xv, 13.
89. David Grossman, *On Killing: The Psychological Cost of Learning to Kill in War and Society* (Boston: Little, Brown, 1995), pp. 4, 1–16.
90. Arendt, *Eichmann in Jerusalem,* p. 106.
91. Reinhold Niebuhr, *Moral Man and Immoral Society: A Study in Ethics and Politics* (Louisville, KY: Westminster John Knox Press, 2001), pp. 272, 18.
92. Philip Zimbardo, *The Lucifer Effect: Understanding How Good People Turn Evil* (New York: Random House, 2007), pp. 299–307.
93. 有一系列的术语和概念被用来解释人在行为、人格和价值矛盾重重时如何设法维持一个统一的身份认同，这些现象从日常生活到临床都时有出现。最熟悉的是"隔断"（compartmentalize）这个词的非临床使用，我们用这个词来解释把各种负面行为、事件或自我的某些层面放置一边的能力，以此让我们在不同的环境中有更好的自我体验和更好地管理自己。这个术语被用来解释一系列的行为，从普通的行为（逃税的同时仍然认为自己是个老实人）到极端的行为（士兵在作战时把情绪分隔开，以便更有效率）。"隔断"同样也是一个心理学术语，用来描述我们如何组织我们的自我意识。也就是说，我们是倾向于把关于自己的积极信念和消极信念划分为不同的语境身份（这里的"我"和那里的"我"），还是将积极和消极的信念跨语境整合起来？见 Carolyn Showers and Virgil Zeigler-Hill, "Compartmentalization and Integration: the Evaluative Organization of Contextualized Selves," *Journal of Personality* 75, no. 6 (December 2007): 1181–1204. "隔断"也是一个与解离相关的临床术语。这些术语共同指的是与创伤相关的心理现象的连续性，其特点是人格的结构性分化：即人格的某些部分被"解离"或彼此隔绝。人格解离所包含的紊乱和症状非常广泛，见 Onno vander Hart, Ellert Nijenhuis, Kathy Steele, Daniel Brown, "Trauma-Related Dissociation: Conceptual Clarity Lost and Found,"

Australian and New Zealand Journal of Psychiatry 38, no. 11–12（2004）: 906–914; Richard Brown, "Different Types of 'Dissociation' Have Different Psychological Mechanisms," notes to pages 51–53 | 233 *Journal of Trauma and Dissociation* 7, no. 4（2006）: 7–28; Daphne Simeon, "Depersonalization Disorder: A Contemporary Overview," *CNS Drugs* 18, no. 6（2004）: 343–354. 在关于创伤后应激障碍的文献中，Emily Holmes 及其同事写道："我们发现'解离'一词被用作'总括性'的术语，涵盖了去人格解体（depersonalization）、现实解体（derealization）、失忆（amnesia）、情绪麻木（emotional numbing）和闪回（flashbacks）等症状，患者在这些症状中感觉到创伤仿佛再一次在此时此地发生了。"见 Emily A. Holmes, Richard J. Brown, Warren Mansell, R. Pasco Fearon, Elaine C. M. Hunter, Frank Frasquilho, and David A. Oakley, "Are There Two Qualitatively Distinct Forms of Dissociation? A Review and Some Clinical Implications," *Clinical Psychology Review* 25（January 2005）: 1–23. 最后，在对奥斯威辛集中营的纳粹医生研究中，利夫顿提出了"双重化"（doubling）的概念，猜想他们会在两个不相容的环境（温暖的家和集中营）采取一种适应性的策略，创造出两个相连但独立的自我。见 Lifton, *The Nazi Doctors: Medical Killing and the Psychology of Genocide*（New York: Basic, 1986）. James Waller 在其对利夫顿的精辟解释和批判中提出了一个重要的问题，即鉴于"后现代"的自我本质上是支离破碎的、多重的，而不是统一的、连贯的，应该如何修正这种对自我的一致性的认识。见 Waller, *Becoming Evil,* pp. 111–123.

94. Arthur Applbaum, *Ethics for Adversaries: The Morality of Roles in Public and Professional Life*（Princeton, NJ: Princeton University Press, 1999）, pp. 39, 105, 34. 我应该强调的是，阿普尔鲍姆拒绝接受律师的这种辩护，他坚持认为无论律师是什么，他们也是骗子。

95. A British soldier, quoted in Brian Glover, *Humanity: A Moral History of the 20th Century*（New Haven, CT: Yale University Press, 2001）, p. 52.

96. Lifton, *The Nazi Doctors*, pp. 435–436. See also Arendt, *Eichmann in Jerusalem*, p. 106.

97. See, for instance, Ben Lieberman, "Nationalist Narratives, Violence between Neighbours and Ethnic Cleansing in Bosnia-Hercegovina: A Case of Cognitive Dissonance?" *Journal of Genocide Research* 8, no. 3（September 2006）: 300–301.

98. Tim O'Brien, "How to Tell a True War Story," in *The Things They Carried*（Boston: Houghton Mifflin, 1990）, p. 88.

99. Richard J. Bernstein, *Hannah Arendt and the Jewish Question*（Cambridge,

MA: MIT Press, 1996), pp. 177–178.
100. Zimbardo, *The Lucifer Effect*, p. 80.
101. Ibid., p. 104.
102. Ibid., p. 156.
103. Simone de Beauvoir, *The Ethics of Ambiguity,* trans. Bernard Frechtman (New York: Citadel Press, 1994), p. 36.
104. John Glenn Gray, *The Warriors: Reflections on Men in Battle* (New York: Harper, 1970), p. 181.
105. Glover, *Humanity*, p. 362.
106. 关于创伤和悲剧，见霍夫曼，*After Such Knowledge,* p. 41. 利夫顿对"极权主义意识形态"做出了精辟的分析："它在我先前提到的环境中的具体心理操纵中提出了自己不朽且独占真理的主张：对社会环境的控制（控制所有的交流），神秘化的操纵（不断自上进行对行为的控制，但同时自下保持一种自发的假象），要求纯洁（以不可能实现的绝对奉献和自我牺牲的理想的名义，屡屡进行指责，令人感到罪疚和羞愧），对忏悔的迷信（每一个个体自我都要向极权主义'主人'进行仪式化的自我揭露），神圣的科学（把神化的格言和同样绝对化的世俗科学权威的主张结合在一起），语言的加载（转化成对人类最复杂问题决定性的、终结思想的解决方案），教义高于个人（因此个人经验的证据必须由思想体系归纳或否定），存在的分配（在有权利存在和没有权利存在的人之间划出终极的、不可避免的界限）。"(Lifton, *The Nazi Doctors,* p. 472) 利夫顿认为，当代的自我特别容易受到种族主义意识形态的诱惑，轻信它所提出的个体可以通过杀害别人来征服自己死亡的许诺："我想到了这样的特征，比如说，由于失去了象征性的停泊地而产生的饥饿感，对自己所接触到的无尽的可能性影像的困惑，以及对死亡焦虑的挣扎，与核武器的毁灭甚至灭绝的意象有关的死亡焦虑的加剧。"(Lifton, *The Nazi Doctors,* p. 499)
107. Eric H. Erikson, "Ontogeny of Ritualization in Man," *Philosophical Transactions of the Royal Society, London* B251 (1966): 340, 346, 337–349.
108. Lifton, *Thought Reform and the Psychology of Totalism* (New York: Norton, 1961), p. 425.
109. Weiner, *Race and Migration,* p. 13.
110. Ibid., p. 19.
111. Ibid., pp. 15–16.
112. Ibid., p. 12.
113. Ibid., pp. 24, 30.
114. Ibid., p. 27.
115. Ibid., pp. 30–31.

116. Aoki, "Korean Children, Textbooks, and Educational Practices," p. 158.
117. Norimitsu Onishi, "Ugly Images of Asian Rivals Become Bestsellers in Japan," *New York Times,* November 19, 2005.
118. 虽然很多研究显示战争期间针对平民的暴力同战争的终极目标背道而驰，近期关于内战的研究显示了"非理性"的恐怖主义暴力如何刻意地服务于"理性"的战争目标。例如，见 Alexander B. Downes, "Desperate Times, Desperate Measures: The Causes of Civilian Victimization in War," *International Security* 30, no. 4 (Spring 2006) : 152–195; Jean-Paul Azam and Anke Hoeffler, "Violence against Civilians in Civil Wars: Looting or Terror?" *Journal of Peace Research* 39, no. 4 (2002) : 461–485; Stathis N. Kalyvas, "Wanton and Senseless? The Logic of Massacres in Algeria," *Rationality and Society* 11, no. 3 (1999) : 243–285.
119. De Beauvoir, *The Ethics of Ambiguity,* p. 101.
120. Jonathan Shay, *Achilles in Vietnam: Combat Trauma and the Undoing of Character* (New York: Simon & Schuster, 1994) , p. 80.
121. Jean Améry, *At the Mind's Limits: Contemplations by a Survivor on Auschwitz and Its Realities,* trans. Sidney Rosenfeld and Stella P. Rosenfeld (New York: Schocken, 1986) , pp. 26, 28.
122. On bystanders generally, see Staub, *The Roots of Evil,* pp. 87–88.
123. Power, *"A Problem from Hell,"* p. xviii.
124. Thomas Hobbes, *Leviathan* (Oxford: Basil Blackwell, 1960) , p. 81.
125. Thucydides, *The Peloponnesian War* (New York: Random House, 1951) , p. 334.
126. Chirot and McCauley, *Why Not Kill Them All?,* p. 36.
127. Samuel Taylor Coleridge, "Fears in Solitude," in *The Poems of Samuel Taylor Coleridge,* ed. Ernest Hartley Coleridge (Oxford: Oxford University Press, 1924) , p. 260.
128. Gregory Sieminski, "The Art of Naming Operations," *Parameters* (Autumn 1995) : 81–98.
129. Christian Davenport, "In Choosing Its Battle Names, the Military Must Know Its Target Audience," *Washington Post,* March 20, 2010, p. A01.
130. Sieminski, "The Art of Naming Operations," pp. 81–98.
131. Weiner, *Race and Migration in Imperial Japan,* p. 189.
132. Marguerite Feitlowitz, *A Lexicon of Terror: Argentina and the Legacies of Torture* (Oxford: Oxford University Press, 1998) , p. 61.
133. Jacobo Timerman, *Prisoner without a Name, Cell without a Number,* trans.

Toby Talbot（Madison: University of Wisconsin Press, 1981）, p. 51.
134. Lifton, *Thought Reform,* pp. 429, 425.
135. Arendt, *Eichmann in Jerusalem,* pp. 85, 105. 更多关于法西斯主义对语言的破坏的内容，见 George Steiner, *Language and Silence*（New York: Atheneum, 1977）, pp. 95–109; George Orwell, "Politics and the English Language," in *The Orwell Reader: Fiction, Essays, and Reportage*（New York: Harvest, 1956）, pp. 355–366, 363.
136. Hannah Arendt, "Lying in Politics," in *Crises of the Republic*（San Diego: Harcourt Brace Jovanovich, 1972）, p. 20.
137. Claude Lanzmann, *Shoah: The Complete Text of the Acclaimed Holocaust Film*（New York: Da Capo Press, 1995）, p. 145.
138. Ibid., pp. 3, 4, 9, 39, 40, 45, 63, 127, 129, 136, 183. 关于再现纳粹大屠杀的困难之处，见 Gertrud Koch, trans. Jamie Daniel and Miriam Hansen, "The Aesthetic Transformation of the Image of the Unimaginable: Notes on Claude Lanzmann's *Shoah,*" *October,* no. 48（Spring 1989）: 15–24.
139. Albert Bandura, "Moral Disengagement in the Perpetration of Inhumanities," *Personality and Social Psychology Review* 3, no. 3（1999）: 196.
140. See Donald T. Campbell, "Systematic Error on the Part of Human Links in Communication Systems," *Information and Control* 1（1958）: 334–369.
141. 全面回顾，见 Roy F. Baumeister, Ellen Bratslavsky, Catrin Finkenauer, and Kathleen D. Vohs, "Bad Is Stronger Than Good," *Review of General Psychology* 5, no. 4（2001）: 323–370.
142. See Jennifer Crocker, Shawna Lee, and Lora Park, "The Pursuit of Self-Esteem: Implications for Good and Evil," in Miller, *The Social Psychology of Good and Evil,* p. 278.
143. Glover, *Humanity,* p. 60.
144. William Broyles Jr., "Why Men Love War," *Esquire,* November 1984, p. 56.
145. Gray, *The Warriors,* pp. 51, 57.
146. Baumeister and Campbell, "The Intrinsic Appeal of Evil," p. 213
147. Browning, *Ordinary Men,* p. 69.
148. Ibid., p. 161.
149. Baumeister and Campbell, "The Intrinsic Appeal of Evil," p. 214.
150. David Philipps, *Lethal Warriors: When the New Band of Brothers Came Home*（New York: Palgrave, 2010）, p. 76.
151. Browning, *Ordinary Men,* p. 68.
152. Zimbardo, *The Lucifer Effect,* p. 300.

153. Timerman, *Prisoner without a Name,* pp. 37–38.
154. Ibid., p. 40.
155. William Schulz, *In Our Own Best Interests: How Defending Human Rights Benefits Us All* (Boston: Beacon, 2002), p. 25.
156. Baumeister and Campbell, "The Intrinsic Appeal of Evil," pp. 215–216.
157. James Jones, *The Thin Red Line* (New York: Scribner, 1962), p. 198.
158. A Soviet soldier, quoted in Glover, *Humanity,* p. 55.
159. Rollo May, *Power and Innocence: A Search for the Sources of Violence* (New York: Norton, 1972), p. 167.
160. Christopher Hedges, *War Is a Force That Gives Us Meaning* (New York: Public Affairs, 2002), p. 101.
161. Ibid., p. 99.
162. Ibid., p. 103.
163. Peggy Reeves Sanday, *Fraternity Gang Rape: Sex, Brotherhood, and Privilege on Campus* (New York: New York University Press, 1990), p. 171.
164. Paul Fussell, *The Great War and Modern Memory* (New York: Oxford University Press, 1975), p. 90.
165. A French soldier, quoted in Michael Walzer, *Just and Unjust Wars: A Moral Argument with Historical Illustrations* (New York: Basic, 1977), p. 316.
166. Jonathan Shay, *Odysseus in America: Combat Trauma and the Trials of Homecoming* (New York: Scribner, 2002), p. 211.
167. Gray, *The Warriors,* pp. 50–51.
168. Hedges, *War Is a Force,* p. 3.
169. Wendy Hesford, *Spectacular Rhetorics: Human Rights Visions, Recognitions, Feminisms* (Durham, NC: Duke University Press, 2011), pp. 94–96. Wendy Brown's work is discussed in this section of *Spectacular Rhetorics,* and the final quotation I have used is Brown, cited in *Spectacular Rhetorics.*
170. Norimitsu Onishi, "In Japan, a Historian Stands by Proof of War time Sex Slavery," *New York Times,* March 31, 2007.
171. Honda Katsuichi, *The Nanjing Massacre: A Japanese Journalist Confronts Japan's National Shame* (New York: Eastgate, 1999), p. xx.
172. Tanaka, *Hidden Horrors,* pp. 95, 100, 99.
173. Ibid., p. 103.
174. Catherine MacKinnon, "Rape, Genocide, and Women's Human Rights," in *Mass Rape: The War against Women in Bosnia-Herzegovina,* ed. Alexandra Stiglmayer (Lincoln: University of Nebraska Press, 1994), pp. 188, 189.

175. Ian Buruma, *The Wages of Guilt* (New York: Farrar, Straus, Giroux, 1994), p. 194.
176. Elisabeth Jean Wood, "Armed Groups and Sexual Violence: When Is Wartime Rape Rare?" *Politics and Society* 37, no. 1 (March 2009): 131–162.
177. Maria Eriksson Baaz and Maria Stern, "Why Do Soldiers Rape? Masculinity, Violence, and Sexuality in the Armed Forces in the Congo (DRC)," *International Studies Quarterly* 53 (2009): 498.
178. Wood, "Armed Groups and Sexual Violence," p. 135.
179. Baaz and Stern, "Why Do Soldiers Rape?" p. 497.
180. Martha Huggins, Mika Haritos-Fatouros, and Philip Zimbardo, *Violence Workers: Police Torturers and Murderers Reconstruct Brazilian Atrocities* (Berkeley: University of California Press, 2002), p. 86.
181. A Vietnam veteran, quoted in Tanaka, *Hidden Horrors,* p. 106.
182. Sandra Whitworth, "Militarized Masculinity and Post-Traumatic Stress Disorder," in *Rethinking the Man Question: Sex, Gender and Violence in International Relations,* ed. Jane L. Parpart and Marysia Zalewski (London: Zed, 2008), p. 118.
183. Nancy Chodorow, *The Reproduction of Mothering: Psychoanalysis and the Sociology of Gender* (Berkeley: University of California Press, 1978), pp. 62, 181.
184. Freud, quoted in Chodorow, *The Reproduction of Mothering,* p. 182.
185. Jessica Benjamin, *The Bonds of Love: Psychoanalysis, Feminism, and the Problem of Domination* (New York: Pantheon, 1988), p. 77.
186. Susan Griffin, *Pornography and Silence: Culture's Revenge against Nature* (New York: Harper & Row, 1981), p. 92.
187. Pierre Bourdieu, *Masculine Domination,* trans. Richard Nice (Stanford, CA: Stanford University Press, 2001), p. 52.
188. 对于有兴趣的人来说，凯利·奥利弗对列维纳斯关于父爱的解释是一个很好的起点。见 Oliver, *Family Values: Subjects between Nature and Culture* (New York: Routledge, 1997), pp. 195–214.
189. Ibid., pp. 2, 101, 2. See also her *Womanizing Nietzsche: Philosophy's Relation to the "Feminine"* (New York: Routledge, 1995).
190. Ruth Seifert, "War and Rape: A Preliminary Analysis," in *Mass Rape: The War against Women in Bosnia-Herzegovina,* ed. Alexandra Stiglmayer (Lincoln: University of Nebraska Press, 1994), pp. 63–64.
191. Susan Brownmiller, "Making Female Bodies the Battlefield," in Stiglmayer, *Mass Rape,* p. 181.

192. Human Rights Watch, *The Human Rights Watch Global Report on Women's Human Rights* (New York: Human Rights Watch, 1995) , p. 2.
193. Nora Okja Keller, *Comfort Woman* (New York: Penguin, 1997) , p. 71.
194. Will Durant, *Lessons of History* (New York: Simon & Schuster, 1960) , p. 81.
195. Glover, *Humanity,* p. 47.
196. P. W. Singer, *Children at War* (Berkeley: University of California Press, 2006) , pp. 5–6, 29.
197. Fyodor Dostoyevsky, *The Brothers Karamazov,* trans. Constance Garnett (New York: Norton, 2011) , p. 209.
198. Thomas Hardy, "Nature's Questioning," in *Thomas Hardy: Selected Poems*, ed. Tim Armstrong (London: Pearson Longman, 2009) , p. 58.
199. Thomas Hardy, "Hap," in *Thomas Hardy: Selected Poems,* pp. 42–43.
200. Ha Jin, *Nanjing Requiem* (New York: Pantheon, 2011) , p. 68.
201. J. L. Mackie, "Evil and Omnipotence," *Mind* 64, no. 254 (April 1955) : 200.
202. Susan Nieman, *Evil in Modern Thought: An Alternative History of Philosophy* (Princeton, NJ: Princeton University Press, 2002) , p. 119.
203. David Hume, *Principal Writings on Religion, Including Dialogues Concerning Natural Religion and the Natural History of Religion* (Oxford: Oxford University Press, 2008) , p. 100, pt. 10.
204. Ibid., pp. 107–108, pt. 11.
205. See Alvin Plantinga, *The Nature of Necessity* (Oxford: Clarendon Press, 1974) , pp. 165–196. See also Plantinga, *God, Freedom, and Evil* (Grand Rapids, MI: Eerdmans, 1974) , pp. 49–50.
206. Alexander Pope, "An Essay on Man," in *The Poems of Alexander Pope,* ed. John Butt (New Haven, CT: Yale University Press, 1963) , pp. 510, 514–515.
207. On Pope's health, see George Rousseau, "Medicine and the Body," in *The Cambridge Companion to Alexander Pope,* ed. Pat Rogers (Cambridge: Cambridge University Press, 2008) , pp. 210–212.
208. C. S. Lewis, *The Problem of Pain* (New York: Macmillan, 1962) , p. 83.
209. Ibid., p. 67.
210. Augustine, quoted in Plantinga, *God, Freedom, and Evil,* p. 27.
211. See Adams, *Horrendous Evils.*
212. See John Hick, *Evil and the God of Love* (San Francisco: Harper & Row, 1978) .
213. John Keats, *Letters of John Keats,* ed. Robert Gittings (Oxford: Oxford

University Press, 1970), p. 249.
214. Adams, *Horrendous Evils,* p. 39.
215. Albert Camus, *The Plague,* trans. Stuart Gilbert (New York: Vintage, 1991), p. 98.
216. Nieman, *Evil in Modern Thought,* p. 70.
217. Mackie, "Evil and Omnipotence," p. 210.
218. Hume, *Dialogues,* p. 102, pt. 10.
219. Ibid., p. 98, pt. 10.
220. David Benatar, *Better Never to Have Been: The Harm of Coming into Existence* (Oxford: Oxford University Press, 2006), pp. 30, 102.
221. On the latter, see Christina Maslach, "Negative Emotional Biasing of Unexplained Arousal," *Journal of Personality and Social Psychology* 37, no. 6 (June 1979): 953–969; and Gary Marshall and Philip Zimbardo, "Affective Consequences of Inadequately Explained Physiological Arousal," *Journal of Personality and Social Psychology* 37, no. 6 (June 1979): 970–988.
222. See Baumeister et al., "Bad Is Stronger Than Good," pp. 323–370.
223. Terry Eagleton, *On Evil* (New Haven, CT: Yale University Press, 2010), pp. 60–61.
224. Human Security Centre, *Human Security Report 2005: War and Peace in the 21st Century* (New York: Oxford University Press, 2005), http://www.hsrgroup.org/human-security-reports/2005/text.aspx.
225. Maria Stephan and Erica Chenoweth, "Why Civil Resistance Works: The Strategic Logic of Nonviolent Conflict," *International Security* 33, no. 1 (Summer 2008): 7–44.
226. See Shelley E. Taylor, "Asymmetrical Effects of Positive and Negative Events: The Mobilization-Minimization Hypothesis," *Psychological Bulletin* 110, no. 1 (1991): 67–85. See also Theresa Glomb, Devasheesh P. Bhave, Andrew G. Miner, and Melanie Wall, "Doing Good, Feeling Good: Examining the Role of Organizational Citizenship Behaviors in Changing Mood," *Personnel Psychology* 64 (2001): 191–223.
227. William James, *The Will to Believe and Other Essays in Popular Philosophy* (New York: Dover, 1956), pp. 24–25.
228. Jane Allyn Piliavin and Hong-Wen Charng, "Altruism: A Review of Recent Theory and Research," *Annual Review of Sociology* 16 (1990): 30, 27–65.
229. Arie Nadler, "Inter-Group Helping Relations as Power Relations: Maintaining or Challenging Social Dominance between Groups through Helping," *Journal*

of Social Issues 58, no. 3 (2002) : 490.

230. Howard Margolis, *Selfishness, Altruism, and Rationality: A Theory of Social Choice* (Cambridge: Cambridge University Press, 1982) , p. 22.

231. Richard McElreath and Robert Boyd, *Mathematical Models of Social Evolution: A Guide for the Perplexed* (Chicago: University of Chicago Press, 2007) , p. 82.

232. Robert Wright, *The Moral Animal: Evolutionary Psychology and Everyday Life* (New York: Pantheon, 1994) , p. 174.

233. Richard Dawkins, quoted in Matt Ridley, *The Origins of Virtue: Human Instincts and the Evolution of Cooperation* (New York: Viking Penguin, 1997) , p. 19.

234. George Williams, quoted in Ridley, *The Origins of Virtue*, p. 18.

235. E. O. Wilson, *The Social Conquest of Earth* (New York: Liveright, 2012) , pp. 184, 247, 250. Relatedly, see Jung-Kyoo Choi and Samuel Bowles, "The Coevolution of Parochial Altruism and War," *Science* 318 (26 October 2007) : 636. See also Piliavin and Charng, "Altruism: A Review of Recent Theory and Research" ; Margolis, *Selfishness, Altruism, and Rationality;* and C. Daniel Batson, *The Altruism Question: Toward a Social-Psychological Answer* (Hillsdale, NJ: Erlbaum, 1991) .

236. Batson, *The Altruism Question,* p. 127; C. Daniel Batson, Nadia Ahmad, and E. L. Stocks, "Benefits and Liabilities of Empathy-Induced Altruism," in Miller, *The Social Psychology of Good and Evil,* p. 362.

237. Kristin R. Monroe, Michael C. Barton, and Ute Klingemann, "Altruism and the Theory of Rational Action: Rescuers of Jews in Nazi Europe," *Ethics* 101 (October 1990) : 115.

238. Hoffman, *After Such Knowledge,* p. 213.

239. Amartya Sen, "Rational Fools: A Critique of the Behavioral Foundations of Economic Theory," *Philosophy and Public Affairs* 6, no. 4 (Summer 1977) : 317, 322–323, 336.

240. Robert Rowthorn, "Ethics and Economics: An Economist's View," in *Economics and Ethics?* ed. Peter Groenewegen (London: Routledge, 1996) , p. 16.

241. Elinor Ostrom, *Governing the Commons: The Evolution of Institutions for Collective Action* (Cambridge: Cambridge University Press, 1990) .

242. See Mark Levine, Clare Cassidy, Gemma Brazier, and Stephen Reicher, "Self-Categorization and Bystander Non-Intervention: Two Experimental Studies," *Journal of Applied Social Psychology* 32, no. 7 (2002) : 1452–1463.

243. See Muzafer Sherif, O. J. Harvey, B. Jack White, William R. Hood, Carolyn W. Sherif, *The Robbers Cave Experiment: Intergroup Conflict and Cooperation* (Middletown, CT: Wesleyan University Press, 1988).
244. Batson et al., "Benefits and Liabilities," p. 374.
245. See, for instance, Oliver Kim and Mark Walker, "The Free Rider Problem: Experimental Evidence," *Public Choice* 43 (1984): 3–24.
246. Elinor Ostrom and Oliver E. Williamson (2009 Nobel laureates in Economic Sciences), interview by Adam Smith, December 6, 2009, http://www.nobelprize.org/.
247. Arendt, *Eichmann in Jerusalem*, p. 131.
248. Piliavin and Charng, "Altruism," p. 35.
249. Jan Egeland, quoted in Lena Khor, *Human Rights Discourse in a Global Network: Books beyond Borders* (Burlington, VT: Ashgate, forthcoming). Khor 分析了非政府组织是如何遵循特定的讲故事惯例，用英雄、反派和出奇制胜的方法来克服不幸。那些不符合这些模板的危机故事往往无法在媒体和公众的想象中"取胜"，但按照这些惯例编出的故事则意味着信息会被破坏。"在这些情况中，危机的复杂性遭到简化，危机参与者的关键性差异被模糊，重要的历史先例被忽略，因为这些（媒体和人权）行业拒绝寻找或使用其他方式来讲述危机故事。"

其后果可能是毁灭性的。一个例子是 1994 年卢旺达种族灭绝后对发生在戈马（Goma）的难民危机的反应，英雄（救援工作者）帮助受害者（胡图族难民）摆脱不幸（战争无家可归）和天灾（霍乱流行）的故事。正如一位摄像师所言，这是一场"伟大的电视秀"———则让人无法抗拒的故事。它意味着世人带着热切的慈爱之心为逃难的胡图族提供物质援助和组织架构，让他们得以重新武装，继续战斗。见 Philip Gourevitch, *We Wish to Inform You That Tomorrow We Will Be Killed with Our Families: Stories from Rwanda* (New York: Picador, 1998), p. 163.
250. Samuel P. Oliner and Pearl M. Oliner, *The Altruistic Personality: Rescuers of Jews in Nazi Europe* (New York: Free Press, 1988), pp. 135–136.
251. See Jerry M. Burger, "Self-Concept Clarity and the Foot-in-the-Door Procedure," *Basic and Applied Social Psychology* 25, no. 1 (2003): 79–86.
252. Piliavin and Charng, "Altruism," p. 43.
253. Eva Fogelman, *Conscience and Courage: Rescuers of Jews during the Holocaust* (New York: Doubleday, 1994), p. 162.
254. Elliot Aronson, "Reducing Hostility and Building Compassion: Lessons from the Jigsaw Classroom," in Miller, *The Social Psychology of Good and Evil*, p. 482.

255. Oliner and Oliner, *The Altruistic Personality*, p. 149.
256. Batson et al., "Benefits and Liabilities," pp. 365–366.
257. Steven Prentice-Dunn and Ronald Rogers, "Deindividuation and the Self-Regulation of Behavior," in *Psychology of Group Influence*, ed. Paul Paulus (Hillsdale, NJ: Erlbaum, 1989), p. 100.
258. Thomas Ashby Wills and Jodi Resco, "Social Support and Behavior toward Others: Some Paradoxes and Some Directions," in Miller, *The Social Psychology of Good and Evil*, p. 425.
259. Oliner and Oliner, *The Altruistic Personality*, pp. 184–185, 177.
260. Piliavin and Charng, "Altruism," p. 31.
261. Ibid., p. 33. See Perry London, "The Rescuers: Motivational Hypotheses about Christians Who Saved Jews from the Nazis," in *Altruism and Helping Behavior: Social Psychological Studies of Some Antecedents and Consequences*, ed. J. Macaulay and L. Berkowitz (New York: Academic Press, 1970), pp. 241–250.
262. Mark Osiel, *Obeying Orders: Atrocity, Military Discipline and the Law of War* (New Brunswick, NJ: Transaction, 1999), p. 178.
263. Ibid., pp. 181–182.
264. Ibid., p. 192.
265. Ibid., p. 197.
266. Ibid., p. 35.
267. Ibid., p. 23.
268. Jacques Semelin, *Purify and Destroy: The Political Uses of Massacre and Genocide*, trans. Cynthia Schoch (New York: Columbia University Press, 2007), p. 252.
269. 这本书仍然是思考自由、决定论和责备的最佳起点：P. F. Strawson, "Freedom and Resentment," *Proceedings of the British Academy* 48 (1962) : 1–25。
270. Hannah Arendt, *The Human Condition* (Chicago: University of Chicago Press, 1958), p. 241.
271. Alan Schrift, introduction to *Modernity and the Problem of Evil*, ed. Alan Schrift (Bloomington: Indiana University Press, 2005), pp. 1–2; Jennifer L. Geddes, introduction to *Evil after Postmodernism: Histories, Narratives, and Ethics*, ed. Jennifer L. Geddes (New York: Routledge, 2001), p. 1; Card, *The Atrocity Paradigm*, p. 28.
272. Friedrich Nietzsche, *Beyond Good and Evil*, trans. R. J. Hollingdale (New York: Penguin, 1990), § 201, p. 123.

273. Card, *The Atrocity Paradigm*, p. 28.
274. See, for instance, ibid., p. 3; Adam Morton, *On Evil* (New York: Routledge, 2004), p. 57; Marcus Singer, "The Concept of Evil," *Philosophy* 79, no. 308 (April 2004): 196; Paul Thompson, "The Evolutionary Biology of Evil," *The Monist* 85, no. 2 (2002): 246.
275. Eagleton, *On Evil*, p. 16.
276. Ibid., p. 127.
277. Saint Augustine, *Confessions*, trans. R. S. Pine-Coffin (New York: Penguin, 1961), pp. 47–48 (bk. 2, ch.4).
278. Augustine, *City of God*, trans. Marcus Dods (New York: Modern Library, 1950), p. 387 (bk. 12, chap.7).
279. Eagleton, *On Evil*, p. 61.
280. See Norma Field, "War and Apology: Japan, Asia, the Fiftieth, and After," *Positions* 5, no. 1 (1997): 1; see also Barnard, *Language, Ideology, and Japanese History Textbooks*, pp. 4–5.
281. Field, "War and Apology," p. 2.
282. Ibid., p. 12.
283. N. Muira, cited in Barnard, *Language, Ideology, and Japanese History Textbooks*, p. 5. Thomas Cushman 认为国家致歉有时候只是虚空的仪式，完全改变不了"现实政治"（realpolitik）的社会结构和文化逻辑——正是这结构和逻辑当初让种族屠杀成为可能。Thomas Cushman, "Genocidal Rupture and Performative Repair in Global Civil Society: Reconsidering the Discourse of Apology," in *The Religious in Responses to Mass Atrocity: Interdisciplinary Perspectives*, ed. Thomas Brudholm and Thomas Cushman (Cambridge: Cambridge University Press, 2009), p. 218.
284. Field, "War and Apology," p. 11.
285. Ibid., p. 25.
286. Ibid., pp. 25–26.
287. Barnard, *Language, Ideology, and Japanese History Textbooks*, p. 58.
288. Ibid., p. 61.
289. Ibid., p. 71.
290. 利夫顿提供了几点关于中国的忏悔文化概念的看法。见他的 *Thought Reform*, pp. 390–398.
291. Michel Foucault, *The History of Sexuality*, vol. 1, trans. Robert Hurley (New York: Penguin, 1978), pp. 61–62.
292. Leigh Payne, *Unsettling Accounts: Neither Truth Nor Reconciliation in Confessions*

of State Violence (Durham, NC: Duke University Press, 2008), p. 19.
293. Ibid., p. 18.
294. Ibid., p. 19.
295. Ibid., pp. 58, 61.
296. Ibid., p. 72.
297. Ibid., pp. 73–74.
298. Ibid., p. 28.
299. Ibid., p. 29.
300. Ibid., p. 30.
301. Renée Epelbaum, quoted in Feitlowitz, *A Lexicon of Terror,* p. 20.
302. Simon Wiesenthal, *The Sunflower: On the Possibilities and Limits of Forgiveness* (New York: Schocken, 1997), p. 28.
303. Ibid., pp. 53–54.
304. Cynthia Ozick, "The Symposium," in Wiesenthal, *The Sunflower,* pp. 205, 208, 210.
305. Hampl, *I Could Tell You* Stories, p. 73.
306. Wole Soyinka, *The Burden of Memory, the Muse of Forgiveness* (Oxford: Oxford University Press, 1999), p. 33.
307. Pumla Gobodo-Madikizela, *A Human Being Died That Night: A South African Story of Forgiveness* (Boston: Houghton Mifflin, 2003), pp. 117–118.
308. 东德地下妇女运动的领袖，引自in Molly Andrews, "Truth-Telling, Justice, and Forgiveness: A Study of East Germany's 'Truth Commission,'" *International Journal of Politics, Culture and Society* 13, no. 1 (Fall 1999): 110。
309. Joe Mozingo, "Coming to Terms with Sadism," *Los Angeles Times,* December 15, 2010.
310. Kay Schaffer and Sidonie Smith, *Human Rights and Narrated Lives: The Ethics of Recognition* (New York: Palgrave Macmillan, 2004), pp. 175–176.
311. Susie Linfield, *The Cruel Radiance: Photography and Political Violence* (Chicago: University of Chicago Press, 2010), p. 45.
312. Patricia Yeager, "Consuming Trauma; or, the Pleasures of Merely Circulating," in *Extremities: Trauma, Testimony, and Community,* ed. Nancy K. Miller and Jason Tougaw (Chicago: University of Illinois Press, 2002), p. 47.
313. "和平船"是以日本为根据地的非政务组织，致力于人权和环境保护，用租借来的客轮来为国际对话、教育和媒体宣传创造机会。"和平船"于1983年首航，参与其事的是一群大学生，他们不满足于日本政府对战争罪行进行的审查制度，希望借此和邻国互动，搜集日本侵略暴行的一手证据。

314. Payne, *Unsettling Accounts*, p. 19.
315. Barnard, *Language, Ideology, and Japanese History Textbooks*, pp. 3–4.
316. John Beverley, *Testimonio: On the Politics of Truth* (Minneapolis: University of Minnesota Press, 2004), p. 31.
317. Ibid., p. 30.
318. "The Stanford Mind," Review & Outlook, *Wall Street Journal*, December 22, 1988, p. A14.
319. Beverley, *Testimonio*, p. 73.
320. David Horowitz, "I, Rigoberta Menchú, Liar," *Salon*, January 11, 1999.
321. Beverley, *Testimonio*, pp. 92–93.
322. Doris Sommer, *Proceed with Caution, When Engaged by Minority Writing in the Americas* (Cambridge, MA: Harvard University Press, 1999), pp. 116, 120.
323. Shoshana Felman and Dori Laub, *Testimony: Crises of Witnessing in Literature, Psychoanalysis, and History* (New York: Routledge, 1992), p. 60.
324. Lifton, Thought Reform, p. 15.
325. Mao Tse-tung, quoted in ibid., pp. 13–14.
326. Eugene Kinkead, In Every War but One (New York: Norton, 1959), pp. 87–88.
327. Ibid., pp. 87–88.
328. Edgar H. Schein, "Some Observations on Chinese Methods of Handling Prisoners of War," Public Opinion Quarterly 20, no. 1 (Spring 1956): 322.
329. Kinkead, *In Every War but One*, p. 137.
330. Schein, "Some Observations on Chinese Methods of Handling Prisoners of War," pp. 326, 325.
331. Kinkead, *In Every War but One*, p. 138.
332. Lifton, *Thought Reform*, p. 423.
333. Ibid., p. 75.
334. Peter Brooks, *Troubling Confessions: Speaking Guilt in Law and Literature* (Chicago: University of Chicago Press, 2000), p. 22.
335. Scarry, The Body in Pain, pp. 133, 136.
336. Patrick Deer, "The Ends of War and the Limits of War Culture," *Social Text* 25, no. 291 (Summer 2007): 2.
337. Patrick Coy, Lynn Woehrle, and Gregory Maney, "Discursive Legacies: The U.S. Peace Movement and 'Support the Troops,' " *Social Problems* 55, no. 2

(2008) : 180.
338. See Donald Anderson, *When War Becomes Personal: Soldiers' Accounts from the Civil War to Iraq* (Iowa City: University of Iowa Press, 2008), p. xi.
339. Buruma, *The Wages of Guilt*, p. 31.
340. Naomi Klein, *The Shock Doctrine: The Rise of Disaster Capitalism* (New York: Metropolitan, 2007), pp. 329, 339, 326.
341. Ibid., pp. 380, 349, 337.
342. John Dower, *Cultures of War: Pearl Harbor/Hiroshima/9-11/Iraq* (New York: Norton, 2010), pp. 396–397.
343. Ibid., p. 414.
344. Joseph Stiglitz and Linda Bilmes, "The Three Trillion Dollar War," *Times of London*, February 23, 2008.
345. John Dos Passos, *Nineteen Nineteen* (New York: Signet Classic, 1969), p. 341; see also p. 147.
346. Anthony Swofford, *Jarhead* (New York: Scribner, 2003), p. 11.
347. J. M. Coetzee, "Into the Dark Chamber: The Novelist and South Africa," *New York Times*, January 12, 1986.
348. Tanaka, *Hidden Horrors*, pp. 27–28.
349. See, for instance, Kenneth Roth's interview by Charlie Rose, July 13, 2005, www.charlierose.com
350. Commander from Battle of Algiers, quoted in Darius Rejali, *Torture and Democracy* (Princeton, NJ: Princeton University Press, 2007), p. 488 (brackets in original).
351. Rejali, *Torture and Democracy*, p. 489.
352. Ibid., p. 24.
353. Ibid., pp. 483, 492.
354. Bauman, *Modernity and the Holocaust*, p. xi.
355. 这句话是我从 Franklin 那里引用的, *A Thousand Darknesses*, p. 13.
356. William Pfaff, "An Active French Role," p. 6.
357. Soyinka, *The Burden of Memory, the Muse of Forgiveness*, pp. 38–39.
358. Lynn Hunt, *Inventing Human Rights: A History* (New York: Norton, 2007), pp. 45–46.
359. Ibid., p. 39.
360. Margaret Cohen, *The Sentimental Education of the Novel* (Princeton, NJ: Princeton University Press, 1999), pp. 145, 161.
361. Lynn Festa, "Sentimental Bonds and Revolutionary Characters: Richardson's *Pamela*

in England and France," in *The Literary Channel: The Inter-National Invention of the Novel* (Princeton, NJ: Princeton University Press, 2002), pp. 85, 91.

362. Friedrich Schiller, *On the Aesthetic Education of Man* (Oxford: Clarendon Press, 1967), p. 215.

363. Ludwig Wittgenstein, *Tractatus Logico-Philosophicus* (New York: Humanities Press, 1961), p. 147 (6.421). 关于这一神秘的说法的评论，见 Robert Eaglestone, "One and the Same? Ethics, Aesthetics, and Truth," *Poetics Today* 25, no. 4 (Winter 2004): 595–608。

364. William Wordsworth, preface to "Lyrical Ballads," in *The Norton Anthology of English Literature,* ed. M. H. Abrams, 5th ed., vol. 2 (New York:Norton, 1986), pp. 166–167.

365. Helen Vendler, "The Ocean, the Bird, and the Scholar: How the Arts Help Us to Live," *New Republic,* July 19, 2004, p. 29.

366. Elaine Scarry, *On Beauty and Being Just* (Princeton, NJ: Princeton University Press, 1999), p. 107.

367. Marcia Muelder Eaton, *Merit, Aesthetic and Ethical* (New York: Oxford University Press, 2001), p. 18. 关于过去哲学中对美的漠视，参见，例如 Jane Forsey, "The Disenfranchisement of Philosophical Aesthetics," *Journal of the History of Ideas* 64, no. 4 (October 2003): 581–597.

368. Martha C. Nussbaum, *Love's Knowledge: Essays on Philosophy and Literature* (New York: Oxford University Press, 1990), p. 15.

369. Martha Nussbaum, *Cultivating Humanity: A Classical Defense of Reform in Liberal Education* (Cambridge, MA: Harvard University Press, 1997), p. 87.

370. See Martha C. Nussbaum, *Women and Human Development: The Capabilities Approach* (New York: Cambridge University Press, 2000), pp. 70–79. See also Amartya Sen, *In equality Re-examined* (Cambridge, MA: Harvard University Press, 1992).

371. 关于《世界人权宣言》的形式，见 Mary Ann Glendon, *A World Made New: Eleanor Roosevelt and the Universal Declaration of Human Rights* (New York: Random House, 2001), p. 174. 关于对称性作为正义的原则，见 Scarry, *On Beauty and Being Just.*

372. Ibid., pp. 57–58.

373. Edward Said, *Culture and Imperialism* (New York: Vintage, 1994), p. xii.

374. Samera Esmeir, "On Making Dehumanization Possible," *PMLA* 121, no. 5 (October 2006): 1544, 1547.

375. Joseph Slaughter, *Human Rights, Inc.: The World Novel, Narrative Form,*

and International Law (New York: Fordham University Press, 2007), p. 33.
376. Pheng Cheah, *Inhuman Conditions: On Cosmopolitanism and Human Rights* (Cambridge, MA: Harvard University Press, 2006), p. 172.
377. Richard Rorty, "Human Rights, Rationality, and Sentimentality," *Yale Review* 81, no. 4 (October 1993): 1–20.
378. Virginia Woolf, *Three Guineas* (New York: Harcourt, Brace and Company, 1938), p. 15.
379. Julie Stone Peters, " 'Literature,' the 'Rights of Man,' and Narratives of Atrocity: Historical Backgrounds to the Culture of Testimony," *Yale Journal of Law and the Humanities* 17 (Summer 2005): 272.
380. Thomas Jefferson, quoted in Peters, " 'Literature,' the 'Rights of Man,' and Narratives of Atrocity," pp. 260–261.
381. Francis Hutcheson, quoted in Halttunen, *Murder Most Foul*, p. 63.
382. Madame Riccoboni and Françoise Vernes, respectively quoted in Luc Boltanski, *Distant Suffering: Morality, Media and Politics*, trans. Graham Burchell (Cambridge: Cambridge University Press, 1999), p. 101.
383. "这对我们来说不应当有什么分别，"Peter Singer 写道，"不论我们帮助的对象是相隔十米邻居家的孩子，还是一个我们可能永远都不会知道名字的孟加拉的孩子。但我们通常如此。我们会毫不在乎地购买歌剧演出的门票，哪怕知道在买票的那一刻，全世界都有小孩因为少了这笔钱而饿死。"Peter Singer 认为这在道德上等价于在路过一个浅水塘时对落水的小孩见死不救，因为不希望弄脏自己的衣服。对于人类来说，距离是一个道德事实——会在牵涉到我们对远方的苦难不屑一顾的能力时令人哀叹，但当牵涉到我们为我们的孩子、挚爱、亲爱的人、拥抱的人做出超然的牺牲时，它会令人感受到人类意义的精髓。见 Peter Singer, "Famine, Affluence, and Morality," *Philosophy and Public Affairs* 1, no. 3 (Spring 1972): 231–232.
384. Belinda Luscombe, "Pop Culture Finds Lost Boys," *Time*, February 12, 2007, pp. 62–64.
385. Stanley Cavell, *The Claim of Reason* (New York: Oxford University Press, 1979), pp. 436–437.
386. Hoffman, *After Such Knowledge*, pp. 60, 154, 173, 175.
387. Ibid., pp. 172–174.
388. See LaCapra, *Writing History, Writing Trauma*, pp. 211, 47, 98, 102; Hesford, *Spectacular Rhetorics*, p. 98.
389. Dori Laub, "Bearing Witness, or the Vicissitudes of Listening," in Felman and Laub, *Testimony*, p. 72.

390. Hoffman, *After Such Knowledge*, p. 177.
391. John Kamau and Oliver Burkeman, "Trading Places," *Guardian*, July 4, 2005.
392. Kate Nash, *The Cultural Politics of Human Rights: Comparing the US and UK* (Cambridge: Cambridge University Press, 2009), p. 153.
393. Bernard Williams, *Moral Luck* (Cambridge: Cambridge University Press, 1981), p. 45.
394. Hetty Voûte, *The Heart Has Reasons: Holocaust Rescuers and Their Stories of Courage*, ed. Mark Klempner (Cleveland: Pilgrim Press, 2006), pp. 19–44.
395. Williams, *Moral Luck*, p. 47.
396. Ibid., p. 47.
397. Ibid., p. 48.
398. Ibid., p. 49.
399. Ibid., p. 49.
400. Immanuel Kant, "Grounding for the Metaphysics of Morals," in *Ethical Philosophy: Grounding for the Metaphysics of Morals* and *Metaphysical Principles of Virtue*, 2nd ed., trans. James Ellington (Indianapolis: Hackett, 1994), §398, p. 11.
401. 在康德看来，完全出于仁慈的动机的行为，就是依照义务行事而不是为了义务而行事。康德并不反对这一点，他只是认为，这不是让行动在道德上具有价值的原因。他认为，我们充其量只是有培养同情心的能力的间接义务，将其作为一种道德的后备机制。康德写道，同情心是"自然界赋予我们的冲动之一，用于实现义务的表象本身可能无法完成的事情"。Immanuel Kant, "The Metaphysics of Morals," in *Ethical Philosophy*, §35, p. 122. Relatedly, see Martin Gunderson's "Seeking Perfection: A Kantian Look at Human Genetic Engineering," *Theoretical Medicine and Bioethics* 28, no. 2 (2007): 87–102.
402. 关于什么是康德意义下的适当的道德动机已经有了大量的讨论。对于义务动机的辩护，特别是关于"行为的过度决定"（overdetermination）的辩护，见 Barbara Herman, "On the Value of Acting from the Motive of Duty," *Philosophical Review* 90, no. 3 (July 1981): 359–382; Marcia Baron, "The Alleged Moral Repugnance of Acting from Duty," *Journal of Philosophy* 81, no. 4 (April 1984): 197–220.
403. Michael Stocker, "The Schizophrenia of Modern Ethical Theories," *Journal of Philosophy* 73, no. 14 (August 1976): 462.
404. Aristotle, *Poetics*, trans. Seth Benardete and Michael Davis (South Bend, IN:

St. Augustine's Press, 2002) , ch. iv, pp. 8–9.
405. David Hume, "Of Tragedy," in *On the Standard of Taste and Other Essays,* ed. John W. Lenz (1757; repr., Indianapolis: Bobbs-Merrill, 1965) , p. 32.
406. See Norman Holland, *The Dynamics of Literary Response* (New York: Oxford University Press, 1968) , pp. 281–307.
407. Noël Carroll, *The Philosophy of Horror* (New York: Routledge, 1990) , p. 193.
408. Edmund Burke, *A Philosophical Enquiry into the Origin of Our Ideas of the Sublime and Beautiful* (1757; repr., New York: Oxford University Press, 1990) , pp. 122–123.
409. Marvin Zuckerman, *Behavioral Expressions and Biosocial Bases of Sensation Seeking* (Cambridge: Cambridge University Press, 1994) .
410. William Brewer, "The Nature of Narrative Suspense and the Problem of Rereading," in *Suspense: Conceptualizations, Theoretical Analyses, and Empirical Explorations,* ed. Peter Vorderer, Hans J. Wulff , and Mike Friedrichsen (Mahwah, NJ: Erlbaum, 1996) , p. 108.
411. Paul Hernadi, "Why Is Literature: A Coevolutionary Perspective on Imaginative Worldmaking," *Poetics Today* 23, no. 1 (Spring 2002) : 33.
412. See, for instance, David Stewart, "Cultural Work, City Crime, Reading, Pleasure," *American Literary History* 9, no. 4 (Winter 1997) : 676–701.
413. John Mitchell Mason, *Mercy Remembered in Wrath* (New York: Buel, 1795), p. 6. See also Carroll, *The Philosophy of Horror,* p. 199.
414. Karen Halttunen, *Murder Most Foul: The Killer and the American Gothic Imagination* (Cambridge, MA: Harvard University Press, 1998) , p. 63.
415. Ibid., 69.
416. For a range of such views, from Hobbes to Freud, see Michael Billig, *Laughter and Ridicule: Toward a Social Critique of Humour* (London: Sage, 2005) .
417. Elaine Scarry, "The Difficulty of Imagining Other People," in *For Love of Country?* ed. Martha Nussbaum and Joshua Cohen (Boston: Beacon Press, 2002) , p. 103.
418. Scarry, *The Body in Pain,* p. 11.
419. Rousseau, *Politics and the Arts,* p. 25.
420. Lauren Berlant, "The Subject of True Feeling: Pain, Privacy, and Politics," in *Cultural Pluralism, Identity Politics, and the Law,* ed. Austin Sarat and Thomas Kearns (Ann Arbor: University of Michigan Press, 1999) , p. 54.
421. Jodi Melamed, *Represent and Destroy: Rationalizing Violence in the New Racial Capitalism* (Minneapolis: University of Minnesota Press, 2011) , pp. 36–37.

422. Philip Fisher, *Hard Facts: Setting and Form in the American Novel* (Oxford: Oxford University Press, 1987), p. 108.
423. Ibid., p. 110. 在面对受害者时产生的"开明内疚"(liberal guilt) 很可能对改善世界产生反效果,见 Julie Ellison, *Cato's Tears and the Making of Anglo-American Emotion* (Chicago: University of Chicago Press, 1999), pp. 178–181, 183–184。
424. Cavell, *The Claim of Reason,* p. 354.
425. Slavoj Žižek, *The Sublime Object of Ideology* (London: Verso, 1989), pp. 34–35.
426. Ibid., pp. 34–35.
427. Rousseau, *Politics and the Arts*, p. 24.
428. Woolf, *Three Guineas*, p. 16.
428. Judith Butler, *Precarious Life: The Powers of Mourning and Violence* (New York: Verso, 2004), p. 134.
430. See Kelly Oliver, *Witnessing: Beyond Recognition* (Minneapolis: University of Minnesota Press, 2001), p. 19.
431. Emmanuel Lévinas, *Otherwise Than Being: Or, Beyond Essence,* trans. Alphonso Lingis (Hague: Nijhoff, 1981), p. 119.
432. 我需要指出的是,Elizabeth Anker 对解构主义/列维纳斯的他者伦理学提出了重要的警告。Anker 认为,这类观点中对"典范"的强调"最终会抛弃掉实际的、近似的和普通的决策场景,而在这些决策场景中,'不可能的'突如其来的他者性(alterity)并不是一个有待解决的问题",而且"对他者性的关注有时会产生一种对这种状况的恋物癖,以及对受害者的崇高迷恋,无意中掩盖了……关键差异"。见她的著作 *Fictions of Dignity: Embodying Human Rights in World Literature* (Ithaca, NY: Cornell University Press, 2012), p. 12.
433. Robert Eaglestone, "One and the Same? Ethics, Aesthetics, and Truth," *Poetics Today* 25, no. 4 (Winter 2004): 602–605.
434. Dorothy Hale, "Aesthetics and the New Ethics: Theorizing the Novel in the Twenty-First Century," PMLA 124, no. 3 (1999): 903.
435. Paul Fry, *A Defense of Poetry: Reflections on the Occasion of Writing* (Stanford, CA: Stanford University Press, 1995), pp. 204, 4, 55.
436. Hans Ulrich Gumbrecht, *Production of Presence: What Meaning Cannot Convey* (Stanford, CA: Stanford University Press, 2004), pp. 98, 103.
437. T. W. Adorno, "Commitment," in *Aesthetics and Politics*, trans. Francis McDonagh (London: New Left Books, 1977), p. 179.
438. Richard Shelly Hartigan, ed., *Lieber's Code and the Law of War* (Chicago:

Precedent, 1983) , p. 48.
439. Sophia McClennen, "The Humanities, Human Rights, and the Comparative Imagination," CLCWeb: *Comparative Literature and Culture* 9, no. 1 (2007) : 14.
440. Catherine Gallagher and Stephen Greenblatt, *Practicing New Historicism* (Chicago: University of Chicago Press, 2000) , p. 20.
441. Ibid., pp. 21, 48, 31.
442. Mary Douglas, quoted in R. L. Stirrat and Heiko Henkel, "The Development Gift: The Problem of Reciprocity in the NGO World," *Annals of the American Academy of Political and Social Science* 554, no. 1 (1997) : 73.
443. See Ian Baucom, Specters of the Atlantic: *Finance Capital, Slavery, and the Philosophy of History* (Durham, NC: Duke University Press, 2005) .
444. Slaughter, *Human Rights*, Inc., p. 5.

索引

A

阿尔及尔战役 Battle of Algiers，177–178

阿希从众实验 Asch conformity experiments，57–58，140

B

阪仓君 Sakakura-san：关于被遗弃的婴儿，7–8；关于自白，16，193；学习暴力，68–69；关于理解自己的所作所为，152–154；关于酷刑，178–180；关于坐水凳，172–174

暴力 Violence：暴力的愉悦，85–86，203–206；另见男性气质，及加害者的心理和培训

悖论 Paradox：ii–iv，再现苦难的悖论，12–13；创伤的悖论，31–36；恶的悖论，36–40；自恋的悖论，40–41；书写的悖论，41–42；自白的悖论，139–140

布朗宁·克里斯托弗（Christopher Browning）：论恶人，48；论大屠杀的成因，49；对后备警察局的分析，84

C

创伤 Trauma：叙述与创伤，15–17；关于创伤的悖论，31–36；自白与创伤，139

D

"搭便车"假设 Free-rider hypothesis，119–120，122

稻叶君 Inaba-san，164–165

大屠杀 Genocide：大屠杀的话语，32–33；大屠杀的理论，47–49；恐惧与大屠杀，73；另见加害者的心理和培训

道德虚荣心 Moral vanity，199–201

道歉 Apology，135–137，243 注 283；另见原谅

登门坎效应 Foot-in-the-door effect，124

多数无知 Pluralistic ignorance，72

E

恶 Evil：恶的悖论，36–40；恶与绝望，113；阿伦特的论述，130；对恶的否认，131–132；恶的匮乏论，132–134

F

反认同 Anti-identification，198
翻译工作 Translation work，17–20
菲利普·津巴多 Philip Zimbardo：匿名性和攻击性实验，54；斯坦福监狱实验，58–61；论施虐，84–85；男性气质的文化建构，95；道德英雄主义，125
抚顺监狱 Fushun Prison，9
负面偏差 Negativity bias，81，111

G

高桥君 Takahashi-san，146–148，159–160
刚果内战 Congolese Civil War，13
隔断 Compartmentalization，54，231 注 93
个体内分化 Intra-individuation，54
公开的逆反 Visible dissent，122–123
公正世界假定 "Just-world" hypothesis，67
过度认同 Overidentification，198

H

海湾战争 Gulf Wars，75–76，78–79，84，167–171
汉娜·阿伦特 Hannah Arendt：论艾希曼，24；关于"恶的平庸性"的论述，37–39；索尔·贝洛对此的看法，39；论与生俱来的怜悯，53；论语言规则，78；论公开的逆反，122；论惩罚与宽恕，130

J

"假物种" "Pseudo-species"，64
江波君 Ebato-san：关于公共教育，51–52；关于新兵训练，61–62；关于服从权威，82–83；劳改营中的善意，115–116；战争中的知识分子，182–183
"激动回复" "Arousal jag"，204
计时炸弹假设 "Ticking time bomb"，174–175
加害者 Perpetrators：加害者的心理及培训，43–71，80–87，231–232 注 93，233 注 106
柬埔寨种族屠杀 Cambodian genocide，143–145
讲故事 Storytelling：伦理方面的考虑，10–14，32–35，40–41，148–152，194–198，203–214；与人权和人道主义的关系，123–124，126，148–149，157–158，185–187，241 注 249；讲故事和生命的意义，15–16；从他者的苦难中获得的快乐，203–214
角色道德 Role morality，55–56，74
拮抗过程理论 "Opponent-process theory"，83–84
解离 Dissociation，231–232 注 93
久保寺君 Kubotera-san：关于战俘营内的再教育，16；习得暴力，69–71；关于洗脑，163–164；访谈，220–222
金子君 Kaneko-san：渴望被理解，16–17；访谈，17–18；母亲，25–26；关于强奸，20–21，22–23，89–90；教育和训练，50–51；杀害平民，66–67；习得暴力，69；关于对儿童的暴行，101–102；关于宽恕，134–135；关于天皇与承受指责，145；从战俘营释放，191–193

K

凯西·卡鲁思 Cathy Caruth，创伤后应激反应，31；言说创伤，17，32

康德 Immanuel Kant，111，130，201，249 注 401

克劳迪娅·卡德 Claudia Card，论仇恨，37；论对恶的否认，131

克里斯托弗·巴纳德 Christopher Barnard，136，155

L

理性行动者理论 Rational actor theory，116–117

利他主义 Altruism：定义，116；对其存在的否定和肯定，117–121；促进的方式，121–126

罗伯特·J. 利夫顿 Robert Jay Lifton：论战犯的自怜，57；论"纯"的概念，64；论审查，78；论洗脑，160，162；双重化，231 注 93；论极权主义意识形态，233 注 106

M

美 Beauty，188–189

美莱村惨案 My Lai massacre，81–82

米尔格拉姆电击实验 Milgram experiment，23–26，121–122

米歇尔·福柯 Michel Foucault，137

N

纳粹大屠杀 Holocaust：艾希曼，38–40；纳粹心理，48，84；原谅，140–142；文明与文化，184–185；"深入的盗窃"，197–198；"极端之恶"，130；抵抗，71，118–119，159；提及，28–29，30–32，77–79，158–159

男性气质 Masculinity，87，94–98

南京大屠杀 Nanking Massacre，11，136，147

内群体效应 In-group effect，121–122

匿名性 Anonymity：群体行动的匿名性，54；受害者的匿名性，120–121

扭曲的语言，审查、谎言、陈词滥调和委婉语 Distorted Language in censorship, lies, clichés and euphemism：11，23–24，73–79，99–100，122，135–137，155，166–167

诺曼·菲尔德 Norma Field：论首相的道歉，135–136；论治愈金，136

P

旁观者 Bystanders，71–74，120–122

皮埃尔·布迪厄 Pierre Bourdieu，97–98

Q

七三一部队 Unit 731，42–45

齐格蒙·鲍曼 Zygmunt Bauman，45，184

强盗山洞实验 Robbers Cave experiment，121–122，126

强奸 Rape：再现强奸的风险，89；加害者对此的无意识，90–92；关于强奸的理论解释，86–87，94–99；战争中的强奸，92–94，98–99

去个体化 Deindividuation，53–54，125

群体行为 Group behavior，53–56，80–81

R

人权 Human rights：人权与学术写作，190–191，215–220；人权与讲故事和艺术，184–191，206–211；美国与人权，

219–220

认知失调 Cognitive dissonance, 125

S

杀害儿童 Killing children, 101–105

上帝 God, 104–113

神义论 Theodicy, 107

生化武器 Biological and chemical warfare, 42–45, 74–75

双重化 Doubling, 231 注 93

思想改造 Thought reform, 8–9, 160–166

私有化 Privatization, 168–171

T

他者伦理学 Ethics of alterity, 211–214, 251 注 432

汤浅君 Yuasa-san：关于活体手术实验, 28–30；关于强奸, 90–92；关于洗脑, 166–167；关于悔恨, 129–130

同理心 Empathy：逃避同理心, 122；认知失调, 125；小说的诞生与同理心的关系, 186–187；作为一种本能, 194, 198；作为一种自利, 198–202, 208–213；主体间性, 211–214；康德, 249 注 401

W

慰安妇 Comfort women, 88–92, 99–100, 136

X

西蒙·波伏娃 Simone de Beauvoir, 62, 68

西格蒙德·弗洛伊德 Sigmund Freud, 46, 96, 203

洗脑 Brainwashing, 160–166

肖莎娜·费尔曼 Shoshana Felman：论文学公正和法律公正, 227 注 29；论真相和讲故事, 158；论言说创伤, 33–34

相片与摄影 Photographs and photography, 13–14, 150–151, 194–195

自我否定力 Negative capability, ii

小说与人权运动 Human rights movement and novel, 185–187

刑讯 Torture：刑讯心理, 85；对刑讯的好奇, 171–172；刑讯的效果, 174–178；美国和刑讯, 215–216

休谟 David Hume：论快乐与痛苦, 111–112；论恶的问题, 106–107；论美之情愫, 203

Y

伊莱恩·斯卡里 Elaine Scarry：论美, 188–190；论痛苦的不可分享, 31；论战略和真相, 167；论苦难, 206

伊娃·霍夫曼 Eva Hoffman：论利他主义, 119；论"深人的盗窃", 197–198；论关于神秘莫测之事的修辞, 34；论言说创伤, 31–33

医学实验 Medical experimentation, 42–45

艺术与人权运动 Human rights movement and art(s), 185–191

原谅 Forgiveness, 140–145；以及责备, 128–129

Z

责任的分散 Diffusion of responsibility, 72

战争 War：迷惘和谎言, 57–58, 167；战争中的伦理行为, 52–53, 126–128；战役的命名, 74–77；恶化的趋势, 103；好转的趋势, 113–114；发战争财, 168–171

真相 Truth：讲故事的真相，155–159；战争的真相，167–168

"整体适应度"理论 Inclusive fitness theory，117–118

证言 Testimonio，156

中国归还者 Chukiren，9–10

种族主义 Racism：大屠杀与种族主义，63–64；日本的种族主义，64–65；对非洲的再现，11，186–187；美国与种族主义，208

自白 Confession：作为疗愈的自白，140；作为自利的自白，137–149，155；自白的压力，161–163

自由意志 Free will，108–110

主体间性 Intersubjectivity，98，211–214

作者如何处理访谈 Author's treatment of Interviews，148–152